IMMANUEL KANT

Metaphysische Anfangsgründe der Rechtslehre

Metaphysik der Sitten
Erster Teil

Herausgegeben von

BERND LUDWIG

FELIX MEINER VERLAG
HAMBURG

PHILOSOPHISCHE BIBLIOTHEK BAND 360

Bibliographische Information der Deutschen Bibliothek

Die Deutsche Bibliothek verzeichnet diese Publikation in der Deutschen Nationalbibliographie; detaillierte bibliographische Daten sind im Internet über http://dnb.d-nb.de abrufbar.

ISBN 978-3-7873-1915-2

3., verbesserte Auflage

 Satz: Satz-Offizin Hümmer GmbH, Waldbüttelbrunn. Druck: W. Carstens, Schneverdingen. Buchbinderische Verarbeitung: Labove, Uelzen. Werkdruckpapier: alterungsbeständig nach ANSI-Norm resp. DIN-ISO 9706, hergestellt aus 100% chlorfrei gebleichtem Zellstoff. Printed in Germany.

INHALT

IMMANUEL KANT

Metaphysische Anfangsgründe der Rechtslehre

Erläuternde Anmerkungen zu den metaphysischen Anfangsgründen der Rechtslehre

VORBEMERKUNG ZUR ZWEITEN AUFLAGE

In der zweiten Auflage wurden einige kleinere Druckfehler korrigiert, die ›Hagen 21‹-Edition mit einen Nachtrag versehen sowie das Literaturverzeichnis in den Teilen I.–III A. ergänzt und im Teil III B. aktualisiert. Eine auf Vollständigkeit zielende Dokumentation allein der in den letzten zehn Jahren erschienenen, einschlägigen Literatur würde den in einer Edition zur Verfügung stehenden Rahmen sprengen. Die daher bei einer Studienbibliographie nicht zu vermeidende Auswahl wurde hier so getroffen, daß nach Möglichkeit ein Überblick über die unterschiedlichen Strömungen der aktuellen Forschung zustandekommt. Ältere Titel wurden folglich weitgehend ausgespart, statt dessen wird auf die ausführlichen Literaturangaben einzelner Bücher, welche die so entstandenen Lücken leicht füllen können, mit einem (*) hingewiesen. Die mit einem (+) versehenen Titel nehmen Bezug auf die für die vorliegende Ausgabe seinerzeit vorgenommenen Texteingriffe. Auf diese Schriften sei der Leser als kritische Ergänzung der – m. E. bislang nicht revisionsbedürftigen – Erörterungen in Abschnitt II der folgenden Einleitung sowie in der dort erwähnten Monographie von 1988 verwiesen.

Neubiberg/München im Mai 1998 Bernd Ludwig

EINLEITUNG

I. Entstehungsgeschichte und unmittelbare Wirkung der Rechtslehre[1]

»Daß der, welcher an einen Boden, der nicht schon vorher der Seine war, Fleiß verwendet, seine Mühe und Arbeit gegen den ersteren verloren hat, ist für sich selbst so klar, daß man jene alte und noch weit und breit herrschende Meinung schwerlich einer anderen Ursache zuschreiben kann als der insgeheim obwaltenden Täuschung, Sachen zu personifizieren, gleich als ob jemand sie sich durch an sie verwandte Arbeit verbindlich machen könne« (Rechtslehre § 17, S. 75; VI 269).[2] Die »alte und noch weit und breit herrschende Meinung«, daß Arbeit einen Eigentumstitel stiftet, hatte Kant vormals offensichtlich noch selbst geteilt: »In so fern ich aber ausschließungsweise mir etwas zueignen will so werde ich des andern Willen wenigstens nicht gegen den meinigen oder nicht seine That wieder die Meinige voraussetzen Ich werde die Handlungen ausüben die das mein bezeichnen den Baum abhauen ihn zimmern etc. Der Andere Mensch sagt mir

[1] Dieser Abschnitt ist an den gleichnamigen Teilen der Vorländerschen Einleitungen in den Bänden 41 und 42 der Philosophischen Bibliothek (KpV, MdS) orientiert.

[2] Kantische Schriften werden fortan nach »Kants gesammelte(n) Schriften, hg. v. d. (königlich-preußischen/deutschen/göttinger) Akademie der Wissenschaften«, Berlin 1900 f. (= »Akademie-Ausgabe«, »AA«) in folgender Notation gegeben: auf die Bandnummer (römische Ziffern) folgt die Seitenzahl (arabische Ziffern) und gegebenenfalls, mit Komma abgetrennt, die Zeilenangabe. Seitenangaben ohne römische Bandnummer sowie Paragraphenangaben beziehen sich auf die vorliegende Ausgabe. Zitate aus der »Kritik der reinen Vernunft« werden wie üblich nach erster (»A«) und zweiter (»B«) Auflage gegeben. Briefe von oder an Kant sind in der Regel nur über Adressaten bzw. Schreiber und Datum ausgewiesen und nach dem Text der Akademie-Ausgabe – sofern sie dort zu finden sind – abgedruckt.

das ist Mein, denn es gehört durch die Handlungen seiner Willkür gleichsam zu seinem Selbst.« (XX 066f.).

Die Anmerkung des § 17 der Rechtslehre von 1797 ist – neben der Kritik einer (über Rousseau) von Locke kommenden Theorie der Eigentumsbegründung durch Arbeit – Selbstkritik. Bezüglich der Eigentumsfrage hat Kant zwischen der ersten uns überlieferten Äußerung (obiges Zitat aus den »Bemerkungen zu den Beobachtungen über das Gefühl vom Schönen und Erhabenen«) und der Formulierung seiner 30 Jahre später vorgestellten Theorie in der Rechtslehre eine grundlegende Revision vollzogen.

Nicht nur diese, sondern auch seine Abkehr von einer – durch Shaftesbury inspirierten – »moral-sense«-Philosophie (in den »Untersuchungen über die Deutlichkeit der Grundsätze der natürlichen Theologie und der Moral«) hin zu der heute mit dem Namen Kants untrennbar verbundenen Lehre von der praktischen Vernunft (vgl. die diesbezügliche ›Selbstkritik‹ S. 19,33; VI 221,19)[3] geben uns Hinweise auf die Wandlungen der Kantischen Moralphilosophie von 1764 bis zum Erscheinen der »Metaphysik der Sitten« am Ende des Jahrhunderts, obgleich ein solches Werk zur Zeit der »Bemerkungen« bereits in Arbeit gewesen sein muß: 1765 erfahren wir von Kant (Brief an Lambert, 31. 12. 1765), daß die »Metaphysischen Anfangsgründe der praktischen Weltweisheit« schon »fertig« vor ihm liegen. Doch das Publikum wird erst 20 Jahre später überhaupt ein Werk ausschließlich moralphilosophischen Inhalts – des dann schon »kritischen Philosophen« – in den Händen halten und sich auch dann noch weitere zehn Jahre gedulden müssen, bis »Metaphysische Anfangsgründe« der Sittenlehre – die »Metaphysik der Sitten« – erscheinen.

A. Entstehungsgeschichte der Rechtslehre

Offensichtlich gibt es schon in der Zwischenzeit bei Kant Phasen publizistischer Vorhaben bezüglich moralphilosophischer Fragen:

[3] Vgl. die Entwicklung bez. der angeschnittenen Problematik von KrV A 15 über B 29 zu MdS S. 19,30.

»... ich arbeite ietzt an einer Metaphysik der Sitten wo ich mir einbilde die augenscheinlichen und fruchtbaren Grundsätze imgleichen die Methode angeben zu können, wornach die zwar sehr gangbare aber mehrentheils doch fruchtlose Bemühungen in dieser Art der Erkentnis eingerichtet werden müssen wenn sie einmal Nutzen schaffen sollen. Ich hoffe in diesem Jahre damit fertig zu werden wofern meine stets wandelbare Gesundheit mir daran nicht hinderlich ist«, heißt es in einem Brief an Herder vom 9. Mai 1768, und wir können etwas über den Inhalt der geplanten Schrift erahnen: In diese Zeit fällt die Rousseau-Rezeption Kants[4].

Nach der Arbeit an seiner Dissertation (etwa März bis August 1770)[5] geht Kant, wie er am 2. September 1770 an Lambert nach Berlin schreibt, daran, seine »Untersuchungen über die reine moralische Weltweisheit, in der keine empirische prinzipien anzutreffen sind u. gleichsam die Metaphysic der Sitten in Ordnung zu bringen u. auszufertigen, Sie wird in vielen Stücken den wichtigsten Absichten bey der veränderten Form der Metaphysick den Weg bähnen, und scheinet mir überdem bey denen zur Zeit noch so schlecht entschiedenen principien der practischen Wissenschaften ebenso nöthig zu sein.« Auf dieses geplante Werk, welches von dem drei Jahre vorher konzipierten offensichtlich in prinzipiellen Punkten abweichen sollte[6], bezieht sich auch Lamberts Kollege Sulzer: »Ich wünschte wol von Ihnen zu erfahren, ob wir Hoffnung haben können ihr Werk über die Metaphysik der Moral bald zu sehen. Dieses Werk ist bey der noch so wankenden Theorie der Moral höchst wichtig.« (8. 12. 1770).

Im darauffolgenden Jahr ist Kant »damit beschäftigt, ein Werk, welches unter dem Titel: Die Grentzen der Sinnlichkeit und der Vernunft das Verhältnis der vor die Sinnenwelt bestimten Grundbegriffe und Gesetze zusammt dem Entwurfe dessen, was die Natur der Geschmackslehre, Metaphysick u. Moral

[4] Vgl. K. Reich: Rousseau und Kant, Tübingen 1936 S. 6.

[5] Datierungen werden, wenn die Quellen nicht explizit angegeben sind, dem Anmerkungsapparat der AA entnommen.

[6] Vgl. die bei Reich (s. o. Anm. 4) zusammengestellten Kantischen Bemerkungen zur Moral mit der Behauptung, daß in der Moral »keine empirischen Prinzipien anzutreffen« sind.

ausmacht enthalten soll etwas ausführlich auszuarbeiten.« (an Herz, 7. 6. 1771). Dieses soll zwei Teile umfassen: »Der erste enthielt in zwey Abschnitten: 1. die phaenomologie überhaupt. 2. Die Metaphysik, und zwar nur nach ihrer Natur u. Methode. Die zweyte ebenfals in zwey Abschnitten 1. Allgemeine Principien des Gefühls des Geschmacks und der sinnlichen Begierde. 2. Die erste Gründe der Sittlichkeit. Indem ich den theoretischen Theil in seinem gantzen Umfange und mit den wechselseitigen Beziehungen aller Theile durchdachte, so bemerkte ich: daß mir noch etwas Wesentliches mangele ...« (an Herz 21. 2. 1772). Die angedeuteten Probleme mit dem theoretischen Teil (deren Lösung erst die »Kritik der reinen Vernunft« 1781 liefern wird) lassen das Werk nicht über die Planungsphase hinauskommen.

Gegen Ende des Jahres 1773 finden wir wiederum ein neues Konzept, welches die Sittenlehre in Aussicht stellt: »Ich werde froh seyn wenn ich meine Transcendentalphilosophie werde zu Ende gebracht haben welche eigentlich eine Critik der reinen Vernunft ist alsdenn gehe ich zur Metaphysik die nur zwey Theile hat: die Metaphysik der Natur und die Metaph. der Sitten wovon ich die letztere zuerst herausgeben werde und mich darauf zum voraus freue.« (an Herz, Ende 1773). Wir sehen aber die Moralphilosophie dann – zumindest im Brief an Herz vom 24. November 1776 – ganz aus dem Kantischen Arbeitsplan verschwinden: es ist nur noch die Rede von »eine(r) Critik, eine(r) Disziplin, ein(em) Kanon und eine(r) Architektonik der reinen Vernunft, mithin eine(r) förmliche(n) Wissenschaft, zu der man von denenienigen, die schon vorhanden sind, nichts brauchen kan und die zu ihrer Grundlegung sogar ganz eigener technischer Ausdrücke bedarf. Mit dieser Arbeit denke ich vor Ostern nicht fertig zu werden, sondern dazu einen Theil des nächsten Sommers zu verwenden, so viel meine unaufhörlich unterbrochene Gesundheit mir zu arbeiten vergönnen wird ...«. Und in der Tat, am 20. August 1777 schreibt Kant (wiederum an Herz): »Allen Ausfertigungen dieser Arbeiten liegt indessen das, was ich die Critik der reinen Vernunft nenne, als ein Stein im Wege, mit dessen Wegschaffung ich ietzt allein beschäftigt bin, und diesen Winter damit vollig fertig zu werden hoffe.«

Auch in den vier Jahren, die noch bis zum Erscheinen der genannten Schrift vergehen, finden wir keine direkten Hinweis mehr auf Arbeit an der Moralphilosophie. Doch kurz darauf (11. 1. 1782) weiß Hamann[7] an Hartknoch, den Verleger der KrV, zu vermelden: »Kant arbeitet an der Metaphysik der Sitten – für weßen Verlag weiß ich nicht«, und noch am 16. August des folgenden Jahres teilt Kant (eine Rezension von »Schulz's Versuch einer Anleitung zur Sittenlehre« hat er im »Räsonierenden Bücherverzeichnis« Königsberg 1783 N° 7 inzwischen veröffentlicht) Moses Mendelssohn mit, daß er diesen Winter »den ersten Theil meiner Moral, wo nicht vollig, doch meist zu Stande bringen« werde. Aber dazu sollte es erst über einen Umweg kommen. Eine Erwiderung auf Garves – zur Michaelis-Messe 1783 erschienene – »Philosophische Anmerkungen und Abhandlungen zu Ciceros Buch von den Pflichten« scheint die Arbeit zunächst zwar bloß zu unterbrechen, gibt ihr dann doch letztlich eine neue Wendung: Kant »arbeitet scharf an der Vollendung seines Systems. Die Antikritik über Garvens Cicero hat sich in ein Prodromum der Moral verwandelt«, berichtet Hamann an Herder am 2. Mai 1784.

Am 19. September ist es dann soweit: »Kant hat das Manuskript seiner Grundlegung zur Metaphysik der Sitten abgeschickt« (Hamann an Scheffner). Die erste eigenständige moralphilosophische Schrift geht in Druck. Das Erscheinen verzögert sich jedoch (weil der Drucker Grunert in Halle, Kant »sowol mit den Proleg. als mit der Metaph. der Sitten lange aufgehalten hat«, wie der Verleger Hartknoch Kant am 8. Oktober 1785 mitteilt) bis Anfang März des folgenden Jahres.

Unterdessen hat Kant die »metaphysische(n) Anfangsgründe der Naturwissenschaft in diesem Sommer fertig gemacht« und will »ungesäumt zur völligen Ausarbeitung der Metaphysik der Sitten« schreiten (an Schütz, 13. 9. 1785).

Am 11. Oktober des Jahres erhält er dann aber – mit einem Begleitschreiben Hufelands – dessen »Versuch über den Grundsatz

[7] J. G. Hamann: Briefwechsel, hg. von A. Henkel, Wiesbaden/Frankfurt 1959f.

des Naturrechts, nebst einem Anhange« (Leipzig 1785) zugesandt, und schon am 13. November wiederholt Schütz seine »Bitte, bald nach dem Anfange des künftigen Jahres eine Recension von D. Hufeland's v. Grundsatz des Rechts der Natur zu übersenden.« Dem leistet Kant Folge, und am 18. April 1786 erscheint in der Allgemeinen Literatur Zeitung (ALZ) die »Rezension von Gottlieb Hufeland's Versuch über das Naturrecht«, die erste Kantische Veröffentlichung, welche explizit das Recht zum Thema hat.

Doch die, welche nun (wie Jenisch, 14. 5. 1787) »mit Sehnsucht« der Metaphysik der Sitten entgegensehen, müssen sich wiederum gedulden. Zunächst wird das Publikum nur die 2. Auflage der »Kritik der reinen Vernunft« in den Händen haben[8] (Mai 1787), in welcher – der Anzeige in der ALZ vom 21. November 1786 gemäß – zu »der in der ersten Auflage enthaltenen Kritik der reinen spekulativen Vernunft in der zweyten noch eine Kritik der reinen praktischen Vernunft hinzukommen« sollte. Diese zweite Kritik aber erscheint separat, allerdings erst Ende des Jahres, und Kant faßt ein anderes Projekt ins Auge: Er wird noch sein »critisches Geschäft schließen» – d.i., sich der »Critik des Geschmacks« unmittelbar zuwenden –, um erst darauf »zum dogmatischen fortzuschreiten« (an Jakob 11. September[?] 1787).

Doch die »Ausarbeitung eines Systems der Metaphysik, der Natur sowohl als der Sitten, jenen critischen Forderungen gemäß« (an Herz, 26. 5. 1789) bleibt auf der Tagesordnung, und ein Jahr nach dem Erscheinen der dritten Kritik (zur Ostermesse 1790) erwartet man mit Spannung das offensichtlich schon angekündigte Werk. Kiesewetter kann am 14. Juni 1791 aus Berlin mitteilen: »Daß ihre Moral diese Messe nicht erschienen ist, hat viel Aufsehen gemacht, weil man sie sicher erwartete.« Auch Jakob hört, daß Kant »das Publikum mit einer Moral u. Naturrecht beschenken« will (10. 5. 1791). Er hat dieses Gerücht bei Kiesewetter aufgeschnappt (vgl. XI 263,18f.). Dieser scheint auch in Berlin die Erwartungen geschürt zu haben, zumal er anläßlich seines

[8] Vgl. KrV B XLIII.

Aufenthaltes bei Kant im Herbst 1790 Zeuge von dessen Arbeit an einer »Moral« und somit glaubwürdiger Informant gewesen ist. Zumindest im nächsten Jahr ist die Arbeit an der Sittenlehre schon vorangekommen: Am 21. Dezember 1792 teilt Kant Erhard im Zusammenhang einiger Erläuterungen zu E. F. Klein's Kriminalrecht mit: »Sie (s.c. zwei Sätze, die Erhard in einem Brief an Kant erwähnte, B. L.) gehören zu dem Titel von den Pflichten gegen sich selbst (vgl. TL, §§ 1–22, B. L.), welche in meiner unter Händen habenden Metaphysik der Sitten, besonders, und auf andere Art als wohl sonst geschehen, bearbeitet werden wird.« Nicht nur Erhard, auch Fichte weiß von einer unmittelbar bevorstehenden Fertigstellung des Werkes (an Bartholdy, 18. 9. 1793) und verbreitet dies in Berlin. Doch auch er muß ihm noch am 17. [?] Juni 1794 »mit Sehnsucht« entgegensehen.

Sicherlich gab – außer den brieflichen Versicherungen Kants und dem Erscheinen der »Gemeinspruch«-Schrift im Septemberheft 1793 der »Berlinischen Monatsschrift« – auch die im Wintersemester 1793/4 nach fünf Jahren Pause[9] erstmals wieder gehaltene Vorlesung über Moralphilosophie – mit dem Untertitel »Metaphysik der Sitten« (vgl. Nachschrift Vigilantius XXVII 477 ff.) – Anlaß zu Spekulationen über eine baldige Herausgabe der Sittenlehre. Hinzu kam die Einrichtung eines Examinatoriums (Samstag 7–8 Uhr) zum selben Thema. Überdies wollte Kant seine akademische Lehrtätigkeit mit dem Semester schließen, um seine Werke zum Abschluß zu bringen[10].

Ausnahmsweise haben wir für die Gründe der Verzögerung im Jahre 1794 einen direkten Anhaltspunkt. Friedrich Schiller weiß in einem Brief vom 26. Oktober des Jahres an Erhard[11] zu berichten: »Die Ableitung des Eigentumsrechts ist jetzt ein Punkt, der sehr viele denkende Köpfe beschäftigt, und von Kanten selbst höre ich, sollen wir in seiner Metaphysik der Sitten etwas darüber zu erwarten haben. Zugleich höre ich aber, daß er mit seinen

[9] Vgl. E. Arnoldt: Ges. Schriften Bd. V, Berlin 1909 S. 335.

[10] So A. Warda: Wann hörte Kant zu lesen auf, Altpr. Monatsschrift Bd. 41, S. 131 f.

[11] Schillers Werke, Weimar 1943 f., Bd. 27.

Ideen darüber nicht mehr zufrieden sei, und deswegen die Herausgabe vor der Hand unterlassen habe.« Und in der Tat, schauen wir die Nachschrift Vigilantius (XXVII 479f.) durch, so finden wir dort noch nichts, was des Namens einer solchen Ableitung würdig wäre[12]. Schon die »Gemeinspruch«-Schrift blendete dieses Problem durchgängig aus, so daß Kant – im Wissen um dieses Desiderat – sich erneut an die Arbeit machen mußte.[13]

Doch damit geht es langsam voran: Dem Verleger der »Kritik der Urteilskraft«, De la Garde, schildert er am 24. November 1794 zwei »Hindernisse« seiner Arbeit, »deren eine ist, daß in meinem ziemlich hohen Alter meine schriftstellerische Arbeit nur langsam und mit vielen durch Indisposition verursachten Unterbrechungen fortrückt, so, daß ich für die Vollendung derselben keinen Termin (wenigstens jetzt nicht) sicher bestimmen kann: die andere, daß, da mein Thema eigentlich Metaphysik in der weitesten Bedeutung ist und, als solche, Theologie, Moral (mit ihr also Religion) imgleichen Naturrecht (und mit ihm Staats- und Völkerrecht), obzwar nur nach dem, was blos die Vernunft von ihnen zu sagen hat, befaßt, auf welcher aber jetzt die Hand der Censur schweer liegt, man nicht sicher ist, ob nicht die ganze Arbeit, die man in einem dieser Fächer übernehmen möchte, durch einen Strich des Censors vereitelt werden dürfte.« – Der »Strich des Censors« hatte das zweite Stück der Kantischen »Religion innerhalb der Grenzen der bloßen Vernunft« im Juni 1792 vorläufig aus dem Verkehr gezogen (vgl. Vorrede zum »Streit der Fakultäten« von 1798).

Aber das sollte Kant nicht entmutigen: »Wenn nur der Friede[14],

[12] Es sei denn, man wollte XXVII 596,22f. dafür nehmen.

[13] Die unverhältnismäßig vielen Versuche zum Privatrecht in XXIII mögen ein Hinweis darauf sein, obgleich ihre große Zahl auch auf Zufällen der Überlieferung beruhen kann.

[14] Der Friede, den Kant hier herbeisehnt, wird 1795 geschlossen: Preußen zieht sich im Sonderfrieden zu Basel aus dem ersten Koalitionskrieg gegen Frankreich (in den es 1793 eingetreten ist) zurück. Schon im Brief an Kant vom 23. November 1793 gibt Kiesewetter der Hoffnung Ausdruck, daß die Entlastung der Regierung von der außerpolitischen Bürde jenes Krieges zur Lockerung der Zensur führen wird, da nach seinem Wissen entsprechende »Kabinettsordres« schon »im Pulte« liegen.

welcher nahe zu seyn scheint, eingetreten seyn wird, so werden hoffentlich noch bestimmtere Verordnungen die Schranken, in denen sich der Autor zu halten hat, genauer vorzeichnen: so, daß er in dem, was ihm noch frey gelassen wird, sich für gesichert halten kann. – Bis dahin, Werther Freund, werden Sie sich also gedulden: indessen daß ich meine Arbeiten in guter Erwartung fortsetze.« (24. 11. 1794). Daß damit nicht nur die Sittenlehre gemeint ist, entnehmen wir einem Brief an Stäudlin (4. 12. 1794): eine »Abhandlung unter dem Titel ›Der Streit der Fakultäten‹ ... (ist) schon seit einiger Zeit fertig«. Die Veröffentlichung dieses religionsphilosophischen Werkes (welches den ersten Abschnitt der 1798 erscheinenden Schrift gleichen Namens abgeben wird) mag wohl nicht zuletzt deshalb Aufschub erfahren haben, »weil, da Staats- und Religionsmaterien jetzt einer gewissen Handelssperre unterworfen sind, es aber ausser diesen kaum noch, wenigstens in diesem Zeitpunkt, andere die große Lesewelt interessierende Artikel giebt, man diesen Wetterwechsel noch eine Zeitlang beobachten muß, um sich klüglich in die Zeit zu schicken« (an Schiller, 30. 3. 1795). Dennoch erscheint während der Michaelismesse 1795 die durchaus politische Schrift »Zum ewigen Frieden«.

Von der Sittenlehre hören wir erst wieder etwas im darauffolgenden Jahr: ihr erster Teil, die Rechtslehre, soll im Oktober 1796 (ebenfalls zur Michaelismesse) erscheinen, wie in Königsberg angekündigt wird[15]. Doch ist dieses sicher auszuschließen, denn Kant schreibt am 19. November 1796 an Konrad Stang von »... meinen Metaphysischen Anfangsgründen der Rechtslehre, die ich schon vor Wochen in Druck gegeben und die etwa um Weihnachten herauskommen werden, ...«.[16] Dies stimmt damit überein, daß noch im Dezember Hahnrieder in Berlin und Jakob in Halle (Briefe vom 3. und 7. 12. 1796) mit »Ungeduld« und »Sehnsucht« auf das Werk warten, und Erhard es am 16. Januar des

[15] Gemäß A. Warda; vgl. Anm. 10.

[16] Dieser Brief ist nicht in der AA zu finden, sondern im Katalog der Ausstellung »Immanuel Kant« des Gutenberg-Museums Mainz vom 12. 3.–10. 4. 1974; Ausstellung und Katalog: G. Richter, UB Mainz 1974 S. 59f.

nächsten Jahres in Nürnberg immer noch nicht erhalten hat. Doch zumindest Bouterwek in Göttingen muß in dieser Zeit eines der ersten Exemplare in den Händen gehabt haben, denn am 18. Februar erscheint seine[17] Rezension in den »Göttingschen Anzeigen von gelehrten Sachen« N° 28; und in der Tat: Donnerstag den 19. Januar findet sich in der Beilage zum 6. Stück der »Königsberger gelehrten und politischen Zeitungen« die Nachricht, daß die Kantischen »Metaphysische(n) Anfangsgründe der Rechtslehre bei Nicolovius« in Königsberg herausgekommen sind. Da das Buch in »Leipzig bei C. F. Solbrig«[18] gedruckt wurde, ist zu vermuten, daß es außerhalb Königsbergs schon früher zu haben war. Zumindest in Berlin ist es am Ende des Monats schon vielgelesen: De la Garde kann am 28. Januar 1797 von dort an Scheffner[19] schreiben: »Kants neues Werk macht hier außerordentliche Sensation und ich vermuthe, dass gewisse paradoxe Rechtssäzze scharf bestritten werden dörften.« Wir können folglich festhalten, daß die Druckschrift zwischen Anfang und Mitte Januar 1797 an die Öffentlichkeit gekommen ist. – Ein halbes Jahr später, am 28. August, wird – gleichfalls in den »Königsberger gelehrten und politischen Zeitungen« – die Tugendlehre als erschienen angezeigt, an welcher Kant – wie der Brief Jakobs (vom 7. 12. 1796) an den Autor verrät – schon im Dezember des Vorjahres gearbeitet hat, und die schon zur Ostermesse 1797 (vgl. Brief von Reuß, 21. 4. 1797 und das »Bruchstück« vom 29. 7. 1797, XII 187) gedruckt vorliegen sollte.

Den »Anhang erläuternder Bemerkungen« hatte schon am 5. Juni 1797 die »Oberdeutsche allgemeine Literaturzeitung« (Salz-

[17] Neben dem Fichte-Brief vom 1. Januar 1798 gibt auch das Verzeichnis von O. Fambach: »Die Mitarbeiter der Göttingischen Gelehrten Anzeigen 1769–1836, nach dem mit Beischriften des David Reuß versehenen Exemplar der Universität Tübingen«, UB Tübingen 1976, auf S. 211 Bouterwek als Verfasser der Rezension an. Dieser war ab 1793 Dr. phil. h. c. in Helmstedt und ab 1797 a. o. Professor der Philosophie in Göttingen.

[18] Dieser Hinweis findet sich S. 235 am Ende des »Beschluß« im Druck der 1. Auflage, s. u. S. 178.

[19] Briefe von und an Scheffner, hg. von A. Warda, München/Leipzig 1918 f. Bd. 2.

burg, S. 1067) »laut einer öffentlichen Ankündigung von Hrn. Consistorialrathe Stephani in Castell« als im Druck befindlich ausgegeben[20], doch das Titelblatt des separat erschienenen Anhangs – wie auch das der durch den Anhang ergänzten 2. Auflage der Rechtslehre – gibt 1798 als Erscheinungsdatum an. Tatsächlich finden wir im Sommer jenes Jahres zwei beachtenswerte Hinweise: Am 9. Mai schickt Kant an Nicolovius eine Anweisung für die Titelblätter von 2. Auflage und Anhang, und am 1. Juni notiert J. F. Abegg nach einem Besuch bei Kant in sein »Reisetagebuch«: »In seiner Rechtslehre, die neu aufgelegt wird, hat(!) er einige Zusätze verfertigt. Diese fügte er aber hinzu, werden aber auch einzeln verkauft, um die früheren Käufer nicht zu doppelter Ausgabe zu zwingen.«[21] Sowohl Anhang als auch die 2. Auflage scheinen zu dieser Zeit von Kant zum Druck freigegeben worden zu sein[22]. Der Besprechung in der »Juristischen Literaturzeitung« (Halle) vom November 1799 (Spalte 79/79) können wir allerdings entnehmen, daß die 2. Auflage erst zur Ostermesse 1799 erschienen ist – der Rezensent weist besonders auf die abweichende Angabe auf den Titelblättern hin (auch die anderen bekanntgewordenen Rezensionen fallen in die Zeit nach der Ostermesse 1799). Wie im Falle der Tugendlehre (s. o.) hat sich offenbar die Drucklegung über das gewohnte Maß hinaus verzögert, und auch im Brief an Stang (s. o.) verrät die Formel »schon vor Wochen« eine gewisse diesbezügliche Ungehaltenheit Kants angesichts der 1. Auflage.

Damit ist die »Metaphysik der Sitten« in ihrer endgültigen Gestalt ans Licht der Öffentlichkeit getreten. Eine Ausgabe von Rechts- und Tugendlehre in *einem* Band ist zu Kants Lebzeiten nicht erschienen. Nehmen wir den Brief an Stang, das »Bruchstück« und den Brief an Nicolovius vom 9. Mai 1798 und die Abegg-Notiz noch einmal zur Hand, so läßt sich der Abschluß des Manuskripts für die Rechtslehre etwa auf Oktober 1796, für

[20] Kant dachte schon zu dieser Zeit daran, sich zumindest über das »auf dingliche Art persönliche Recht« nochmals öffentlich zu äußern (Brief an Schütz, 10. 7. 1797).

[21] J. F. Abegg: Reisetagebuch von 1798, Frankfurt 1976 S. 146.

[22] Ähnlich vermutet Vorländer (MdS, Phil. Bibl. 42 S. XVII).

die Tugendlehre etwa auf Februar 1797 und für den Anhang auf etwa April 1798 ansetzen.

B. Unmittelbare Wirkung der Rechtslehre

Die unmittelbare Wirkung der Rechtslehre war groß: allein die uns bekannte Zahl der Rezensionen verrät ein reges Interesse an dem lange erwarteten Werk des »kritischen« Königsbergers. Auch die Kantische Korrespondenz trägt deutliche Spuren der Rechts- und Tugendlehre[23]; die schon 1798 erforderliche Neuauflage des ersten Teils muß somit nicht etwa auf eine geringe Auflagenhöhe hinweisen, sondern läßt auf eine rege Nachfrage schließen. Das Echo ist der Sache nach allerdings nicht einhellig. Während z. B. die Rezensenten[24] aus Tübingen, Greifswald und Gotha, wie auch der der »Annalen« voller Sympathie für den Autor schreiben (der erstgenannte mit sicherem Blick für das Wesentliche und der vierte in großer Ausführlichkeit), wird dem Leser sowohl der Anzeigen in der »Neuen allgemeinen deutschen Bibliothek« als auch dem der Göttinger Besprechung mehr (im ersten Fall geradezu penetrant unqualifizierte) Ablehnung als Lob der Schrift geboten.

Im Falle der Göttingischen Bouterwek-Rezension muß uns die Kantische Auffassung, sein Buch sei vom Rezensenten wohlmeinend aufgenommen worden (vgl. Brief an Tieftrunk, 13. 10. 1797), geradezu erstaunen. Abgesehen von den höflichen Floskeln am Anfang und der Schlußbemerkung (welche mehr den Autor als die Schrift lobt) gibt die Rezension wenig Anlaß zu einer solchen Meinung. Nach der Besprechung der ersten Hälfte des Werkes finden wir die Bemerkung: »Hier ist ungefähr die Grenze, bis zu welcher Rez. dem Hrn. Verfasser mit der Überzeugung gefolgt ist, daß die aufgestellten Wahrheiten die eingemischten Behauptungen von zweideutiger Art weit überwiegen. Aber von S. 129 (S. 92,3f.; VI 290,25) an, fast durchgängig bis zum Ende des Buchs, folgt Paradoxon auf Paradoxon.« (XX 451,19f.). – Ein letztlich vernichtendes Urteil!

[23] Für die einschlägigen Briefe zur Rechtslehre s. u. Literatur II A.

[24] Siehe das Verzeichnis der zeitgenössischen Rezensionen.

Ganz offensichtlich ist Bouterwek dann auch die Kantische Fehleinschätzung seiner Rezension nicht recht. Seine Bemerkungen zum »Anhang« (in welchem Kant ihn als »scharfprüfenden« Rezensenten gelobt hat) eröffnet er (in den Göttingischen Anzeigen vom 29. 7. 1799): Der Anhang »fordert den Rec. zu einer ausführlichen Anzeige auf; denn diese Anmerkungen, durch die der Hr. Verf. seine Rechtslehre erläutert, sind, wie auch sogleich in der Einleitung ausdrücklich gesagt ist, größten Theils durch die Recension der kantischen Rechtslehre in diesen Anzeigen (Jahrgang 1797 St. 28.) veranlaßt. Aber diese Anzeigen sind keine Streitschriften. Der Rec. fühlt überdem zu viel Achtung und Dankbarkeit für den Verf., als daß er sich gerne mit ihm in einem öffentlichen Streit einlassen möchte, in welchem selbst den Sieg davonzutragen, Keinem gefallen kann, der für wissenschaftlichen Respectus parentelae irgend noch Sinn hat. Daß Hr. K. die Göttingische Rezension im Ganzen eine scharfsinnige und gründliche Rezension nennt, ist ein Lob, durch das der Prozeß zwischen dem Verf. und dem Rec. nur noch verwickelter wird. Also nur einige Anmerkungen zu diesen vor uns liegenden Anmerkungen.«

Aber auch die Kompendien zur Rechtslehre erscheinen in rascher Folge. Bis zum Jahre 1801 sind uns allein acht bekannt (vgl. das Literaturverzeichnis). Für den heutigen Leser sind sie von geringer Hilfe für die systematische Interpretation, wenngleich sie einen Einblick in die rechtsphilosophische Literatur des 18. Jahrhunderts bieten. Neben einer Einordnung der Kantischen Schrift in die zeitgenössische Diskussion liefern sie Inhaltsangaben mit – zum Teil wenig hilfreichen – Umformulierungen und vielfach den Kern der Kantischen Argumentationen verfehlenden kritischen Einwürfen. Aufgrund des angesichts heutiger Verhältnisse kaum mehr vorstellbar kurzen zeitlichen Abstands ihres Erscheinens von dem der Rechtslehre ist letzteres allerdings verständlich[25].

[25] J. A. Bergk hat die Vorrede zu seinen »Briefen« am 22. April (Kants Geburtstag) 1797 unterzeichnet, d. h. nicht einmal vier Monate nach Erscheinen der Rechtslehre, Stephani schon am 1. März des Jahres.

Ein kurioser Fall der angesprochenen »wenig hilfreichen Umformulierungen« sei hier angeführt: Den letzten Absatz des § 5 der Rechtslehre gibt Bergk folgendermaßen wieder: »Daher sollte man auch nicht sagen: ich habe(!) ein Recht auf diesen oder jenen Gegenstand, sondern vielmehr: ich besitze ihn rechtlich; denn da das Recht der Inhabung vorausgeht, so ist das schon ein intelligibler Besitz des Gegenstandes; wollte man aber sagen: einen Besitz besitzen(!), so wäre dies entweder leere Tautologie oder ein Ausdruck ohne Sinn.«[26] Weshalb der erste Ausdruck bedeuten könnte: »einen Besitz besitzen«, wird dem Leser dank der Verwendung des Wörtchen »habe« (an Stelle von »besitze«) verborgen bleiben. Bei Kant springt die »Tautologie« zwar auch nicht unmittelbar in die Augen, dennoch zeigt der Text sie deutlich: der Leser muß das »besitzen« sowohl an »ein Recht auf diesen oder jenen Gegenstand«, als auch an »bloßrechtlich« anschließen. Bergk hat offensichtlich nicht verstanden was er paraphrasierte.

II. Zu dieser Ausgabe

A. Die Rechtslehre in der Kant-Forschung

Von einer Renaissance zu Beginn dieses Jahrhunderts[27] abgesehen, bedurfte es mehr als 150 Jahre, bis die Rechtslehre erneut in das engere Blickfeld der Kant-Forschung rückte. Erst seit den achtziger Jahren nimmt die Zahl der Monographien und Aufsätze zur Rechtsphilosophie wieder merklichen Raum in der Kant-Literatur ein[28], wobei auffallend ist, daß die sogenannten »Vorarbeiten« Kants zu der Schrift von 1797 eine zentrale Rolle in der Diskussion spielen: kaum ein Autor, der ohne dieselben auszukommen glaubt, wenn es um »die Rechtsphilosophie Kants geht. Augenfällig darüber hinaus die Beschäftigung mit einer »frühen Rechtsphilosophie« (z. B. bei Ritter und Busch), ob-

[26] Bergk (s. Anm. 25) S. 67f.

[27] Hier sei nur auf Arbeiten von Dulckeit, Haensel und Metzger verwiesen.

[28] Vgl. Literaturberichte von Kersting, Küsters und Smid.

gleich diese nicht auf öffentliche Äußerungen Kants zurückgreifen kann, sondern sich ausschließlich auf die privaten Notizen des Autors (in den Vorarbeiten und Reflexionen[29]) stützen muß, welche, neben dem Mangel größtenteils nicht datiert zu sein, dem Interpreten das Urteil darüber zumuten, inwieweit Kant in jenen Aufzeichnungen bloß kurzlebige Durchgangsphasen fixiert oder über längere Zeit feststehende Lehrstücke niederschreibt. Eine systematische Rechtslehre scheint sich aus den Bruchstücken ohnehin nicht zusammensetzen zu lassen, was sich z. B. in den genannten Arbeiten darin zeigt, daß sie die einzelnen Problemkomplexe größtenteils unverbunden nebeneinanderstellen.

Der Anlaß dafür, daß »die« Rechtsphilosophie Kants zu einem großen Teil außerhalb des einzigen explizit diesem Thema gewidmeten Werkes, den »Metaphysischen Anfangsgründen der Rechtslehre«, gesucht wird, ist leicht in Erfahrung zu bringen: Die Schrift des 73jährigen gilt als problematisches, ja verunglücktes Alterswerk; Kant gelangte »mit nicht mehr ausreichender Kraft zu einer Darstellung der Rechtslehre«, wie K. H. Ilting[30] geradezu paradigmatisch die (nicht erst in neuerer Zeit[31]) stillschweigend akzeptierte Interpretationsmaxime formuliert. Anlaß zu diesem apodiktischen Urteil gibt nicht etwa eine Untersuchung zur Arbeitsproduktivität des späten Kant[32], sondern die

[29] Abgedruckt in den Bänden XIX 92ff. und XXIII 207ff. der Akademie-Ausgabe.

[30] K. H. Ilting: Gibt es eine kritische Ethik und Rechtsphilosophie Immanuel Kants?, Arch. f. G. d. Phil. 63, 1983 S. 326.

[31] Populär das Urteil A. Schopenhauers in seiner »Kritik der Kantischen Philosophie«: »Die Rechtslehre ist eines der spätesten Werke Kants und ein so schwaches, ... gleich als wäre sie nicht das Werk dieses großen Mannes, sondern das Erzeugnis eines gewöhnlichen Erdensohnes, (welche) an ihrer eigenen Schwäche sterben muß«; man glaubt »oft eine satirische Parodie der Kantischen Manier zu lesen«. (Sämtliche Werke Bd. II, Wiesbaden 1972 S. 626.)

[32] E. Adickes (Kants opus postumum, KS Erg. Heft 50, Berlin 1920 S. 539) verortet aufgrund seiner umfassenden Kenntnisse Kantischer Manuskripte den massiven Einsatz des Verfalls der geistigen Kräfte erst in den Jahren 1798/99.

Rechtslehre selbst: Der Text sperrt sich an vielen Stellen gegen eine stimmige Interpretation; der Autor scheint nicht mehr in der Lage zu sein, seine Vorstellungen einem philosophischen Publikum angemessen zu präsentieren. Neben dem schon benannten Indiz, daß in höherem Maße als bei anderen Kantischen Schriften die frühen Versuche als Interpretationshilfen (oder gar Interpretationsersatz) für die Spätschriften herangezogen werden, gibt es Stimmen, die explizit den elliptischen bzw. undurchsichtigen Charakter der Druckschrift herausstellen[33].

B. These der Edition

Ein fundamentaler Defekt der 1797er Schrift wurde im Jahre 1929 von G. Buchda[34] allerdings auf eine recht unkonventionelle Weise erklärt und beseitigt: Im § 6 befindet sich ein Einschub, der sowohl aufgrund sachlicher als auch sprachlicher Indizien als gegen die Absichten des Autors dort plaziert anzusehen ist. Eine bloße Entfernung jener Textpassage (Abs. 4–8) ergibt gemäß Buchda einen stimmigen Text. Der »Buchdasche Texteinschub« ist heute als gesicherter Bestand der Kant-Philologie anzusehen.

[33] Eine der ersten diesbezüglichen Stimmen findet sich in der Besprechung der »Jenaischen Allgemeinen Literatur-Zeitung« Nr. 272 vom 13. November 1804 S. 297ff. Neben einer Bemerkung über die verwirrende Vielzahl der Titelblätter in den beiden Bänden der MdS gibt der Recensent u. a. zu, er sei »bey allem guten Willen, und bey mehrmaliger Lesung der in diese Materie (der Ableitung des intelligiblen Besitzes, B. L.) einschlagenden Stellen in der Kantischen Rechtslehre nicht im Stande gewesen, die Bündigkeit seiner Beweise einzusehen«. 1929 deckt G. Buchda in seiner Jenaer Dissertation »Das Privatrecht I. Kants« auf S. 36 einen fundamentalen Defekt im ersten Hauptstück auf: Im § 6 findet sich ein Texteinschub, der weder sachlich noch sprachlich an dieser Stelle seinen Platz hat. Vgl. dazu auch Friedrich Tenbruck, Archiv für Philosophie, Band 3, Heft 2. Unstimmigkeiten im § 10 stellt Th. Mautner im Jahre 1981 fest (Kants Metaphysics of Morals. A Note on the Text, KS 72, 1981 S. 358f.), und 1972 konstatiert J. Berkemann in seinen »Studien über Kants Haltung zum Widerstandsrecht« (Diss. Karlsruhe S. 140f.) Unstimmigkeiten bez. der Plazierung der »Allgemeinen Anmerkung« des Staatsrechts.

[34] Vgl. Anm. 33.

Es erhebt sich damit aber zugleich die Frage, inwieweit auch an anderen Stellen der Druckschrift Verderbtheiten *dieser* Art einer geschlossenen Interpretation im Wege stehen, so daß womöglich nicht bei einem vergreisenden Autor, sondern vielmehr in einer verunglückten Drucklegung des Werkes der Grund für dessen »Dunkelheit« zu suchen ist. Die vorliegende Edition beansprucht, erstmals einen in dieser Hinsicht vollständig bereinigten Text der »Metaphysischen Anfangsgründe der Rechtslehre« zu liefern.

Ihre Grundthese ist: Der Schrift von 1797 lag ein auf dem Wege zur Drucklegung verderbtes Manuskript zugrunde, welches sich mittels philologischer Methoden aus dem überlieferten Text rekonstruieren läßt. Jene (von Kant für den Druck vorgesehene) Fassung zeigt keine Spuren von Senilität, sondern stellt einen Text vor, der dem Leser in gleichem Maße interpretatorische Anstrengung abverlangt, wie die übrigen Schriften des Autors.

Neben dem Ausweis der Berechtigung der einzelnen Texteingriffe (welche im folgenden Abschnitt C thematisiert wird) ist gleichermaßen sicherzustellen, daß die weitreichende These einer vom Autor nicht bemerkten, mangelhaften Realisierung seines Werkes mit den uns zugänglichen Quellen über Kants schriftstellerische Tätigkeit verträglich ist. Die ausführlichen diesbezüglichen Untersuchungen[35] sind im ersten Teil der diese Edition begleitenden Monographie »Kants Rechtslehre« (Kant-Forschungen, Band II) dokumentiert; sie würden den Rahmen dieser Edition sprengen. Hier sollen nur die wichtigsten Anhaltspunkte erwähnt werden.

Die Drucklegung der Rechtslehre läßt sich folgendermaßen skizzieren: Kant faßt verschiedene Manuskriptteile zusammen, fügt Korrekturen an, entnimmt Teile und ergänzt das Manuskript auf beigefügten Zetteln. Dieses Material wird einem Amanuensis zum Kopieren überantwortet, der unter anderem die Paragraphenziffern einfügt, welche im Manuskript in Erwartung der Er-

[35] Diese gehen fast ausschließlich auf W. Stark (Kant-Archiv Marburg) zurück, ohne dessen umfangreiche Kenntnis des heute zugänglichen Materials eine solche Untersuchung in vertretbarer Zeit nicht möglich gewesen wäre.

gänzungen noch offen geblieben waren. Diese Abschrift, die Druckvorlage, geht über den Verleger (Nicolovius, Königsberg) zur Druckerei (Solbrig, Leipzig). Dort wird der Text bogenweise gesetzt, vom Korrektor auf die Übereinstimmung mit der Druckvorlage geprüft und ausgedruckt. Die fertiggestellten Bücher gehen – zum Teil ohne Umweg über den Verlag – in den Handel.

Eine mögliche Quelle für größere Textkorrumpierungen stellt offensichtlich die Übertragung der Kantischen Niederschrift in die Druckvorlage dar: Einerseits kann von den zuvor beschriebenen Rückseiten des Kantischen Manuskriptpapiers überflüssiges Material in die Druckvorlage geraten sein, andererseits können mißverstandene Verweise oder vertauschte Blätter zu falschen Anordnungen einzelner Passagen geführt haben. Mit einer von seiten Kants erfolgten Kontrolle wird man zufolge dieser Skizze an zwei Stellen rechnen dürfen: Vor Absendung der Druckvorlage und nach Fertigstellung des gesamten Buches.

Eine sorgfältige Kantische Durchsicht der Druckvorlage ist 1796/97 so gut wie ausgeschlossen, da Kant zu diesem Zweck die Arbeit an der Tugendlehre hätte unterbrechen müssen, was angesichts der für die 90er Jahre notorischen Angst, den Faden seiner Arbeit nach Unterbrechung nicht wieder aufnehmen zu können, unwahrscheinlich ist. Von einer Kontrolle der fertigen Schrift wäre mit Rücksicht auf das geringe Interesse, welches Kant seinen abgeschlossenen Arbeiten generell entgegenbrachte, nur auszugehen, wenn sich äußere Anlässe dafür ausfindig machen ließen. Weder der Briefwechsel, noch die nach 1796 veröffentlichten Schriften geben einschlägige Hinweise darauf, und selbst eine genauere Untersuchung des »Anhangs« von 1798 macht es unwahrscheinlich, daß Kant anläßlich dessen Anfertigung das Buch genau studiert hat: Man achte z. B. nur darauf, welche Konsequenzen die Bouterweksche Frage (zum § 1!) »Aber was heißt lädieren?« (XX 448, 10f.) in der 2. Auflage hatte.

C. Die größeren Texteingriffe

Die Rekonstruktion der ursprünglichen Kantischen Textfassung stützt sich vornehmlich auf philologisch auszuwertende Belege über die vom Autor intendierte Textgestalt, die sich in der Schrift selbst auffinden lassen: Der Text enthält

– explizite Aussagen über seinen Aufbau (Titel und Überschriften, inhaltliche Vor- und Rückverweise),
– implizite Aussagen über die Abfolge einzelner Passagen (sprachliche Vorverweise und Rückbezüge),
– indirekte Hinweise, welche sich aus allgemeinen Regeln der Darstellung ableiten (eine Definition geht z. B. üblicherweise der Verwendung eines Terminus voraus).

Des weiteren können Kantische Äußerungen in Werken oder gemäß Vorlesungsnachschriften aus den 90er Jahren Anlaß zur Überprüfung und Rückversicherung abgeben.

Für eine erste Orientierung des Lesers des neuen Textes mögen folgende Andeutungen der Begründungen der einzelnen Eingriffe hinreichend sein.[36]

1. Zu den Einleitungen

a) Die Reihenfolge der Abschnitte I–IV der Einleitung in die MdS: Abschnitt II führt zum Themenbereich der Sittenlehre allererst hin, Abschnitt I ist bereits Teil derselben (vgl. Einleitung in die KdU, auf die Kant selbst verweist – VI 217,31). Abschnitt IV behandelt Begriffe, die »in beiden Teilen gemein« sind (VI 222,1), die Einteilung, Abschnitt III, schließt sich daran an. Da dieser Abschnitt eine Einteilung ankündigt aber nicht liefert, wird letztere (VI 239–242,11) an denselben angefügt.

b) Innerhalb des Abschnittes IV (philosophia practica universalis) wird der Anschluß von Absatz 15 (»überhaupt«) an Absatz 13

[36] Die ausführlichen Begründungen sowie sämtliche Belege sind im 2. Teil des Bandes 2 der Kant-Forschungen zu finden (Kants Rechtslehre, Hamburg 1988).

durch Vertauschung von Absatz 14 und 15 wiederhergestellt. Der Block der Absätze 9–13 und 15 behandelt Begriffe aus dem Umfeld der »Zurechnung« (Abs. 23) und wird an die Definition dieses Begriffes angeschlossen. Damit führt Absatz 14 (»Widerstreit der Pflichten«) die Pflichtendefinition des Absatzes 8 weiter aus. Die so erhaltene philosophia practica universalis ist architektonisch weitestgehend deckungsgleich mit den inhaltlich korrespondierenden §§ 8–21, 37–63 des Kollegheftes von Vigilantius (Wintersemester 1794/95, XXVII 479f.; die §§ 22–36 behandeln Gegenstände, die 1797 ausdrücklich an anderer Stelle stehen sollen: coactio moralis und Recht).[37]

c) Die »Tafel der Einteilung der Rechtslehre« wird indirekt im letzten Satz von VI 238 angekündigt. Sie wird daher vom Ende der Vorrede an das Ende des Abschnittes »Einleitung in die Rechtslehre« gesetzt; VI 242,12f. wird als Erläuterung der Tafel an dieselbe angeschlossen.

2. *Zu den §§ 2–6*

a) Die Absätze 4–8 des § 6 sind seit 1929 als falscher Texteinschub bekannt[38]. Der in Absatz 3 angekündigte Nachweis der Möglichkeit des *Satzes* von der Möglichkeit des »Besitzes einer Sache außer mir« wird ferner im Nachfolgenden nicht mehr geliefert, sondern nur die Deduktion des *Begriffs* der possessio noumenon mittels eines synthetischen Grundsatzes. Der in der dritten Frage des ersten Absatzes des § 6 als »möglich« zu erweisen angekündigte synthetische Rechtssatz ist das Postulat des § 2, welches in § 5 noch nicht als möglich erwiesen sein darf, da sonst (mit VI 249,11–13) die Deduktion bereits vor deren Ankündigung abgeschlossen wäre. Da der erste Satz von § 6 Abs. 9 mit der Entgegensetzung von »theoretischen« gegen das »praktischen« im letzten

[37] Die Vigilantius-Nachschrift verrät, daß sich der erste Teil der Vorlesung von 1794 eng an die Architektonik von Baumgartens »Initia philosophiae practicae universalis« von 1760 (XIX 7f.) hielt.

[38] Siehe oben im Abschnitt »B«.

Satz von § 2 an diesen anschließt, ist § 2 an die Stelle des Buchdaschen Einschubes zu setzen.

b) § 3 fügt den Bemerkungen von § 1 Abs. 2 nichts hinzu und fällt durch die Verwendung der dritten Person aus dem gesamten Privatrecht – welches ausschließlich[39] die erste Person kennt – heraus.

3. Die §§ 10–17

a) § 17 Abs. 1 kündigt an, daß der »intelligible Besitz« aus den »beiden gegebenen Stücken«: »Titel« und »Erwerbungsart (apprehensio)« abzuleiten sei. Im Haupttext taucht letztere nicht auf, sondern nur ein mit »sofern« eingeleiteter Kriterienkatalog (VI 268,25, vgl. das »Allgemeine Prinzip der äußeren Erwerbung«, § 10 Abs. 3). § 10 Abs. 4 führt den Schlußsatz »vom sensiblen auf den intelligiblen Besitz« bezogen auf die Sach-Erwerbung. Die dort genannten »drei Momente« stellen die Einlösung des »sofern«-Kataloges dar. Erst durch die Anfügung des § 10 Abs. 4 an § 17 Abs. 2 werden sowohl die Ankündigung des zweiten »Stückes« in § 17 Abs. 1 als auch die rückbezügliche Information im letzten Satz von § 19 Anm. (daß nämlich die »Lehre von der Erwerbung durch Bemächtigung«, die Deduktion des Sachenrechts gewesen sei) zu korrekten Querverweisen.

b) Die ersten drei Absätze des § 10 behandeln – wie in der Überschrift des § 10 angekündigt – die Erwerbung *im Allgemeinen* (für § 10 Abs. 3 werden diesbezügliche Zweifel durch XXIII 315,24f. unmöglich gemacht). Nachdem § 10 Abs. 4 (gemäß 3a) in den § 17 versetzt ist, verbleibt § 10 Abs. 5 als einziger Absatz über die »ursprüngliche Erwerbung« in § 10. Schließt man jedoch § 6 Abs. 4–8 (»Buchdascher Einschub«) an diesen an, erhält man eine vollständige Vorarbeit zur Bodenerwerbung, die aus der Druckschrift entfernt werden muß[40].

39 Ausnahmen bilden selbstverständlich die Passagen, welche aus inhaltlichen Gründen die dritte Person erfordern, z. B. §§ 22–30, 33, 34.

40 Alles was diese Vorarbeit enthält, findet sich an anderen Stellen der Rechtslehre – in z. T. anderer Terminologie und inhaltlich abweichend.

c) Die Anmerkungen der §§ 15 und 17 sind der Sache nach fast identisch. Die §§ 16 und 17 lassen sich in umgekehrter Reihenfolge direkt auf § 15 Abs. 2ff. abbilden, so daß wir offensichtlich zwei alternative Entwürfe vor uns haben. Die Begriffe »empirischer Titel«/»Vernunfttitel« des § 15 stehen, im Gegensatz zu »Titel«/»Erwerbungsart« (vgl. die §§ 13 und 14) des § 17, quer zur sonstigen Systematik des Sachenrechts, so daß § 15 inclusive Anmerkung nicht zur Druckschrift, sondern zu den Vorarbeiten zu zählen ist. In Analogie zu § 15 und den §§ 8 und 9 der Besitzlehre werden die §§ 16 und 17 in umgekehrter Reihenfolge übernommen; § 16 hat die »peremtorisch« – »provisorisch« – Problematik zum Gegenstand und erhält daher die Überschrift des § 15 (vgl. auch § 9).

4. Zum »Öffentlichen Recht«

a) Der § 43 liefert Definition und Einteilung des Öffentlichen Rechts während die §§ 41, 42 und 44 den »Übergang« (vgl. § 41 Überschrift) thematisieren. § 44 schließt mit einer Ableitung der Notwendigkeit des öffentlich-rechtlichen Zwanges aus der »Vernunftidee des nicht-rechtlichen Zustandes« das in § 42 Abs. 1 angesprochene Programm ab. § 43 und § 44 sind daher in der Reihenfolge zu vertauschen.

b) Die Neuordnung des eigentlichen »Staatsrechts« (§ 45 ff.) ergibt sich in folgenden Schritten: § 48 wird zwischen die §§ 45 und 46 gesetzt; das »also« in der ersten Zeile von § 48 bezieht sich auf die Ableitung der »drei Gewalten« aus dem »praktischen Vernunftschluß« im letzten Absatz des § 45 zurück; es gibt keinen anderen Anschluß für jenes »also«. § 49 wird zwischen die §§ 46 und 47 gezogen; somit werden die »drei Gewalten« (welche in den §§ 45 und 48 abgeleitet wurden) in den §§ 46 und 49 in der vorgegebenen Reihenfolge einzeln vorgestellt; der (nach der Umstellung) auf § 49 folgende § 47 schließt mit »Alle jene(!) drei Gewalten ...« an die zusammenfassende Würdigung derselben im Schlußabsatz von § 49 an. Die »Allgemeine Anmerkung« wird – in Übereinstimmung mit ihrem Titel – an das Ende des Staatsrechts gesetzt, zumal sie im Teil »A« auf die §§ 51 und 52 zurückgreift. § 50 wird als »Anmerkung F« ganz an das Ende des Staatsrechts gesetzt und leitet damit inhaltlich zum Völkerrecht über. Bei der Neunumerierung der Paragraphen wird der alte § 49 geteilt; Absätze 1 und 2: Regierungsgewalt, Absätze 3 und 4: Richtergewalt und Zusammenfassung der Gewaltenlehre[41].

5. Zusammenstellung aller größerer Texteingriffe

1 »Tafel der Einteilung der Rechtslehre« vom Ende der Vorrede an das Ende der »Einteilung der Rechtslehre« (VI 238) gesetzt.
2 Die Abschnitte der »Einleitung in die MdS« in der Reihenfolge II, I, IV, III angeordnet.
3 In der »philosophia practica universalis« Abs. 14 und 15 in der Reihenfolge vertauscht und den Block Abs. 9–13 und 15 geschlossen hinter Abs. 23 plaziert.
4 Die »Einteilung der MdS überhaupt« (VI 239ff.) aus der »Einleitung in die Rechtslehre« entnommen und an den Abschnitt »Von der Einteilung einer MdS« (VI 218,10f.) angeschlossen – der letzte Absatz der »Einleitung in die Rechtslehre« (VI 242,12f.) bleibt allerdings am vorgefundenen Ort.
5 Titelblatt: »Erster Teil. Metaphysische Anfangsgründe der Rechtslehre« vor der »Einleitung in die Rechtslehre« eingefügt.
6 § 2 an die Stelle der Absätze 4–8 in den § 6 versetzt; die Überschrift wird in den Text hineingezogen, »§ 2« entfällt, § 6 Abs. 4–8 werden der Druckschrift entnommen.
7 § 3 aus der Druckschrift entnommen; »§ 3« entfällt.
8 § 10 Abs. 4 in den § 17 (als 3. Absatz) eingefügt; § 10 Abs. 5 aus der Druckschrift entfernt.

[41] Dies ermöglicht die Beibehaltung der Anzahl der Paragraphen des Staatsrechts und gibt zugleich der Drei-Gewalten-Lehre einen architektonischen Ausdruck.

9 § 15 incl. Anmerkung aus der Druckschrift entnommen; § 16 mit der Überschrift von § 15 hinter dem § 17 angeordnet, §§ 16, 17 umnumeriert; »§ 15« entfällt.
10 Die bezugslose Anmerkung zwischen § 17 und § 18 (VI 270,10f.) an den § 11[42] angeschlossen.
11 »Dogmatische Einteilung aller erwerblichen Rechte aus Verträgen« (§ 31) als »§ 21a« an das Ende des »persönlichen Rechts« gesetzt; »§ 31« entfällt[43].
12 Zusätzliches Blatt »Der Rechtslehre zweiter Teil. Das öffentliche Recht« nach § 40 eingefügt.
13 § 43 und § 44 aus dem »Staatsrecht« in den durch »12« neu entstandenen allgemeinen Einleitungsteil des »Öffentlichen Rechts« vorgezogen und in der Reihenfolge vertauscht.
14 Die §§ 45–49, 51, 52 in der Reihenfolge, 45, 48, 46, 49, 47, 51, 52 angeordnet, den § 50 in »Anmerkung F« umbenannt und die Anmerkungen A–F an das Ende des Staatsrechts gesetzt; § 49 Abs. 3 u. 4 in »§ 50« umbenannt.

D. Editionsprinzipien, Textgrundlage

Es gilt unter den neueren Herausgebern (Natorp, Vorländer und Weischedel) als ausgemachte Sache, daß nur der Text der ersten Auflage als Basis einer Neuedition in Frage kommen kann. Natorps sorgfältiger Vergleich der ersten und zweiten Auflage läßt an der Berechtigung dieses Vorgehens keinen Zweifel übrig: über 40 neue einfache Druckfehler, 18 schwere Fehler, 21 Auslassungen (vgl. VI 526f.) wird man kaum einer tätigen Mitarbeit des Autors zurechnen wollen. Neben der Ersetzung des Wortes »Unrecht« in der ersten Klammer des § 5 durch den Ausdruck »Abbruch an meiner Freiheit, die mit der Freiheit von jedermann nach einem allgemeinen Gesetze zusammenbestehen kann«, sind

[42] U. A. die in jenem Abschnitt angeführte Definition des Eigentums wird in den §§ 12ff. vorausgesetzt.

[43] Die »Dogmatische Einteilung« bezieht sich ausschließlich auf das »persönliche Recht«.

keine Änderungen auszumachen, die auf Kants Intervention schließen lassen[44].

Hieraus ergibt sich, daß die Abweichungen der 2. Auflage in Analogie zu Konjekturen eines Herausgebers zu behandeln sind und daher nur dann, wenn sie eine korrekte Lesart darstellen, berücksichtigt werden können. Von Natorp so benannte »stilistische Verbesserungen« oder auch zusätzliche Fehler der 2. Auflage werden, um den Anmerkungsapparat nicht durch Überfrachtung mit redundanten Daten unlesbar zu machen, unbeachtet gelassen. Der interessierte Leser kann nötigenfalls auf den Anmerkungsteil der allgemein zugänglichen Akademie-Ausgabe zurückgreifen.

Für den »Anhang erläutender Bemerkungen zu den metaphysischen Anfangsgründen der Rechtslehre« wird die Version »B« (gemäß der Natorp-Bezeichnung, s. u. im Verzeichnis der Ausgaben) herangezogen. Da die beiden bekanntgewordenen Typen

[44] B. Kellermann ist der einzige »neuere« Herausgeber, der bez. der umstandslosen Favorisierung der 1. Auflage Zweifel anmeldet. Er beruft sich (im Band VII der Cassirerschen Kant-Ausgabe, Berlin 1916 S. 433 ff.) auf den von O. Bueck zum erstenmal 1914 im Band V derselben Ausgabe abgedruckte Titelblattentwurf für die 2. Auflage von 1798, der sich in Rostock befindet und (sowohl nach dem Hinweis Bueks als auch zufolge meiner eigenen Handschriftenvergleiche) von Kants Hand ist. Da von diesem Blatt m. W. bislang keine weitere Notiz genommen wurde, und die Akademie-Ausgabe seit 1942 jenen Titelblattentwurf unvollständig abdruckt (XX 443), sei die fehlende Passage hier zitiert: »An den Setzer. Der Anhang erläuternder Bemerkungen wird S. 159 (am Ende des Privatrechts, B. L.) als noch zum ersten Teil der Rechtslehre gehörend eingerückt, wo dann die über die Seiten laufenden Überschriften lauten werden, Rechtslehre I Theil. Anhang, die Paginas aber bis zu Ende des Werks in einem fortgehen.« Durch dieses Schriftstück sind alle Mutmaßungen, daß die »sinnwidrige Einfügung« (Natorp, VI 519) nicht auf Kant zurückgehe, unmöglich gemacht. Kellermann zufolge gewinnt daher »die Vermutung einer weitergehenden Mitarbeit Kants an der II. Auflage eine neue Stütze«. Allerdings kann man aus der – offensichtlich unsinnigen (auch Kellermann druckt den Anhang am *Ende* der Rechtslehre ab) – Anweisung für den Setzer nicht auf eine *kritische* Durchsicht des Textes schließen, so daß für die Frage, ob die 1. oder die 2. Auflage für eine Neuedition zugrundezulegen ist, nichts gewonnen wird.

nur durch leicht identifizierbare Druckfehler unterschieden sind, ist eine quellenkritische Erörterung nicht vonnöten.

Da diese Ausgabe den Anspruch der vollständigen Rekonstruierbarkeit des Zeichenstandes der 1. Auflage nicht erhebt, werden offensichtliche *Druckfehler* stillschweigend korrigiert; dasselbe gilt für die Einarbeitung des am Ende der 1. Auflage angefügten Druckfehlerverzeichnisses. Die *Orthographie* wurde – sofern die Interpretationsmöglichkeiten des Textes davon nicht berührt werden – durchgängig (in Anlehnung an den Vorländerschen Text) modernisiert, z. B. »Begriff« statt »Begrif«, »Urteil« statt »Urtheil«, »Freiheit« statt »Freyheit«. Namen werden in der heute üblichen Schreibweise angegeben, »Wolff« statt »Wolf«. Bezüglich des Getrennt-Schreibens von Worten wie »eben so« oder »so wie« wurde dann, wenn sich dadurch ein anderer Duktus des Textes ergibt als mit moderner Schreibweise (»ebenso«, »sowie«), an der Version der 1. Auflage festgehalten. Dasselbe gilt für die *Interpunktion*. Durch Modernisierung ginge hier bisweilen die eigentümliche Gliederung einzelner Sätze verloren – und damit sicherlich auch ihr spezifischer gedanklicher Impetus. Es wurden daher nur offensichtliche Zeichensetzungsfehler, die im Gegensatz zu allgemein im Text selbst eingehaltenen Regeln stehen, stillschweigend korrigiert; z. B. in § 10: »Ich erwerbe etwas, wenn ich mache (efficio), daß etwas m e i n werde«, statt: »... ich mache, (efficio) daß etwas ...«. *Grammatische Abweichungen* vom heutigen Sprachgebrauch wurden – es sei denn, die Annahme eines Versehens erschien unausweichlich (dies ist dann als Lesart angemerkt) – stehengelassen. Z. B. war die Großschreibung in »... Eine menschliche Vernunft ... Eine Chemie ... Eine Tugend ...« (Vorrede, Abs. 6) die bei Kant (und im 18. Jahrhundert) übliche Form der Entgegensetzung der »Eins« gegenüber »Zwei«, »Drei« etc. Die in der MdS eindeutig identifizierbare Funktion der Großschreibung ist wichtiges Interpretationskriterium z. B. für KrV § 20 dritter Satz: »sofern es in Einer empirischen Anschauung gegeben ...« und darf nicht (wie z. B. bei Vorländer) in Sperr- oder Fettdruck mit Kleinschreibung verwandelt werden. Konservativ wird auch die Groß- und Kleinschreibung von »Andere«, »Einer«, »Letzterer« u. ä. gehandhabt: sie wird der im Text größtenteils eingehaltenen Regel, daß diese Wörter *nur* dann klein geschrieben werden, wenn sie sich auf ein explizit aufgeführtes Substantiv beziehen, vorsichtig angeglichen. »Recht«, »Unrecht«, »recht«, »unrecht« werden durchweg in der vorgefundenen Schreibart belassen[45].

Konjekturen, die nicht in der Tabelle am Ende des vorigen Abschnittes aufgeführt sind, werden am Fuß der Seiten ausgewiesen. Lesarten ohne Kennzeichnung geben den Text der 1. Auflage; Vorschläge werden in Fragezeichen, korrekte Zitate aus der Bouterwek-Rezension (im »Anhang«) in »B« eingeschlossen; Bemerkungen des Herausgebers stehen in *Kursiv*, auf weitere Erläuterungen in den »Anmerkungen des Herausgebers« wird hingewiesen.

Die geklammerten *Zahlen am Außenrand* bezeichnen die Seiten im Band VI der Akademie-Ausgabe. Kursiv gesetzte Seitenzahlen *über* den Seitenangaben der AA (bzw. einem Spiegelstrich) bezeichnen die Stelle, die ursprünglich auf den vorangegangenen Text folgte. Kursive Zahlen *darunter* verweisen auf die Seite mit der Stelle, an die der hier einsetzende Text ursprünglich anschloß. Die kursiven Zahlen am Rand sind damit zugleich Indikatoren für die großen Texteingriffe.

Textgrundlage bilden Exemplare der Universitätsbibliothek Marburg; für die 1. Auflage der Rechtslehre der Band mit der Signatur XIV C 926, für den »Anhang« XIV C 926[a]. Reinschrift- oder Druckvorlagen-Fragmente sind bisher nicht bekanntgeworden.

Die Staatsbibliothek München erlaubte freundlicherweise den Abdruck des Kant-Autographen »HAGEN 21« und die Stadtbibliothek Worms stellte ein Exemplar der Metaphysik der Sitten für die Reproduktion der Titelblätter zur Verfügung.

Die Erschließung der Dokumente des achtzehnten Jahrhunderts wurde mir wesentlich erleichtert durch den Zugang zu den Materialien des Marburger Kant-Archivs und durch dessen Leiter, Reinhard Brandt, der am Zustandekommen dieser Edition

[45] Die diesbezüglichen Korrekturen von Natorp z. B. sind weder unangreifbar noch übermäßig hilfreich.

einen maßgeblichen Anteil hatte. Ferner gaben H. Oberer (Bonn) und T. Pinder (Berlin), die Teile einer frühen Version des Manuskripts lasen, wertvolle Anregungen. Werner Stark danke ich für seine unersetzliche sachliche wie freundschaftliche Unterstützung während der letzten Jahre.

Marburg/Lahn im Juni 1986 Bernd Ludwig

ANHANG ZUR EINLEITUNG

›HAGEN 21‹
Ein Kant-Autograph zur Greifswalder Rezension der Rechtslehre

Seit 1923 befindet sich in der Bayerischen Staatsbibliothek München die Sammlung von Kantiana (Drucken und Handschriften), die Karl Ernst Hagen (1856–1923) 1898 der damaligen Königlich Preußischen Akademie der Wissenschaften für ihre Kant-Ausgabe zugänglich gemacht hatte[1]. Die in der Sammlung enthaltenen Kant-Autographa sind von Erich Adickes mit Ausnahme derjenigen, die in einer direkten Beziehung zu einer Kantischen Druckschrift stehen, in der dritten Abteilung der Akademie-Ausgabe unter dem Signum ›Hagen‹ veröffentlicht worden. Dieter Henrich wies 1966 darauf hin, daß einige der Kant-Handschriften von der Forschung übersehen wurden[2].

Auf ›Hagen 21‹, einem beidseitig dicht beschriebenen Oktavblatt, hat Kant, ehe er eine vierzeilige Notiz »Von der Universalmedicin« (rfl. 1530; XV 957) niederschrieb, ein Stück seiner Reaktion auf die Greifswalder Rezension der 1. Auflage seiner Rechtslehre festgehalten. Das Blatt ist damit einschlägig für die Frage, ob Kant seine Druckschrift nachträglich kontrolliert hat. Der Text zerfällt in zwei Perioden: nach der Überschrift (Zeile 1) wird zunächst (bis Zeile 23) auf die Nachfrage des Rezensenten zur Definition des Begehrungsvermögens eingegangen; sodann folgt (bis Zeile 73) eine, von Kleinigkeiten abgesehen, exakte Abschrift des Schlusses von Teil 1 der Besprechung[3]. Keine der bei-

[1] Vgl. Kant-Studien 3 (1899) S. 260.

[2] Vgl. D. Henrich: Zu Kants Begriff der Philosophie. Eine Edition und eine Fragestellung, in: Kritik und Metaphysik. Heinz Heimsoeth zum 80. Geburtstag, Berlin 1966 S. 40–59.

[3] Zum 2. Teil der Besprechung vgl. das Verzeichnis der Rezensionen im »Literaturverzeichnis« dieser Ausgabe.

den Perioden bietet einen Anhaltspunkt dafür, daß Kant den Text der Rechtslehre geprüft hat. Bemerkenswert ist, daß Kant (in Zeile 6) im Sommer 1797 die 2. Auflage der Kritik der Urteilskraft mit derjenigen der Kritik der praktischen Vernunft verwechselt. Die Abgrenzung des Begehrungsvermögens vom Wunsch ist nicht in der 2. Auflage der Kritik der praktischen Vernunft (1792 erschienen) sondern in der der Kritik der Urteilskraft (1793) zu lesen; vgl. V 177–178. Weil dem Rezensenten diese Erläuterung anscheinend unbekannt war, ist durch ›Hagen 21‹ eine knappere Formulierung des zur Einleitung in die Kritik der Urteilskraft angemerkten Gedankens überliefert.

Der folgende Abdruck gibt den Text des Autographen zeilengetreu wieder: Gestrichenes ist in eckige Klammern [ ] gesetzt; gesperrtes zeigt an, welche Worte in der Handschrift unterstrichen sind. Im Apparat am Fuß der Seite werden die Abweichungen des Autographen vom Drucktext der Rezension angegeben; unberücksichtigt bleiben Interpunktion und Orthographie.

HAGEN 21

Vorderseite

Neueste Critische Nachrichten Achtzehntes Stück. Greifswald den 6ten Mai 1797
Vom Begehrungsvermögen als »einem Vermögen durch seine Vorstellungen
Ursache der Gegenstände dieser Vorstellungen zu seyn« (Einwurf
daß es Begierden der Gegenstände nicht zur Wirklichkeit gebracht
werden, welche also nicht Ursachen der Gegenstände dieser Vorstellungen sind. Er wird in der Critik der practischen Vernunft, 2te

4 es Begierden der Gegenstände] 137,28: es Begierden giebt, deren Gegenstände 5 dieser] 137,30: unserer

Auflage, Einleitung so gehoben: daß eine solche Begierde Wunsch
heißt welcher allemal eine wirkliche obzwar [unreichen] zur Wirkung
unzureichende Caussalität, Bestrebung genannt, ist und die
eine sehr große Wirkung auf das Subject thut seine Kraft
zu einer gewissen Wirkung anzuspannen. – Daher aberglaubsche
Wahl der Zahlen in Lotterien. – Der Rec. sagt mit Recht »daß jeder
nachdenkende Leser einsehen werde wie bey Beschreibung eines
Vermögens nur von einer blos möglichen nicht von einer physisch
wirklichen Realisirung der Vorstellungen die Rede seyn könne«
Die Bestimmung seines Vermögens zu einer [Handlu] vorhergesehnen Wir-
kung ist der Qvalität nach im Wunsche eben dieselbe wenn sie
blos Tendenz [ist] als wenn sie auch objectiv wirksam ist. Dem Grad
[nach] nach aber ist sie blos ein Moment der [Handlung] der Kraftanwen-
dung welches durch den Wiederstand [der ge] der Vorstellung der
Unzulänglichkeit aufgehoben keine Bewegung hervorbringt
Wie etwa ein Schwerdt am Haar hängend [gleichsam] Ursache
der Furcht des Sünders ist obzwar das Übel nicht erfolgt.

Was den vom Rec: S. 140 [bemerkten] angeführten scheinbaren Weder-
spruch. – »Recensent weiß sich die auf der Seite 73 befindlichen
Wiedersprüche (welche er gerne für scheinbar halten [mochte] will)
auf keine Weise zu lösen. »Ich bin also nicht verbunden«
heißt es hier zuvörderst »das äussere Seine des Andern unangetastet
zu lassen wenn mich nicht jeder Andre dagegen auch sicher stellet er

12–15 »daß jeder … seyn könne«] 137,35 … 138,03 *Zitat* 25 »Recensent weiß … die auf] 140,23–24: so weiß er sich doch die auf

werde in Ansehung des Meinigen sich nach eben demselben Princip
verhalten«. (Wozu ist hier eine Sicherstellung nöthig? Wie wenn
der Andre [? und?] mit welchem ich im Naturzustande zusammentreffe mich auf
keine weise sicher stellen kann (NB das kann er immer) hört denn da auch
meine Verbindlichkeit auf sein Eigenthum unangetastet zu lassen? Sollen
die Gesetze der practischen Vernunft nicht zum Voraus ihre Gültigkeit haben bevor der
bürgerliche Zustand realisirt werden konnte? Nach den hier geäußerten Principien
scheint es als ob man auch selbst in einem unvollkommnen Staat nicht unver-
bunden sey jedem Anderen das äußere Seine zu lassen. In einem jeden
Staate befinden sich gemeiniglich Personen mit deren Sicherstellung der eine oder

Rückseite

der Andre nicht zufrieden seyn möchte. Eine bloße Zusicherung aber oder
eine unzulängliche Sicherstellung würde auch selbst im Naturzustand
statt finden, aus welchem doch nach dem Verf. gerade um der Er-
mangelung jener Sicherstellung mitten, jederman heraustreten soll.
Doch noch größer wird die Verwirrung wenn es nun weiter heißt daß
diese Sicherstellung gar keines besondern rechtlichen Acts bedürfe

33 (NB ... immer)] *Einschub Kants* 39 Staate] *darunter der Name (?):* Reingg. 43 mitten] 141,01: *Kant übernimmt den sinnentstellenden Druckfehler* mitten *statt* willen

sondern schon im Begriff einer äußeren rechtlichen Verpflichtung enthalten sey. Der Hr. Verfasser muß hier eine ganz besondere Art von Sicherheit annehmen; denn wenn man gleich auch ohne besonderen rechtlichen Act einem jeden in so fern er ein Mensch oder vernünftiges Wesen ist zutrauen darf daß er das Eigenthumsrecht mit uns nach gleichen Principien beurtheilen werde; so ist hier doch noch nichts was nach gewöhnlichen Begriffen den Nahmen der Sicherstellung verdient. Indessen [d] möchte man dem scharfsinnigen Verfasser darinn nachgeben daß er diesen Begriff sich unter andern Bestimmungen gedacht habe, wenn er nur nicht gleich in der folgenden Periode von einem collectiv-allgemeinen und machthabenden Willen redete der allein jedermann soll diese Sicherheit leisten können. Um den allgemeinen Willen auszumachen und ihn mit solcher Macht zu versehen daß kein Einzelner seinen einseitigen Willen an dessen Stelle zu setzen noch die Freyheit aller anderen in Gefahr zu bringen wagt dazu ist doch wohl ein besonderer rechtlicher Act nothwendig? Wie läßt sich dieser Satz denn mit dem obigen vereinigen daß zu jener Sicherstellung gar kein besondrer rechtlicher Act erforderlich sey? Da die Nothwendigkeit des bürgerlichen Zustandes gerade etwas Wesentliches in dem System des Hrn Verfassers ist so wünschten wir daß derselbe sich über Sicherheitsleistung durch den collectiv allgemeinen und machthabenden Willen etwas deutlicher und umständlicher erklärt haben möchte. Denn daß das Eigenthum der Staatsburger in manchen Staaten nicht besser sicher gestellt sey als es im Naturzustand geschehen könnte lehrt die Erfahrung

die Fortsetzung nächstens.

55 habe] *überschrieben* hat, 141,14: hat

Nachtrag 1998 zu ›Hagen 21‹

Am unteren Rand der Vorderseite hat Kant einen Namen vermerkt, der in der ersten Auflage gegenwärtiger Schrift (S. XLIV unten) nicht zugeordnet werden konnte. – Vermutlich ist die Person als Jakob Reineggs (1744–1793, geboren als: Christian Rudolph Ehlich) zu identifizieren. Reineggs erscheint im Personenindex zweiter Stufe zu Kants gesammelten Schriften, bearbeitet von Katharina Holger und Eduard Gerresheim (Bonn 1964ff.), nur mit drei Einträgen: Bd. IX, S. 232,24; 237,15; 368,18. An den beiden letzten Stellen der somit bezeichneten, von Friedrich Theodor Rink 1802 in zwei Bänden herausgegebenen Physischen Geographie wird auf Reineggs' *Allgemeine historisch-topographische Beschreibung des Kaukasus. Aus dessen nachgelassenen Papieren gesammelt und herausgegeben von Friedrich Enoch Schröder*, 2 Bde. (Gotha 1796) verwiesen. Man darf wegen der chronologischen Nähe also annehmen, daß Kant im Sommer 1797 den Namen auf ›Hagen 21‹ im Hinblick auf diese Schrift notierte.

Werner Stark

LITERATUR ZUR RECHTSLEHRE

I. Ausgaben der Rechtslehre und des Anhangs

A. Verlegt im Namen des Autors

»Metaphysische Anfangsgründe der Rechtslehre von Immanuel Kant. Königsberg, bey Friedrich Nicolovius. 1797.« XII und 235 Seiten (Warda 171[1]).

»Metaphysische Anfangsgründe der Rechtslehre von Immanuel Kant. Zweyte mit einem Anhange erläuternder Bemerkungen und Zusätze vermehrte Auflage. Königsberg, bey Friedrich Nicolovius. 1798.« XII und 266 Seiten (Warda 173).

»Erläuternde Anmerkungen zu den metaphysischen Anfangsgründen der Rechtslehre von Immanuel Kant. Königsberg, bey Friedrich Nicolovius. 1798.« 31 Seiten (Warda 189, 190[2]).

Nachdruck der Rechtslehre: Frankfurt und Leipzig 1797, XII und 235 Seiten (Warda 172).

Nachdruck der Anmerkungen: Königsberg 1800 (Warda 191).

B. Verlegt im Namen eines Herausgebers

I. Kants sämmtliche Werke hrsg. v. K. Rosenkranz und F. W. Schubert, Bd. 9, Leipzig 1838; Hrsg.: Schubert.

I. Kants Werke, sorgfältig revidierte Gesamtausgabe hrsg. v. G. Hartenstein, Bd. 5, Leipzig 1838.

I. Kants sämmtliche Werke in chronologischer Reihenfolge hrsg. v. G. Hartenstein, Bd. 7, Leipzig 1867.

[1] Gemäß A. Warda: Die Druckschriften Immanuel Kants bis 1838, Wiesbaden 1919.

[2] Der »Anhang« der 2. Auflage ist textgleich mit den »Erläuternden Anmerkungen«. Nr. 189 entstammt demselben Satz wie der »Anhang« und wird daher von Natorp als »A²« bezeichnet (VI 527); Nr. 190 entspricht dem Natorpschen Typus »B« und weicht ausschließlich in wenigen Druckfehlern von »A²« ab.

I. Kants Metaphysik der Sitten, Philosophische Bibliothek Bd. 29, Berlin 1870; Hrsg.: J. H. v. Kirchmann.

I. Kants Metaphysik der Sitten, Philosophische Bibliothek Bd. 42, Berlin 1907; Hrsg.: K. Vorländer (4 Auflagen bis 1922, dann Nachdrucke).

Kants Werke, hrsg. v. d. Königlich Preußischen Akademie der Wissenschaften, Bd. 6, Berlin 1907; Hrsg.: P. Natorp (²1914, dann Nachdrucke).

Kants Werke, hrsg. v. E. Cassirer, Bd. 7, Berlin 1907; Hrsg.: B. Kellermann (²1923).

Kant, Werke, hrsg. v. W. Weischedel, Bd. 4, Frankfurt und Darmstadt 1956 (zahlreiche Nachdrucke).

I. Kant: Metaphysische Anfangsgründe der Rechtslehre, F. Keip Verlag Frankfurt 1970 (fotomechanischer Nachdruck der 1. Auflage).

I. Kant: Metaphysik der Sitten, Bd. 17 der Reihe Kant im Original, H. Fischer Verlag Erlangen 1986 (fotomechanischer Nachdruck).

I. Kant: Rechtslehre, Schriften zur Rechtsphilosophie, hrsg. v. H. Klenner, Berlin 1988 (darin S. 7–191, umfangreiche Anm. 407–490).

I. Kant: Metaphysik der Sitten, hrsg. v. H. Ebeling, Stuttgart 1990.

II. Quellen und Vorarbeiten

Akademie-Ausgabe:

X–XIII, XXIII: Die wichtigsten die Rechtslehre betreffenden Briefe sind: 347, 748, 749, 754, 761, 766, 769, 774, 784, 789, 794, 807, 883, 891[3].

XVI S. 789–798: Reflexionen 3345–3358.

XIX S. 442–613: Reflexionen zur Rechtsphilosophie.

XX S. 441–467: Kants Entwürfe für den »Anhang« sowie der Text der Bouterwek-Rezension[4].

XXI S. 126ff., 178, 461–463, 470–472 (opus postumum).

[3] Auffallend ist, daß kaum Briefe zwischen Kant und Nicolovius überliefert sind. Das mag u. a. daran liegen, daß beide in unmittelbarer Nachbarschaft wohnten; F. Benninghofen: I. Kant. Leben, Umwelt, Werk. Ausstellungskatalog, Berlin 1974, S. 132.

[4] Zum Zustand des Abdrucks vgl. oben Anm. 44 zur Einleitung und G. Bayerer: Hinweis auf eine Lücke im Text der Akademie-Ausgabe von Kants Bemerkungen zur Bouterwek-Rezension, KS 1986, H. 3, 338–346.

XXIII S. 207–419: Vorarbeiten zur Metaphysik der Sitten[5].
XXVII S. 1317–1394: ›Naturrecht Feyerabend‹, S. 477–732: ›Metaphysik der Sitten Vigilantius‹.

Katalog der »Immanuel-Kant-Ausstellung im Gutenberg-Museum Mainz, 12. 3.–10. 4.1974«, Hrsg.: G. Richter, Mainz 1974, S. 59f.: Brief Kants an K. Stang vom 19. 11. 1796 (enthält Erläuterungen zum »Persönlichen Recht«)

Kant Forschungen, Bd. I: Neue Autographen und Dokumente zu Kants Leben, Schriften und Vorlesungen, Hamburg 1987:
M. Rischmüller, W. Stark: Ein weiteres Loses Blatt aus Kants Nachlaß (eine Vorarbeit zum Privatrecht).
W. Stark: Eine Spur von Kants handschriftlichem Nachlaß: Wasianski (eine Vorarbeit zum Problemkomplex »Recht-Zwang«).

Hagen 21: Ein Kant-Autograph zur Greifswalder Rezension der Rechtslehre: s. S. XLI dieser Ausgabe.

I. Kant, Über den Gemeinspruch etc. (hrsg. v. H. Klemme, = Philosophische Bibliothek 443), Hamburg 1992, S. 134: ›Schubert‹ (Vorarbeit zum Staatsrecht).

III. Sekundärliteratur

A. Zeitgenössische Literatur

1. Rezensionen ((a): erste Auflage; (b): zweite Auflage bzw. Anhang[6])

Annalen der neuesten Theologischen Literatur und Kirchengeschichte, Frankfurt 1797, S. 563–564; (?).

[5] Die Anordnung der Vorarbeiten »nach inhaltlichen Kriterien« (XXIII 507) ist dem Herausgeber nicht geglückt, so daß bei der Suche nach Texten zu einzelnen Abschnitten der Rechtslehre alles was zur MdS auf den Seiten 207–419 abgedruckt ist, geprüft werden muß (vgl. u.a. LBL E 38, XXIII 249).

[6] Sofern ein »?« innerhalb der Angabe zu finden ist, hat die Quelle nicht vorgelegen, sondern ist nur gemäß der »German Kantian Bibliography« (Würzburg 1895/96) von Adickes wiedergegeben.

Annalen der Philosophie und des philosophischen Geistes. Herausgegeben von Ludwig Heinrich Jakob, Leipzig 1797, S. 13–58; (a), Rez.: Jakob[7].

Gelehrte Anzeigen, 39. Stück, Tübingen 15. 5. 1797, S. 305–310 und 40. Stück, 18. 5. 1797, S. 316–320; (a).

Göttingische Anzeigen von gelehrten Sachen, 28. Stück, 18. 2. 1797, S. 65–76; (a), Rez.: Bouterwek[8].

–, 120. Stück, 29. 7. 1799, S. 1197–1200; (b), Rez.: Bouterwek.

Neue Leipziger gelehrte Anzeigen, 13. Stück, 12. 2. 1797, S. 101–104; (a).

Seilers gemeinnützige Betrachtungen der neuesten Schriften, welche Religion, Sitten und Besserung des menschlichen Geschlechts betreffen, 1798, Beylage S. 1235 f.

Allgemeine Juristische Bibliothek, 3. Band, Tübingen 1797, S. 145–168; (a), Rez.: »r.«.

Göttingische Bibliothek der neuesten Literatur, IV 1798, II. Stück, S. 159–189; (a).

Neue Allgemeine Deutsche Bibliothek, 42. Band, erstes Stück, Kiel 1799, S. 28–42; (a), Rez.: »Bs:« (Tiedemann)[9].

–, 49. Band, erstes Stück, Kiel 1800, S. 93–99; (b), Rez.: »Qg.« (Tiedemann)[10].

Neues Journal für Katechetik (Gräffe, Kathech. Journal), V. Bd. 1. Heft, Celle 1798, S. 1–36; (a) und Tugendlehre.

Allgemeine Literaturzeitung. Ergänzungsblätter, Bd. II, Halle 1804, S. 217–240; (?).

Jenaische Allgemeine Literaturzeitung, Nr. 169/170, Jena 1797, S. 529–544; (a).

–, Nr. ???, 1799, S. 201–208; (b).

–, Nr. 272/3 1804, S. 297–308; (a) und (b) und Tugendlehre, Rez.: »Rr.«.

Juristische Literatur-Zeitung, I. Bd., Halle 1799, S. 75–80; (b).

Oberdeutsche Allgemeine Literaturzeitung, 66. Stück, Salzburg 2. 6.

[7] Vermutung aufgrund der Tatsache, daß der Herausgeber – ein Vertrauter Kants – sich in jener Zeit vornehmlich mit Rechtsphilosophie befaßt hat (z. B.: Philiosophische Rechtslehre oder Naturrecht, 1795).

[8] Vgl. Anm. 17 zur Einleitung.

[9] Dietrich Tiedemann (1748–1803), Professor der Philosophie in Kassel und Marburg; gemäß G. Parthey: Die Mitarbeiter an Friedrich Nicolai's Allgemeiner Deutscher Bibliothek etc., Berlin 1842, S. 28.

[10] Gemäß Parthey (s. Anm. 9) S. 49.

1797, S. 1041–1056 und 67. Stück, 5. 6. 1797, S. 1057–1067; (a), Rez.: »E. R.«.
–, 29. Stück, Salzburg 8. 3. 1800, S. 449–458; (a) und (b).
Neueste Critische Nachrichten. Herausgegeben von J. G. P. Möller, 18. Stück, Greifswald 6. Mai 1797, S. 137–141 und 19. Stück S. 147–150; (a), Rez.: »Pw.« (Parow)[11].
–, 31. Stück, Greifswald 1799, S. 244–245; (b), Rez.: »Pw.«.
Neue Leipziger gelehrte Zeitungen, 1797, S. 101–103.
Gothaische Gelehrte Zeitungen, 46. Stück, 10. 6. 1797, und 47. Stück, 14. 6. 1797, und 48 Stück, 17. 6. 1797, S. 420–439; (a).
–, 44. Stück, 31. 5. 1800, S. 366–367; (b).
Neue Nürnbergische Gelehrte Zeitung, 8. Jg. XIX. Stück, 14. 3. 1797, und XXII. Stück, 17. 3. 1797, S. 161–173; (a).

2. Monographien

Beck, Jacob Sigismund: Commentar über Kants Metaphysik der Sitten, Halle 1798 (Nachdruck Brüssel 1970).
Bergk, Johann Adam: Briefe über Immanuel Kants Metaphysische Anfangsgründe der Rechtslehre, enthaltend Erläuterungen, Prüfung und Einwürfe, Leipzig und Gera 1797 (Nachdruck Brüssel 1968).
Bouterwek, Friedrich: Abriss akademischer Vorlesungen über die Rechtsphilosophie, Göttingen 1798.
Mellin, Georg Samuel Albert: Marginalien und Register zu Kants metaphysischen Anfangsgründen der Rechtslehre, Jena und Leipzig 1800 (Nachdruck Aalen 1973).
Michaelis, Christian Friedrich: Zur Erläuterung von J. G. Fichtes Grundlagen des Naturrechts. Mit Rücksicht auf I. Kants Entwurf zum ewigen Frieden und Metaphysische Anfangsgründe der Rechtslehre. Zweiter Theil Leipzig 1798 (drei Teile[12]).

[11] Gemäß einer Adickesschen Randnotiz in seinem Handexemplar der »German Kantian Bibliography« (im Besitz des Marburger Kant-Archivs) handelt es sich um J. E. Parow (1771–1836), seit 1796 Magister und ab 1813 ordentlicher Professor an der Universität Greifswald, Schwiegersohn von Gottlieb Schlegel (1739–1810).

[12] Die »Nachschrift zur Vorrede« des ersten Bandes (Februar 1797!) betont, daß die MAdR im ersten Band nicht mehr berücksichtigt werden können, und dies dem »folgenden Theile vorbehalten« bleibt (s. 2. Teil S. 1–112).

Nehr, Johann, Georg: Kritik über die metaphysischen Anfangsgründe der Rechtslehre des Herrn Immanuel Kant, Nürnberg 1798.

Reiner, Gregor Leonhard: Allgemeine Rechtslehre nach Kant zu Vorlesungen, Landshut 1801.

Reinhold, Carl Leonhard: Einige Bemerkungen über die in der Einleitung zu den »Metaphysischen Anfangsgründen der Rechtslehre« von I. Kant aufgestellten Begriffen von der Freiheit des Willens, in: ders.: Auswahl vermischter Schriften Bd. II, Jena 1797, S. 364–400.

Schwab, Johann Christoph: Neun Gespräche zwischen Christian Wolff und einem Kantianer über Kants Metaphysische Anfangsgründe der Rechtslehre und der Tugendlehre. Mit einer Vorrede von Friedrich Nicolai, Berlin und Stettin 1798 (Nachdruck Brüssel 1968).

Stang, Konrad: Darstellung der reinen Rechtslehre von Kant zur Berichtigung der vorzüglichsten Mißverständnisse derselben, Frankfurt und Leipzig 1798.

Stephani, Heinrich: Anmerkungen zu Kants Metaphysischen Anfangsgründen der Rechtslehre, Erlangen 1797 (Nachdruck Brüssel 1968).

Tieftrunk, Johann Heinrich: Philosophische Untersuchungen über das Privat- und öffentliche Recht zur Erläuterung und Beurteilung der metaphysischen Anfangsgründe der Rechtslehre von Prof. Imm. Kant. Erster Theil, Halle 1797; Zweiter Theil, Halle 1798.

B. Spätere Veröffentlichungen

1. Monographien

Brandt, Reinhard: Eigentumstheorien von Grotius bis Kant, Stuttgart 1974.

Dreier, Ralf: Rechtsbegriff und Rechtsidee. Kants Rechtsbegriff und seine Bedeutung für die gegenwärtige Situation, Frankfurt 1986.

Ebbinghaus, Julius: Philosophie der Freiheit. Gesammelte Schriften Bd. 2 (hrsg. v. G. Geismann u. H. Oberer), Bonn 1988.

Goyard-Fabre, Simone: La philosophie de droit de Kant, Paris 1996.

Kaulbach, Friedrich: Studien zur späten Rechtsphilosophie Kants und zu ihrer transzendentalen Methode, Würzburg 1982.

Kersting, Wolfgang: Kant über Recht, Paderborn 2004.

Kühl, Kristian: Eigentumsordnung als Freiheitsordnung. Zur Aktualität der Kantischen Rechts- und Eigentumslehre, Freiburg 1984.*

Küsters, Gerd-Walter: Kants Rechtsphilosophie, Darmstadt 1988.*

Langer, Claudia: Reform nach Prinzipien. Untersuchungen zur Politischen Theorie I. Kants, Stuttgart 1986.

Losurdo, Domenico: Immanuel Kant. Freiheit, Recht und Revolution, Köln 1987.

Ludwig, Bernd: Kants Rechtslehre (Kant-Forschungen Bd. 2), Hamburg 1988; 2. Aufl. 2000.

Maus, Ingeborg: Zur Aufklärung der Demokratietheorie, Frankfurt 1992.

Murphy, Jeffrie, G.: Kant. The Philosophy of Right, London ²1994.

Müller, Andreas: Das Verhältnis von rechtlicher Freiheit und sittlicher Autonomie in Kants Metaphysik der Sitten, Frankfurt 1996.

Riley, Patrick: Kant's Political Philosophy, Totowa 1983.

Ritter, Christian: Der Rechtsgedanke Kants nach den frühen Quellen, Frankfurt 1971.

Saage, Richard: Eigentum, Staat und Gesellschaft bei Kant, Baden-Baden ²1994.

Unruh, Peter: Die Herrschaft der Vernunft. Zur Staatsphilosophie Immanuel Kants, Baden-Baden 1993.*

2. Sammelwerke (Die genannten Bände enthalten mehrere Arbeiten zur Kantischen Rechtsphilosophie)

Archiv für Rechts- und Sozialphilosophie (ARSP), LXXI/3 1985 (Schwerpunkt »Kants Rechtsphilosophie«).

Basta, Danilo, Wolf, Peter (Hrsg.): Wider die Beliebigkeit. Kants Metaphysische Anfangsgründe der Rechtslehre nach zwei Jahrhunderten, Belgrad 1997.

Batscha, Zwi (Hrsg.): Materialien zu Kants Rechtsphilosophie, Frankfurt 1976.

Beiner, Ronald; Booth, William James (eds.): Kant & Political Philosophy. The Contemporary Legacy, Yale 1993.

Byrd, B. Sharon; Hruschka, Joachim (Hrsg.): Kant and Law, Aldershot 2005 [mit ausführlicher Bibliographie].

Byrd, B. Sharon; Joerden, Jan (Hrsg.): Philosophia Practica Universalis (Jahrbuch Recht und Ethik 13), Berlin 2005.

Gerresheim, Eduard (Hrsg.): Immanuel Kant (1724–1804) als politischer Denker, Bonn-Bad Godesberg (Inter Nationes) 1974.

Höffe, Otfried (Hrsg.): Immanuel Kant, Metaphysische Anfangsgründe der Rechtslehre (Reihe: Klassiker auslegen), Berlin 1998.*

Jahrbuch für Recht und Ethik I (1993) und V (1997) [Bände zu Tagungen über Kants Rechtslehre].

The Southern Journal of Philosophy, 36, Suppl. (Spindel Conference 1997: »Kant's Metaphysics of Morals«).

Klesczewski, Diethelm; Müller, Steffi; Neuhaus, Frank (Hrsg.): Kants Lehre vom richtigen Recht, Paderborn 2005.

Thompson, Martyn P. (Hrsg.) John Locke und Immanuel Kant. Historische Rezeption und gegenwärtige Relevanz, Berlin 1991.

Williams, Howard (ed.): Essays on Kant's Political Philosophy, Cardiff 1992.

3. *Aufsätze*

Birtsch, Günther: Freiheit und Eigentum. Zur Erörterung von Verfassungsfragen in der politischen Publizistik im Zeichen der französischen Revolution, in: R. Vierhaus (Hrsg.): Eigentum und Verfassung. Zur Eigentumsdiskussion im ausgehenden 18. Jahrhundert, Göttingen 1972, S. 179f.

Fulda, Friedrich: Kants Begriff eines intelligiblen Besitzes und seine Deduktion, in: Jahrbuch für Recht und Ethik V (s. o.), S. 103–121.+

Geismann, Georg: Kant als Vollender von Hobbes und Rousseau, Der Staat Bd. XXI, 2 (1982), S. 161–189.

Hartmann, Anja Victorine: Der Platz des rechtlichen Postulats in der Besitzlehre, in: R. Brandt u.a. (Hrsg.): Kant-Forschungen Bd. V, Hamburg 1994.+

Herb, Karlfriedrich; Ludwig, Bernd: Naturzustand, Eigentum und Staat. I. Kants Relativierung des »Ideal des hobbes«, Kant Studien 83,3 (1993), S. 283–316.

Kiefner, Hans: Paragraph 39 der Metaphysischen Anfangsgründe der Rechtslehre Kants, in: M. Stolleis u.a. (Hrsg.): Die Bedeutung der Wörter. Studien zur europäischen Rechtsgeschichte, München 1991, S. 133–153.+

Ludwig, Bernd: Postulat, Deduktion und Abstraktion in Kants Lehre vom intelligibelen Besitz. ARSP 82 (1996), S. 250–259.+

Saito, Yumi: War die Umstellung von § 2 der Kantischen Rechtslehre zwingend? ARSP 82 (1996), S. 238–250.+
zwingend? ARSP 82 (1996), S. 238–250.+

IMMANUEL KANT

METAPHYSISCHE ANFANGSGRÜNDE DER RECHTSLEHRE

Die
Metaphysik der Sitten
in zwey Theilen.

Abgefaßt

von

Immanuel Kant.

Königsberg,
bey Friedrich Nicolovius,
1797.

Die

Metaphysik der Sitten.

Abgefaßt

von

Immanuel Kant.

Erster Theil.

Metaphysische Anfangsgründe

der

Rechtslehre.

Königsberg,

bey Friedrich Nicolovius,

1797.

Metaphysische Anfangsgründe

der

Rechtslehre

von

Immanuel Kant.

Königsberg,
bey Friedrich Nicolovius.
1797.

VORREDE

Auf die Kritik der praktischen Vernunft sollte das System, die Metaphysik der SITTEN, folgen, welches in metaphysische Anfangsgründe der Rechtslehre und in ebensolche für die Tugendlehre zerfällt (als ein Gegenstück der schon gelieferten metaphysischen Anfangsgründe der Naturwissenschaft), wozu die hier folgende Einleitung die Form des Systems in beiden vorstellig und zum Teil anschaulich macht.

Die RECHTSLEHRE als der erste Teil der Sittenlehre ist nun das, wovon ein aus der Vernunft hervorgehendes System verlangt wird, welches man die Metaphysik des Rechts nennen könnte. Da aber der Begriff des Rechts ein reiner, jedoch auf die Praxis (Anwendung auf in der Erfahrung vorkommende Fälle) gestellter Begriff ist, mithin ein metaphysisches System desselben in seiner Einteilung auch auf die empirische Mannigfaltigkeit jener Fälle Rücksicht nehmen müßte, um die Einteilung vollständig zu machen (welches zur Errichtung eines Systems der Vernunft eine unerläßliche Forderung ist), Vollständigkeit der Einteilung des Empirischen aber unmöglich ist, und, wo sie versucht wird (wenigstens um ihr nahe zu kommen), solche Begriffe, nicht als integrierende Teile in das System, sondern nur, als Beispiele, in die Anmerkungen kommen können: so wird der für den ersten Teil der Metaphysik der Sitten allein schickliche Ausdruck sein, metaphysische Anfangsgründe der Rechtslehre; weil, in Rücksicht auf jene Fälle der Anwendung nur Annäherung zum System, nicht dieses selbst erwartet werden kann. Es wird daher hiermit, sowie mit den (früheren) metaphysischen Anfangsgründen der Naturwissenschaft, auch hier gehalten werden: nämlich das Recht, was zum *a priori* entworfenen System gehört, in den Text, die Rechte aber, welche auf besondere Er-

12 Rechts ein] Rechts als ein *Siehe auch »Anmerkungen des Herausgebers«*

[206] fahrungsfälle bezogen werden, in zum Teil weitläufige Anmerkungen zu bringen; weil sonst das, was hier Metaphysik ist, von dem, was empirische Rechtspraxis ist, nicht wohl unterschieden werden könnte.

Ich kann dem so oft gemachten Vorwurf der Dunkelheit, ja wohl gar einer geflissenen, den Schein tiefer Einsicht affektierenden, Undeutlichkeit im philosophischen Vortrage nicht besser zuvorkommen oder abhelfen, als daß ich, was Herr Garve, ein Philosoph in der echten Bedeutung des Worts, jedem vornehmlich dem philosophierenden Schriftsteller zur Pflicht macht, bereitwillig annehme und meinerseits diesen Anspruch bloß auf die Bedingung einschränke, ihm nur so weit Folge zu leisten, als es die Natur der Wissenschaft erlaubt, die zu berichtigen und zu erweitern ist.

Der weise Mann fordert (in seinem Werk, Vermischte Aufsätze betitelt, S. 352 u.f.) mit Recht, eine jede philosophische Lehre müsse, wenn der Lehrer nicht selbst in den Verdacht der Dunkelheit seiner Begriffe kommen soll, zur Popularität (einer zur allgemeinen Mitteilung hinreichenden Versinnlichung) gebracht werden können. Ich räume das gern ein, nur mit Ausnahme des Systems einer Kritik des Vernunftvermögens selbst und alles dessen, was nur durch dieser ihre Bestimmung beurkundet werden kann; weil es zur Unterscheidung des Sinnlichen in unserem Erkenntnis vom Übersinnlichen, dennoch aber der Vernunft zustehenden, gehört. Dieses kann nie populär werden, sowie überhaupt keine formelle Metaphysik; obgleich ihre Resultate für die gesunde Vernunft (eines Metaphysikers, ohne es zu wissen) ganz einleuchtend gemacht werden können. Hier ist an keine Popularität (Volkssprache) zu denken, sondern es muß auf scholastische Pünktlichkeit, wenn sie auch Peinlichkeit gescholten würde, gedrungen werden (denn es ist Schulsprache); weil dadurch allein die voreilige Vernunft dahin gebracht werden kann, vor ihren dogmatischen Behauptungen sich erst selbst zu verstehen.

Wenn aber Pedanten sich anmaßen, zum Publikum (auf Kanzeln und in Volksschriften) mit Kunstwörtern zu reden, die ganz für die Schule geeignet sind, so kann das so wenig dem kritischen

Philosophen zur Last fallen, als dem Grammatiker der Unverstand des Wortklaubers *(logodaedalus)*. Das Belachen kann hier nur den Mann, aber nicht die Wissenschaft treffen.

Es klingt arrogant, selbstsüchtig und für die, welche ihrem alten System noch nicht entsagt haben, verkleinerlich, zu behaupten: »daß vor dem Entstehen der kritischen Philosophie es noch gar keine gegeben habe«. – Um nun über diese scheinbare [207]
Anmaßung absprechen zu können, kommt es auf die Frage an: ob es wohl mehr als eine Philosophie geben könne? Verschiedene Arten zu philosophieren und zu den ersten Vernunftprinzipien zurückzugehen, um darauf, mit mehr oder weniger Glück, ein System zu gründen, hat es nicht allein gegeben, sondern es mußte viele Versuche dieser Art, deren jeder auch um die gegenwärtige sein Verdienst hat, geben; aber da es doch, objektiv betrachtet, nur Eine menschliche Vernunft geben kann: so kann es auch nicht viel Philosophien geben, d.i. es ist nur Ein wahres System derselben aus Prinzipien möglich, so mannigfaltig und oft widerstreitend man auch über einen und denselben Satz philosophiert haben mag. So sagt der Moralist mit Recht: es gibt nur Eine Tugend und Lehre derselben, d.i. ein einziges System, das alle Tugendpflichten durch Ein Prinzip verbindet; der Chemist: es gibt nur Eine Chemie (die nach Lavoisier); der Arzneilehrer: es gibt nur Ein Prinzip zum System der Krankheitseinteilung (nach Brown), ohne doch darum, weil das neue System alle anderen ausschließt, das Verdienst der älteren (Moralisten, Chemiker und Arzneilehrer) zu schmälern; weil, ohne dieser ihre Entdeckungen oder auch mißlungene Versuche, wir zu jener Einheit des wahren Prinzips der ganzen Philosophie in einem System nicht gelangt wären. – Wenn also jemand ein System der Philosophie als sein eigenes Fabrikat ankündigt, so ist es eben so viel, als ob er sagte: »vor dieser Philosophie sei gar keine andere noch gewesen«. Denn wollte er einräumen, es wäre eine andere (und wahre) gewesen, so würde es über dieselben Gegenstände zweierlei wahre Philosophien gegeben haben, welches sich widerspricht. – Wenn also die kritische Philosophie sich als eine solche ankündigt, vor der es überall noch gar keine Philosophie gegeben habe, so tut sie nichts anderes, als was alle getan

haben, tun werden, ja tun müssen, die eine Philosophie nach ihrem eigenen Plane entwerfen.

Von minderer Bedeutung, jedoch nicht ganz ohne alle Wichtigkeit, wäre der Vorwurf: daß ein diese Philosophie wesentlich unterscheidendes Stück doch nicht ihr eigenes Gewächs, sondern etwa einer anderen Philosophie (oder Mathematik) abgeborgt sei: dergleichen ist der Fund, den ein Tübingscher Rezensent gemacht haben will, und der die Definition der Philosophie überhaupt angeht, welche der Verfasser der Kritik d. r. V. für sein eigenes, nicht unerhebliches Produkt ausgibt, und die doch schon vor vielen Jahren von einem anderen fast mit denselben Ausdrük-
[208] ken gegeben worden sei.* Ich überlasse es einem jeden zu beurteilen, ob die Worte: *intellectualis quaedam constructio*, den Gedanken der Darstellung eines gegebenen Begriffs in einer Anschauung *a priori* hätten hervorbringen können, wodurch auf einmal die Philosophie von der Mathematik ganz bestimmt geschieden wird. Ich bin gewiß: Hausen selbst würde sich geweigert haben, diese Erklärung seines Ausdrucks anzuerkennen; denn die Möglichkeit einer Anschauung *a priori*, und, daß der Raum eine solche und nicht ein bloß der empirischen Anschauung (Wahrnehmung) gegebenes Nebeneinandersein des Mannigfaltigen außer einander sei (wie Wolff ihn erklärt), würde ihn schon aus dem Grunde abgeschreckt haben, weil er sich hiermit in weit hinaussehende philosophische Untersuchungen verwickelt gefühlt hätte. Die gleichsam durch den Verstand gemachte Darstellung bedeutete dem scharfsinnigen Mathematiker nichts weiter, als die einem Begriffe korrespondierende (empirische) Verzeichnung einer Linie bei der bloß auf die Regel acht

* Porro de actuali constructione hic non quaeritur, cum ne possint quidem sensibiles figurae ad rigorem definitionum effingi; sed requiritur cognitio eorum, quibus absolvitur formatio, quae intellectualis quaedam constructio est. C. A. Hausen: Elem. Mathes. Pars I. p. 86. A. 1734.

[Es handelt sich hier ferner nicht um eine wirkliche Konstruktion, da wahrnehmbare Figuren gar nicht nach der Strenge der Definitionen hervorgebracht werden können; sondern es wird die Kenntnis dessen benötigt, was die Gestaltung ausmacht, die gleichsam eine durch den Verstand gemachte Konstruktion ist; d. Hrsg.]

gegeben, von den in der Ausführung unvermeidlichen Abweichungen aber abstrahiert wird; wie man es in der Geometrie auch an der Konstruktion der Gleichungen wahrnehmen kann.

Von der allermindesten Bedeutung aber in Ansehung des Geistes dieser Philosophie ist wohl der Unfug, den einige Nachäffer derselben mit den Wörtern stiften, die in der Kritik d. r. V. selbst nicht wohl durch andere gangbare zu ersetzen sind, sie auch außerhalb derselben zum öffentlichen Gedankenverkehr zu brauchen, und welcher allerdings gezüchtigt zu werden verdient, wie Hr. Nicolai tut, wiewohl er über die gänzliche Entbehrung derselben in ihrem eigentümlichen Felde, gleich als einer überall bloß versteckten Armseligkeit an Gedanken, kein Urteil zu haben sich selbst bescheiden wird. – Indessen läßt sich über den unpopulären Pedanten freilich viel lustiger lachen als über den unkritischen Ignoranten (denn in der Tat kann der Metaphysiker, welcher seinem Systeme steif anhängt, ohne sich an alle Kritik zu kehren, zur letzteren Klasse gezählt werden, ob er zwar nur willkürlich ignoriert, was er nicht aufkommen lassen will, weil es zu seiner älteren Schule nicht gehört). Wenn aber, nach Shaftesbury's Behauptung, es ein nicht zu verachtender [209]
Probierstein für die Wahrheit einer (vornehmlich praktischen) Lehre ist, wenn sie das Belachen aushält, so müßte wohl an den kritischen Philosophen mit der Zeit die Reihe kommen, zuletzt und so auch am besten zu lachen; wenn er die papierenen Systeme derer, die eine lange Zeit das große Wort führten, nacheinander einstürzen, und alle Anhänger derselben sich verlaufen sieht: ein Schicksal, was jenen unvermeidlich bevorsteht.

Gegen das Ende des Buchs habe ich einige Abschnitte mit minderer Ausführlichkeit bearbeitet, als in Vergleichung mit den vorhergehenden erwartet werden konnte: teils, weil sie mir aus diesen leicht gefolgert werden zu können schienen, teils auch, weil die letzten (das öffentliche Recht betreffenden) eben jetzt so vielen Diskussionen unterworfen und dennoch so wichtig sind, daß sie den Aufschub des entscheidenden Urteils auf einige Zeit wohl rechtfertigen können.

Die metaphysischen Anfangsgründe der Tugendlehre hoffe ich in Kurzem liefern zu können. *48*

EINLEITUNG
in die Metaphysik der Sitten

I [214]

Von der Idee und der Notwendigkeit 19
einer Metaphysik der Sitten

Daß man für die Naturwissenschaft, welche es mit den Gegenständen äußerer Sinne zu tun hat, Prinzipien *a priori* haben [215] müsse, und daß es möglich, ja notwendig sei, ein System dieser Prinzipien unter dem Namen einer metaphysischen Naturwissenschaft vor der auf besondere Erfahrungen angewandten, d.i. der Physik, voranzuschicken, ist an einem anderen Orte bewiesen worden. Allein die letztere kann (wenigstens wenn es ihr darum zu tun ist, von ihren Sätzen den Irrtum abzuhalten) manches Prinzip auf das Zeugnis der Erfahrung als allgemein annehmen, obgleich das letztere, wenn es in strenger Bedeutung allgemein gelten soll, aus Gründen *a priori* abgeleitet werden müßte, wie Newton das Prinzip der Gleichheit der Wirkung und Gegenwirkung im Einflusse der Körper auf einander als auf Erfahrung gegründet annahm, und es gleichwohl über die ganze materielle Natur ausdehnte. Die Chemiker gehen noch weiter und gründen ihre allgemeinsten Gesetze der Vereinigung und Trennung der Materien durch ihre eigenen Kräfte gänzlich auf Erfahrung, und vertrauen gleichwohl auf ihre Allgemeinheit und Notwendigkeit so, daß sie in den mit ihnen angestellten Versuchen keine Entdeckung eines Irrtums besorgen.

Allein mit den Sittengesetzen ist es anders bewandt. Nur sofern sie als *a priori* gegründet und notwendig eingesehen werden können, gelten sie als Gesetze, ja die Begriffe und Urteile über uns selbst und unser Tun und Lassen bedeuten gar nichts Sittliches, wenn sie das, was sich bloß von der Erfahrung lernen läßt, enthalten, und, wenn man sich etwa verleiten läßt, etwas aus der letzteren Quelle zum moralischen Grundsatze zu machen, so gerät man in Gefahr der gröbsten und verderblichsten Irrtümer.

Wenn die Sittenlehre nichts als Glückseligkeitslehre wäre, so würde es ungereimt sein, zum Behuf derselben sich nach Prinzipien *a priori* umzusehen. Denn so scheinbar es immer auch lauten mag: daß die Vernunft noch vor der Erfahrung einsehen könne, durch welche Mittel man zum dauerhaften Genuß wahrer Freuden des Lebens gelangen könne, so ist doch alles, was man darüber *a priori* lehrt, entweder tautologisch, oder ganz grundlos angenommen. Nur die Erfahrung kann lehren, was uns Freude bringe. Die natürlichen Triebe zur Nahrung, zum Geschlecht, zur Ruhe, zur Bewegung, und (bei der Entwicklung unserer Naturanlagen) die Triebe zur Ehre, zur Erweiterung unserer Erkenntnis u. dgl. können allein und einem jeden nur auf seine besondere Art zu erkennen geben, worin er jene Freuden zu setzen, ebendieselbe kann ihn auch die Mittel lehren, wodurch er sie zu suchen habe. Alles scheinbare Vernünfteln *a priori* ist hier im Grunde nichts, als durch Induktion zur Allgemeinheit erhobene [216] Erfahrung, welche Allgemeinheit *(secundum principia generalia non universalia)* noch dazu so kümmerlich ist, daß man einem jeden unendlich viel Ausnahmen erlauben muß, um jene Wahl seiner Lebensweise seiner besonderen Neigung und seiner Empfänglichkeit für die Vergnügen anzupassen, und am Ende doch nur durch seinen, oder anderer ihren, Schaden klug zu werden.

Allein mit den Lehren der Sittlichkeit ist es anders bewandt. Sie gebieten für jedermann, ohne Rücksicht auf seine Neigungen zu nehmen; bloß weil und sofern er frei ist und praktische Vernunft hat. Die Belehrung in ihren Gesetzen ist nicht aus der Beobachtung seiner selbst und der Tierheit in ihm, nicht aus der Wahrnehmung des Weltlaufs geschöpft, von dem was geschieht und wie gehandelt wird (obgleich das deutsche Wort Sitten, ebenso wie das lateinische *mores*, nur Manieren und Lebensart bedeutet), sondern die Vernunft gebietet wie gehandelt werden soll, wenngleich noch kein Beispiel davon angetroffen würde, auch nimmt sie keine Rücksicht auf den Vorteil, der uns dadurch erwachsen kann, und den freilich nur die Erfahrung lehren könnte. Denn, ob sie zwar erlaubt, unseren Vorteil auf alle uns mögliche Art zu suchen, überdem auch sich, auf Erfahrungszeugnisse fußend, von der Befolgung ihrer Gebote, vornehmlich wenn Klugheit dazu kommt, im Durchschnitte größere Vorteile, als von ihrer Übertretung wahrscheinlich versprechen kann, so beruht darauf doch nicht die Autorität ihrer Vorschriften als Gebote, sondern sie bedient sich derselben (als Ratschläge) nur als eines Gegengewichts wider die Verleitungen zum Gegenteil, um den Fehler einer parteiischen Waage in der praktischen Beurteilung vorher auszugleichen und alsdann allererst dieser, nach dem Gewicht der Gründe *a priori* einer reinen praktischen Vernunft, den Ausschlag zu sichern.

Wenn daher ein System der Erkenntnis *a priori* aus bloßen Begriffen Metaphysik heißt, so wird eine praktische Philosophie, welche nicht Natur, sondern die Freiheit der Willkür zum Objekte hat, eine Metaphysik der Sitten voraussetzen und bedürfen: d.i. eine solche zu haben ist selbst Pflicht, und jeder Mensch hat sie auch, obzwar gemeiniglich nur auf dunkle Art, in sich; denn wie könnte er, ohne Prinzipien *a priori*, eine allgemeine Gesetzgebung in sich zu haben glauben? So wie es aber in einer Metaphysik der Natur auch Prinzipien der Anwendung jener allgemeinen obersten Grundsätze von einer Natur überhaupt auf Gegenstände der Erfahrung geben muß, so wird es auch eine Metaphysik der Sitten daran nicht können mangeln las- [217] sen und wir werden oft die besondere Natur des Menschen, die nur durch Erfahrung erkannt wird, zum Gegenstande nehmen müssen, um an ihr die Folgerungen aus den allgemeinen moralischen Prinzipien zu zeigen, ohne daß jedoch dadurch der Reinigkeit der letzteren etwas benommen, noch ihr Ursprung *a priori* dadurch zweifelhaft gemacht wird. – Das will soviel sagen, als: eine Metaphysik der Sitten kann nicht auf Anthropologie gegründet, aber doch auf sie angewandt werden.

Das Gegenstück einer Metaphysik der Sitten, als das andere Glied der Einteilung der praktischen Philosophie überhaupt, würde die moralische Anthropologie sein, welche, aber nur subjektive, hindernde sowohl, als begünstigende, Bedingungen der Ausführung der Gesetze der ersteren in der menschlichen Natur, die Erzeugung, Ausbreitung und Stärkung moralischer Grundsätze (in der Erziehung, der Schul- und Volksbelehrung) und dergleichen andere sich auf Erfahrung gründende Lehren und Vorschriften enthalten würde, und die nicht entbehrt werden kann, aber durchaus nicht vor jener vorausgeschickt, oder mit ihr vermischt werden muß; weil man alsdann Gefahr läuft, falsche, oder wenigstens nachsichtliche moralische Gesetze herauszubringen, welche das für unerreichbar vorspiegeln, was nur eben darum nicht erreicht wird, weil das Gesetz nicht in seiner Reinigkeit (als worin auch seine Stärke besteht) eingesehen und vorgetragen worden, oder gar unechte, oder unlautere Triebfedern zu dem, was an sich pflichtmäßig und gut ist, gebraucht werden, welche keine sicheren moralischen Grundsätze übrig lassen; weder zum Leitfaden der Beurteilung, noch zur Disziplin des Gemüts in der Befolgung der Pflicht, deren Vorschrift schlechterdings nur durch reine Vernunft *a priori* gegeben werden muß.

Was aber die Obereinteilung, unter welcher die eben jetzt erwähnte steht, nämlich die der Philosophie in die theoretische und praktische, und daß diese keine andere als die moralische Weltweisheit sein könne, betrifft, darüber habe ich mich schon anderwärts (in der Kritik der Urteilskraft) erklärt. Alles Praktische, was nach Naturgesetzen möglich sein soll (die eigentliche Beschäftigung der Kunst), hängt, seiner Vorschrift nach, gänzlich von der Theorie der Natur ab; nur das Praktische nach Freiheitsgesetzen kann Prinzipien haben, die von keiner Theorie abhängig sind; denn über die Naturbestimmungen hinaus gibt es keine Theorie. Also kann die Philosophie unter dem praktischen Teile
[218] (neben ihrem theoretischen) keine technisch- sondern bloß moralisch-praktische Lehre verstehen, und, wenn die Fertigkeit der Willkür nach Freiheitsgesetzen, im Gegensatze der Natur, hier auch Kunst genannt werden sollte, so würde darunter eine solche Kunst verstanden werden müssen, welche ein System der Freiheit gleich einem System der Natur möglich macht; fürwahr eine göttliche Kunst, wenn wir imstande wären, das, was uns die Vernunft vorschreibt, vermittelst ihrer auch völlig auszu-
28 führen, und die Idee davon ins Werk zu richten.

II [211] 49

Von dem Verhältnis der Vermögen des menschlichen Gemüts zu den Sittengesetzen

Begehrungsvermögen ist das Vermögen durch seine Vorstellungen Ursache der Gegenstände dieser Vorstellungen zu sein. Das Vermögen eines Wesens, seinen Vorstellungen gemäß zu handeln, heißt das *Leben*.

Mit dem Begehren oder Verabscheuen ist *erstlich* jederzeit *Lust* oder *Unlust*, deren Empfänglichkeit man *Gefühl* nennt, verbunden, aber nicht immer umgekehrt. Denn es kann eine Lust geben, welche mit gar keinem Begehren des Gegenstandes, sondern mit der bloßen Vorstellung, die man sich von einem Gegenstande macht (gleichgültig, ob das Objekt derselben existiere oder nicht), schon verknüpft ist. Auch geht, *zweitens*, nicht immer die Lust oder Unlust an dem Gegenstande des Begehrens vor dem Begehren vorher und darf nicht allemal als Ursache, sondern kann auch als Wirkung desselben angesehen werden.

Man nennt aber die Fähigkeit, Lust oder Unlust bei einer Vorstellung zu haben, darum *Gefühl*, weil beides das *bloß Subjektive* im Verhältnisse unserer Vorstellung, und gar keine Beziehung auf ein Objekt zum möglichen Erkenntnisse desselben*

* Man kann Sinnlichkeit durch das Subjektive unserer Vorstellungen überhaupt erklären; denn der Verstand bezieht allererst die Vorstellungen auf ein Objekt, d.i. er allein *denkt* sich etwas vermittelst derselben. Nun kann das Subjektive unserer Vorstellung entweder von der Art sein, daß es auch auf ein Objekt zum Erkenntnis desselben (der Form oder Materie nach, da es im ersteren Falle reine Anschauung, im zweiten Empfindung heißt) bezogen werden kann. In diesem Falle ist die Sinnlichkeit, als Empfänglichkeit der gedachten Vorstellung, der *Sinn*. Oder das Subjektive der Vorstellung kann gar kein *Erkenntnisstück* werden; weil es *bloß* die Beziehung derselben aufs *Subjekt* und nichts zur Erkenntnis des Objekts Brauchbares enthält, und alsdann heißt diese Empfänglichkeit der Vorstellung *Gefühl*; welches die Wirkung der Vorstellung (diese mag sinnlich oder intellektuell sein) aufs Subjekt enthält und zur Sinnlichkeit gehört, obgleich die Vorstellung selbst zum Verstande oder der Vernunft gehören mag.

29 Sinn. Oder das] Sinn: das

[212] (nicht einmal dem Erkenntnisse unseres Zustandes) enthält; da sonst selbst Empfindungen, außer der Qualität, die ihnen der Beschaffenheit des Subjekts wegen anhängt (z.B. des Roten, des Süßen usw.), doch auch als Erkenntnisstücke auf ein Objekt bezogen werden, die Lust oder Unlust aber (am Roten und Süßen) schlechterdings nichts am Objekte, sondern lediglich Beziehung aufs Subjekt ausdrückt. Näher können Lust und Unlust für sich, und zwar eben um des angeführten Grundes willen, nicht erklärt werden, sondern man kann allenfalls nur, was sie in gewissen Verhältnissen für Folgen haben, anführen, um sie im Gebrauche kennbar zu machen.

Man kann die Lust, welche mit dem Begehren (des Gegenstandes, dessen Vorstellung das Gefühl so affiziert) notwendig verbunden ist, *praktische Lust* nennen: sie mag nun Ursache oder Wirkung vom Begehren sein. Dagegen würde man die Lust, die mit dem Begehren des Gegenstandes nicht notwendig verbunden ist, die also im Grunde nicht eine Lust an der Existenz des Objekts der Vorstellung ist, sondern bloß an der Vorstellung allein haftet, bloß kontemplative Lust oder *untätiges Wohlgefallen* nennen können. Das Gefühl der letzteren Art von Lust nennen wir *Geschmack*. Von diesem wird also in einer praktischen Philosophie, nicht als von einem *einheimischen* Begriffe, sondern allenfalls nur *episodisch* die Rede sein. Was aber die praktische Lust betrifft, so wird die Bestimmung des Begehrungsvermögens, *vor welcher* diese Lust, als Ursache, notwendig vorhergehen muß, im engen Verstande *Begierde*, die habituelle Begierde aber *Neigung* heißen, und, weil die Verbindung der Lust mit dem Begehrungsvermögen, sofern diese Verknüpfung durch den Verstand nach einer allgemeinen Regel (allenfalls auch nur für das Subjekt) gültig zu sein geurteilt wird, *Interesse* heißt, so wird die praktische Lust in diesem Falle ein Interesse der Neigung; dagegen wenn die Lust nur auf eine vorhergehende Bestimmung des Begehrungsvermögens folgen kann, so wird sie eine intellektuelle Lust und das Interesse an dem Gegenstande ein Vernunftinteresse genannt werden müssen; denn wäre das Interesse sinnlich und nicht bloß auf reine [213] Vernunftprinzipien gegründet, so müßte Empfindung mit Lust verbunden sein und so das Begehrungsvermögen bestimmen können. Obgleich, wo ein bloß reines Vernunftinteresse angenommen werden muß, ihm kein Interesse der Neigung untergeschoben werden kann, so können wir doch, um dem Sprachgebrauche gefällig zu sein, einer Neigung, selbst zu dem, was nur Objekt einer intellektuellen Lust sein kann, ein habituelles Begehren aus reinem Vernunftinteresse einräumen, welche alsdann aber nicht die Ursache, sondern die Wirkung des letzteren Interesses sein würde, und die wir die sinnenfreie Neigung *(propensio intellectualis)* nennen könnten.

Noch ist die Konkupiszenz (das Gelüsten) von dem Begehren selbst, als Anreiz zur Bestimmung desselben, zu unterscheiden. Sie ist jederzeit eine sinnliche, aber noch zu keinem Akt des Begehrungsvermögens gediehene Gemütsbestimmung.

Das Begehrungsvermögen nach Begriffen, sofern der Bestimmungsgrund desselben zur Handlung in ihm selbst, nicht in dem Objekte angetroffen wird, heißt ein Vermögen nach Belieben zu tun oder zu lassen. Sofern es mit dem Bewußtsein des Vermögens seiner Handlung zur Hervorbringung des Objekts verbunden ist, heißt es Willkür; ist es aber damit nicht verbunden, so heißt der Aktus desselben ein Wunsch. Das Begehrungsvermögen, dessen innerer Bestimmungsgrund, folglich selbst das Belieben in der Vernunft des Subjekts angetroffen wird, heißt der Wille. Der Wille ist also das Begehrungsvermögen, nicht sowohl (wie die Willkür) in Beziehung auf die Handlung, als vielmehr auf den Bestimmungsgrund der Willkür zur Handlung betrachtet, und hat selber vor sich eigentlich keinen Bestimmungsgrund, sondern ist, sofern sie die Willkür bestimmen kann, die praktische Vernunft selbst.

Unter dem Willen kann die Willkür, aber auch der bloße Wunsch enthalten sein, sofern die Vernunft das Begehrungsvermögen überhaupt bestimmen kann; die Willkür, die durch reine Vernunft bestimmt werden kann, heißt die freie Willkür. Die, welche nur durch Neigung (sinnlichen Antrieb, *stimulus*) bestimmbar ist, würde tierische Willkür *(arbitrium brutum)* sein.

21 desselben] derselben

Die menschliche Willkür ist dagegen eine solche, welche durch Antriebe zwar *affiziert*, aber nicht *bestimmt* wird, und ist also für sich (ohne erworbene Fertigkeit der Vernunft) nicht rein, kann aber doch zu Handlungen aus reinem Willen bestimmt werden. Die *Freiheit* der Willkür ist jene Unabhängigkeit ihrer *Bestimmung* durch sinnliche Antriebe; dies ist der negative Be- [214] griff derselben. Der positive ist: das Vermögen der reinen Vernunft für sich selbst praktisch zu sein. Dieses ist aber nicht anders möglich, als durch die Unterwerfung der Maxime einer jeden Handlung unter die Bedingung der Tauglichkeit der ersteren zum allgemeinen Gesetze. Denn, als reine Vernunft, auf die Willkür, unangesehen dieser ihres Objekts, angewandt, kann sie, als Vermögen der Prinzipien (und hier praktischer Prinzipien, mithin als gesetzgebendes Vermögen), da ihr die Materie des Gesetzes abgeht, nichts mehr als die Form der Tauglichkeit der Maxime der Willkür zum allgemeinen Gesetze selbst, zum obersten Gesetze und Bestimmungsgrunde der Willkür machen, und, da die Maximen des Menschen aus subjektiven Ursachen mit jenen objektiven nicht von selbst übereinstimmen, dieses Gesetz nur schlechthin als Imperativ des Verbots oder Gebots vorschreiben.

Diese Gesetze der Freiheit heißen zum Unterschiede von Naturgesetzen, *moralisch*. Sofern sie nur auf bloße äußere Handlungen und deren Gesetzmäßigkeit gehen, heißen sie *juridisch*; fordern sie aber auch, daß sie (die Gesetze) selbst die Bestimmungsgründe der Handlungen sein sollen, so sind sie *ethisch*, und alsdann sagt man: die Übereinstimmung mit den ersteren ist die *Legalität*, die mit den zweiten die *Moralität* der Handlung. Die Freiheit, auf die sich die ersteren Gesetze beziehen, kann nur die Freiheit im äußeren Gebrauche, diejenige aber, auf die sich die letzteren beziehen, die Freiheit sowohl im äußeren als inneren Gebrauche der Willkür sein, sofern sie durch Vernunftgesetze bestimmt wird. So sagt man in der theoretischen Philosophie: im Raume sind nur die Gegenstände äußerer Sinne, in der Zeit aber alle, sowohl die Gegenstände äußerer, als des inneren Sinnes; weil die Vorstellungen beider doch Vorstellungen sind, und sofern insgesamt zum inneren Sinne gehören. Eben so mag die Freiheit im äußeren oder inneren Gebrauche der Willkür betrachtet werden, so müssen doch ihre Gesetze, als reine praktische Vernunftgesetze für die freie Willkür überhaupt, zugleich innere Bestimmungsgründe derselben sein: obgleich sie nicht immer in dieser Beziehung betrachtet werden dürfen.

11

III [221]

Vorbegriffe zur Metaphysik der Sitten 31

(Philosophia practica universalis)

Der Begriff der Freiheit ist ein reiner Vernunftbegriff, der eben darum für die theoretische Philosophie transzendent, d.i. ein solcher ist, dem kein angemessenes Beispiel in irgend einer möglichen Erfahrung gegeben werden kann, welcher also keinen Gegenstand einer uns möglichen theoretischen Erkenntnis ausmacht, und schlechterdings nicht für ein konstitutives, sondern lediglich als regulatives und zwar nur bloß negatives Prinzip der spekulativen Vernunft gelten kann, im praktischen Gebrauche derselben aber seine Realität durch praktische Grundsätze beweist, die, als Gesetze, eine Kausalität der reinen Vernunft, unabhängig von allen empirischen Bedingungen (dem Sinnlichen überhaupt), die Willkür bestimmen und einen reinen Willen in uns beweisen, in welchem die sittlichen Begriffe und Gesetze ihren Ursprung haben.

Auf diesem (in praktischer Rücksicht) positiven Begriffe der Freiheit gründen sich unbedingte praktische Gesetze, welche moralisch heißen, die in Ansehung unser, deren Willkür sinnlich affiziert und so dem reinen Willen nicht von selbst angemessen, sondern oft widerstrebend ist, Imperative (Gebote oder Verbote) und zwar kategorische (unbedingte) Imperative sind, wodurch sie sich von den technischen (den Kunst-Vorschriften), als die jederzeit nur bedingt gebieten, unterscheiden, nach denen gewisse Handlungen erlaubt oder unerlaubt, d.i. moralisch möglich oder unmöglich, einige derselben aber, oder ihr Gegenteil moralisch notwendig, d.i. verbindlich sind, woraus dann für jene der Begriff einer Pflicht entspringt, deren Befolgung oder Übertretung zwar auch mit einer Lust oder Unlust von besonderer Art (der eines moralischen *Gefühls*) verbunden ist, auf welche wir aber [weil sie nicht den *Grund* der praktischen Gesetze, sondern nur die subjektive *Wirkung* im Gemüt bei der Bestimmung unserer Willkür durch jene betreffen und (ohne jener ihrer Gültigkeit oder Einflüsse objektiv, d.i. im Urteil der Vernunft, etwas hinzuzutun oder zu benehmen) nach Verschiedenheit der Subjekte verschieden sein kann] in praktischen Gesetzen der Vernunft gar nicht Rücksicht nehmen.

[222] Folgende Begriffe sind der Metaphysik der Sitten in ihren beiden Teilen gemein.

Verbindlichkeit ist die Notwendigkeit einer freien Handlung unter einem kategorischen Imperativ der Vernunft.

Der Imperativ ist eine praktische Regel, wodurch die an sich zufällige Handlung notwendig *gemacht* wird. Er unterscheidet sich darin von einem praktischen Gesetze, daß dieses zwar die Notwendigkeit einer Handlung vorstellig macht, aber ohne Rücksicht darauf zu nehmen, ob diese an sich schon dem handelnden Subjekte (etwa einem heiligen Wesen) *innerlich* notwendig beiwohne, oder (wie dem Menschen) zufällig sei; denn, wo das erstere ist, da findet kein Imperativ statt. Also ist der Imperativ eine Regel, deren Vorstellung die subjektiv-zufällige Handlung notwendig *macht*, mithin das Subjekt, als ein solches, was zur Übereinstimmung mit dieser Regel *genötigt* (nezessitiert) werden muß, vorstellt. – Der kategorische (unbedingte) Imperativ ist derjenige, welcher nicht etwa mittelbar, durch die Vorstellung eines *Zwecks*, der durch die Handlung erreicht werden könne, sondern der sie durch die bloße Vorstellung dieser Handlung selbst (ihrer Form), also unmittelbar als objektiv-notwendig denkt und notwendig macht; dergleichen Imperative keine andere praktische Lehre als allein die, welche Verbindlichkeit vorschreibt (die der Sitten) zum Beispiele aufstellen kann. Alle anderen Imperative sind *technisch* und insgesamt bedingt. Der Grund der Möglichkeit kategorischer Imperative liegt aber darin: daß sie

2ff. Doppelte Klammerung gemäß Originalauflagen

sich auf keine andere Bestimmung der Willkür (wodurch ihr eine Absicht untergelegt werden kann) als lediglich auf die Freiheit derselben beziehen.

Erlaubt *(licitum)* ist eine Handlung, die der Verbindlichkeit nicht entgegen ist; und diese Freiheit, die durch keinen entgegengesetzten Imperativ eingeschränkt wird, heißt die Befugnis *(facultas moralis)*. Hieraus versteht sich von selbst, was unerlaubt *(illicitum)* sei.

Pflicht ist diejenige Handlung, zu welcher jemand verbunden ist. Sie ist also die Materie der Verbindlichkeit, und es kann einerlei Pflicht (der Handlung nach) sein, ob wir zwar auf verschiedene Art dazu verbunden werden können.

Der kategorische Imperativ, indem er eine Verbindlichkeit in Ansehung gewisser Handlungen aussagt, ist ein moralisch-praktisches Gesetz. Weil aber Verbindlichkeit [223] nicht bloß praktische Notwendigkeit (dergleichen ein Gesetz überhaupt aussagt), sondern auch Nötigung enthält, so ist der gedachte Imperativ entweder ein Gebot- oder Verbotgesetz, nachdem die Begehung oder Unterlassung als Pflicht vorgestellt wird. Eine Handlung, die weder geboten noch verboten ist, ist bloß erlaubt, weil es in Ansehung ihrer gar kein die Freiheit (Befugnis) einschränkendes Gesetz und also auch keine Pflicht gibt. Eine solche Handlung heißt sittlich-gleichgültig *(indifferens, adiaphoron, res merae facultatis)*. Man kann fragen: ob es dergleichen gebe, und, wenn es solche gibt, ob dazu, daß es jemandem freistehe, etwas nach seinem Belieben zu tun, oder zu lassen, außer dem Gebotgesetze *(lex praeceptiva, lex mandati)* und dem Verbotgesetze *(lex prohibitiva, lex vetiti)* noch ein Erlaubnisgesetz *(lex permissiva)* erforderlich sei. Wenn dieses ist, so würde die Befugnis nicht allemal eine gleichgültige Handlung *(adiaphoron)* betreffen; denn zu einer solchen, wenn man sie nach sittlichen Gesetzen betrachtet, würde kein besonderes Gesetz erfordert werden. *25*

Ein Widerstreit der Pflichten *(collisio officiorum s. obligationum)* [224] würde das Verhältnis derselben sein, durch welches *26* eine derselben die andere (ganz oder zum Teil) aufhöbe. – Da aber

21 bloß] bloß

Pflicht und Verbindlichkeit überhaupt Begriffe sind, welche die objektive praktische Notwendigkeit gewisser Handlungen ausdrücken und zwei einander entgegengesetzte Regeln nicht zugleich notwendig sein können, sondern, wenn nach einer derselben zu handeln es Pflicht ist, so ist nach der entgegengesetzten zu handeln nicht allein keine Pflicht, sondern sogar pflichtwidrig: so ist eine Kollision von Pflichten und Verbindlichkeiten gar nicht denkbar *(obligationes non colliduntur)*. Es können aber gar wohl zwei Gründe der Verbindlichkeit *(rationes obligandi)*, deren einer aber, oder der andere, zur Verpflichtung nicht zureichend ist *(rationes obligandi non obligantes)*, in einem Subjekt und der Regel, die es sich vorschreibt, verbunden sein, da dann der eine nicht Pflicht ist. – Wenn zwei solcher Gründe einander widerstreiten, so sagt die praktische Philosophie nicht: daß die stärkere Verbindlichkeit die Oberhand behalte *(fortior obligatio vincit)*, sondern der stärkere Verpflichtungsgrund behält
26 den Platz *(fortior obligandi ratio vincit)*.

[225] Der Grundsatz, welcher gewisse Handlungen zur Pflicht
26 macht, ist ein praktisches Gesetz. Die Regel des Handelnden, die er sich selbst aus subjektiven Gründen zum Prinzip macht, heißt seine Maxime; daher bei einerlei Gesetzen doch die Maximen der Handelnden sehr verschieden sein können.

Der kategorische Imperativ, der überhaupt nur aussagt, was Verbindlichkeit sei, ist: Handle nach einer Maxime, welche zugleich als ein allgemeines Gesetz gelten kann. – Deine Handlungen mußt du also zuerst nach ihrem subjektiven Grundsatze betrachten; ob aber dieser Grundsatz auch objektiv gültig sei, kannst du nur daran erkennen, daß, weil deine Vernunft ihn der Probe unterwirft, durch denselben dich zugleich als allgemein gesetzgebend zu denken, er sich zu einer solchen allgemeinen Gesetzgebung qualifiziere.

Die Einfachheit dieses Gesetzes in Vergleichung mit den großen und mannigfaltigen Folgerungen, die daraus gezogen werden können, imgleichen das gebietende Ansehen, ohne daß es doch sichtbar eine Triebfeder bei sich führt, muß freilich anfänglich befremden. Wenn man aber, in dieser Verwunderung über ein Vermögen unserer Vernunft, durch die bloße Idee der Qualifikation einer Maxime zur Allgemeinheit eines praktischen Gesetzes die Willkür zu bestimmen, belehrt wird: daß eben diese praktischen Gesetze (die moralischen) eine Eigenschaft der Willkür zuerst kund machen, auf die keine spekulative Vernunft weder aus Gründen *a priori*, noch durch irgend eine Erfahrung, geraten hätte, und, wenn sie darauf riet, ihre Möglichkeit theoretisch durch nichts dartun könnte, gleichwohl aber jene praktischen Gesetze diese Eigenschaft, nämlich die Freiheit, unwidersprechlich dartun; so wird es weniger befremden, diese Gesetze, gleich mathematischen Postulaten, unerweislich und doch apodiktisch zu finden, zugleich aber ein ganzes Feld von praktischen Erkenntnissen vor sich eröffnet zu sehen, wo die Vernunft mit derselben Idee der Freiheit, ja jeder anderen ihrer Ideen des Übersinnlichen im Theoretischen alles schlechterdings vor ihr verschlossen finden muß. Die Übereinstimmung einer Handlung mit dem Pflichtgesetze ist die Gesetzmäßigkeit *(legalitas)*, – die der Maxime der Handlung mit dem Gesetze die Sittlichkeit *(moralitas)* derselben. Maxime aber ist das subjektive Prinzip zu handeln, was sich das Subjekt selbst zur Regel macht (wie es nämlich handeln will). Dagegen ist der Grundsatz der Pflicht das, was ihm die Vernunft schlechthin, mithin objektiv gebietet (wie es handeln soll).

Der oberste Grundsatz der Sittenlehre ist also: Handle nach [226] einer Maxime, die zugleich als allgemeines Gesetz gelten kann. – Jede Maxime, die sich hierzu nicht qualifiziert, ist der Moral zuwider.

Von dem Willen gehen die Gesetze aus; von der Willkür die Maximen. Die letztere ist im Menschen eine freie Willkür; der Wille, der auf nichts anderes, als bloß auf Gesetze geht, kann weder frei noch unfrei genannt werden, weil er nicht auf Handlungen, sondern unmittelbar auf die Gesetzgebung für die Maxime der Handlungen (also die praktische Vernunft selbst) geht, daher auch schlechterdings notwendig und selbst keiner Nötigung fähig ist. Nur die Willkür also kann frei genannt werden.

6 riet] geriet 29 Gesetze] Gesetz

Die Freiheit der Willkür aber kann nicht durch das Vermögen der Wahl, für oder wider das Gesetz zu handeln *(libertas indifferentiae)*, definiert werden – wie es wohl einige versucht haben –, obzwar die Willkür als Phänomen davon in der Erfahrung häufige Beispiele gibt. Denn die Freiheit (so wie sie uns durchs moralische Gesetz allererst kundbar wird) kennen wir nur als negative Eigenschaft in uns, nämlich durch keine sinnlichen Bestimmungsgründe zum Handeln genötigt zu werden. Als Noumen aber, d.i. nach dem Vermögen des Menschen bloß als Intelligenz betrachtet, wie sie in Ansehung der sinnlichen Willkür nötigend ist, mithin ihrer positiven Beschaffenheit nach, können wir sie theoretisch gar nicht darstellen. Nur das können wir wohl einsehen: daß, obgleich der Mensch, als Sinnenwesen, der Erfahrung nach ein Vermögen zeigt, dem Gesetze nicht allein gemäß, sondern auch zuwider zu wählen, dadurch doch nicht seine Freiheit als intelligibelen Wesens definiert werden könne; weil Erscheinungen kein übersinnliches Objekt (dergleichen doch die freie Willkür ist) verständlich machen können, und daß die Freiheit nimmermehr darin gesetzt werden kann, daß das vernünftige Subjekt auch eine wider seine (gesetzgebende) Vernunft streitende Wahl treffen kann; wenn gleich die Erfahrung oft genug beweist, daß es geschieht (wovon wir doch die Möglichkeit nicht begreifen können). – Denn ein Anderes ist, einen Satz (der Erfahrung) einräumen, ein Anderes, ihn zum Erklärungsprinzip (des Begriffs der freien Willkür) und allgemeinen Unterscheidungsmerkmal (vom *arbitrio bruto s. servo*) machen; weil das Erstere nicht behauptet,
[227] daß das Merkmal notwendig zum Begriff gehöre, welches doch zum Zweiten erforderlich ist. – Die Freiheit, in Beziehung auf die innere Gesetzgebung der Vernunft, ist eigentlich allein ein Vermögen; die Möglichkeit, von dieser abzuweichen, ein Unvermögen. Wie kann nun jenes ausdiesem erklärt werden? Es ist eine Definition, die über den praktischen Begriff noch die Ausübung desselben, wie

sie die Erfahrung lehrt, hinzutut, eine Bastarderklärung *(definitio hybrida)*, welche den Begriff im falschen Lichte darstellt.

Gesetz (ein moralisch-praktisches) ist ein Satz, der einen kategorischen Imperativ (Gebot) enthält. Der Gebietende *(imperans)* durch ein Gesetz ist der Gesetzgeber *(legislator)*. Er ist Urheber *(autor)* der Verbindlichkeit nach dem Gesetze, aber nicht immer Urheber des Gesetzes. Im letzteren Fall würde das Gesetz positiv (zufällig) und willkürlich sein. Das Gesetz, was uns *a priori* und unbedingt durch unsere eigene Vernunft verbindet, kann auch als aus dem Willen eines höchsten Gesetzgebers, d.i. eines solchen, der lauter Rechte und keine Pflichten hat (mithin dem göttlichen Willen), hervorgehend ausgedrückt werden, welches aber nur die Idee von einem moralischen Wesen bedeutet, dessen Wille für alle Gesetz ist, ohne ihn doch als Urheber desselben zu denken.

Zurechnung *(imputatio)* in moralischer Bedeutung ist das Urteil, wodurch jemand als Urheber *(causa libera)* einer Handlung, die alsdann Tat *(factum)* heißt und unter Gesetzen steht, angesehen wird; welches, wenn es zugleich die rechtlichen Folgen aus dieser Tat bei sich führt, eine rechtskräftige *(imputatio iudiciaria s. valida)*, sonst aber nur eine beurteilende Zurechnung *(imputatio diiudicatoria)* sein würde. – Diejenige (physische oder moralische) Person, welche rechtskräftig zuzurechnen die Befugnis hat, heißt der Richter oder auch der Gerichtshof *(iudex s. forum)*. *26*

Tat heißt eine Handlung, sofern sie unter Gesetzen der Ver- [223]
bindlichkeit steht, folglich auch sofern das Subjekt in derselben *21*
nach der Freiheit seiner Willkür betrachtet wird. Der Handelnde wird durch einen solchen Akt als Urheber der Wirkung betrachtet, und diese, zusamt der Handlung selbst, können ihm zugerechnet werden, wenn man vorher das Gesetz kennt, kraft welches auf ihnen eine Verbindlichkeit ruht.

Person ist dasjenige Subjekt, dessen Handlungen einer Zurechnung fähig sind. Die moralische Persönlichkeit ist also nichts anderes, als die Freiheit eines vernünftigen Wesens unter moralischen Gesetzen (die psychologische aber bloß das Vermögen, sich der Identität seiner selbst in den verschiedenen Zuständen seines Daseins bewußt zu werden), woraus dann folgt, daß eine Person keinen anderen Gesetzen, als denen, die sie (entweder allein, oder wenigstens zugleich mit anderen) sich selbst gibt, unterworfen ist.

Sache ist ein Ding, was keiner Zurechnung fähig ist. Ein jedes Objekt der freien Willkür, welches selbst der Freiheit ermangelt, heißt daher Sache *(res corporalis)*.

Recht oder Unrecht *(rectum aut minus rectum)* überhaupt ist eine Tat, sofern sie pflichtmäßig oder pflichtwidrig *(factum li-* [224] *citum aut illicitum)* ist; die Pflicht selbst mag, ihrem Inhalte oder ihrem Ursprunge nach, sein, von welcher Art sie wolle. Eine pflichtwidrige Tat heißt Übertretung *(reatus)*.

Eine unvorsätzliche Übertretung, die gleichwohl zugerechnet werden kann, heißt bloße Verschuldung *(culpa)*. Eine vorsätzliche (d.i. diejenige, welche mit dem Bewußtsein, daß sie Übertretung sei, verbunden ist) heißt Verbrechen *(dolus)*. Was nach äußeren Gesetzen recht ist, heißt gerecht *(iustum)*, was es nicht ist, ungerecht *(iniustum)*.

21/22 Überhaupt heißen die verbindenden Gesetze, für die eine äu-*22* ßere Gesetzgebung möglich ist, äußere Gesetze *(leges externae)*. Unter diesen sind diejenigen, zu denen die Verbindlichkeit auch ohne äußere Gesetzgebung *a priori* durch die Vernunft erkannt werden kann, zwar äußere, aber natürliche Gesetze; diejenigen dagegen, die ohne wirkliche äußere Gesetzgebung gar nicht verbinden (also ohne die letztere nicht Gesetze sein würden) heißen positive Gesetze. Es kann also eine äußere Gesetzgebung gedacht werden, die lauter positive Gesetze enthielte; alsdann aber müßte doch ein natürliches Gesetz vorausgehen, welches die Autorität des Gesetzgebers (d.i. die Befugnis, durch seine bloße *22* Willkür andere zu verbinden) begründete.

[227] Was jemand pflichtmäßig mehr tut, als wozu er nach dem Ge-*25* setze gezwungen werden kann, ist verdienstlich *(meritum)*; was er nur gerade dem letzteren angemessen tut, ist Schul-

1 der Identität *Siehe »Anmerkungen des Herausgebers«* 28 positive] natürliche

digkeit *(debitum)*; was er endlich weniger tut, als die letztere fordert, ist moralische Verschuldung *(demeritum)*. Der rechtliche Effekt einer Verschuldung ist die Strafe *(poena)*; der einer verdienstlichen Tat Belohnung *(praemium)* (vorausgesetzt, daß sie, im Gesetz verheißen, die Bewegursache war); die Angemessenheit des Verfahrens zur Schuldigkeit hat gar keinen [228] rechtlichen Effekt. – Die gütige Vergeltung *(remuneratio s. repensio benefica)* steht zur Tat in gar keinem Rechtsverhältnis.

Die guten oder schlimmen Folgen einer schuldigen Handlung – imgleichen die Folgen der Unterlassung einer verdienstlichen – können dem Subjekte nicht zugerechnet werden *(modus imputationis tollens)*.

Die guten Folgen einer verdienstlichen – imgleichen die schlimmen Folgen einer unrechtmäßigen Handlung – können dem Subjekte zugerechnet werden *(modus imputationis ponens)*.

Subjektiv ist der Grad der Zurechnungsfähigkeit *(imputabilitas)* der Handlungen nach der Größe der Hindernisse zu schätzen, die dabei haben überwunden werden müssen. – Je größer die Naturhindernisse (der Sinnlichkeit), je kleiner das moralische Hindernis (der Pflicht), desto mehr wird die gute Tat zum Verdienst angerechnet. Z. B. wenn ich einen mir ganz fremden Menschen mit meiner beträchtlichen Aufopferung aus großer Not rette.

Dagegen: je kleiner das Naturhindernis, je größer das Hindernis aus Gründen der Pflicht, desto mehr wird die Übertretung (als Verschuldung) zugerechnet. – Daher der Gemütszustand, ob das Subjekt die Tat im Affekt, oder mit ruhiger Überlegung verübt habe, in der Zurechnung einen Unterschied macht, der Folgen hat. *37*

[218]
14

IV

Von der Einteilung einer Metaphysik der Sitten*

Zu aller Gesetzgebung (sie mag nun innere oder äußere Handlungen, und diese, entweder *a priori* durch bloße Vernunft, oder durch die Willkür eines anderen vorschreiben) gehören zwei Stücke: erstlich, ein Gesetz, welches die Handlung, die geschehen soll, objektiv als notwendig vorstellt, d.i. welches die Handlung zur Pflicht macht, zweitens, eine Triebfeder, welche den Bestimmungsgrund der Willkür zu dieser Handlung subjektiv mit der Vorstellung des Gesetzes verknüpft. Durch das erstere wird die Handlung als Pflicht vorgestellt, welches ein bloßes theoretisches Erkenntnis der möglichen Bestimmung der Willkür, d.i. praktischer Regeln ist; durch das zweite wird die Verbindlichkeit so zu handeln mit einem Bestimmungsgrunde der Willkür überhaupt im Subjekte verbunden.

Alle Gesetzgebung also (sie mag auch in Ansehung der Handlung, die sie zur Pflicht macht mit einer anderen übereinkom-
[219] men, z.B. die Handlungen mögen in allen Fällen äußere sein), kann doch in Ansehung der Triebfedern unterschieden sein. Diejenige, welche eine Handlung zur Pflicht, und diese Pflicht zugleich zur Triebfeder macht, ist ethisch. Diejenige aber, welche

* Die Deduktion der Einteilung eines Systems: d.i. der Beweis ihrer Vollständigkeit sowohl, als auch der Stetigkeit, daß nämlich der Übergang vom eingeteilten Begriffe zum Gliede der Einteilung in der ganzen Reihe der Untereinteilungen durch keinen Sprung *(divisio per saltum)* geschehe, ist eine der am schwersten zu erfüllenden Bedingungen für den Baumeister eines Systems. Auch was der oberste eingeteilte Begriff zu der Einteilung Recht oder Unrecht *(aut fas aut nefas)* sei, hat seine Bedenklichkeit. Es ist der Akt der freien Willkür überhaupt. So wie die Lehrer der Ontologie vom Etwas und Nichts zuoberst anfangen, ohne inne zu werden, daß dieses schon Glieder einer Einteilung sind, dazu noch der eingeteilte Begriff fehlt, der kein anderer, als der Begriff von einem Gegenstande überhaupt sein kann.

7 welches] welche 10 verknüpft.] verknüpft; mithin ist das zweite Stück dieses: daß das Gesetz die Pflicht zur Triebfeder macht.

das Letztere nicht im Gesetze mit einschließt, mithin auch eine andere Triebfeder, als die Idee der Pflicht selbst, zuläßt, ist juridisch. Man sieht in Ansehung der letzteren leicht ein, daß diese von der Idee der Pflicht unterschiedene Triebfeder von den pathologischen Bestimmungsgründen der Willkür, den Neigungen und Abneigungen, und unter diesen von denen der letzteren Art hergenommen sein müsse, weil es eine Gesetzgebung, welche nötigend, nicht eine Anlockung, die einladend ist, sein soll.

Man nennt die bloße Übereinstimmung oder Nichtübereinstimmung einer Handlung mit dem Gesetze, ohne Rücksicht auf die Triebfeder derselben, die Legalität (Gesetzmäßigkeit); diejenige aber, in welcher die Idee der Pflicht aus dem Gesetze zugleich die Triebfeder der Handlung ist, die Moralität (Sittlichkeit) derselben.

Die Pflichten nach der rechtlichen Gesetzgebung können nur äußere Pflichten sein, weil diese Gesetzgebung nicht verlangt, daß die Idee dieser Pflicht, welche innerlich ist, für sich selbst Bestimmungsgrund der Willkür des Handelnden sei, und, da sie doch einer für Gesetze schicklichen Triebfeder bedarf, nur äußere mit dem Gesetze verbinden kann. Die ethische Gesetzgebung dagegen macht zwar auch innere Handlungen zu Pflichten aber nicht etwa mit Ausschließung der äußeren, sondern geht auf alles, was Pflicht ist, überhaupt. Aber eben darum, weil die ethische Gesetzgebung die innere Triebfeder der Handlung (die Idee der Pflicht) in ihr Gesetz mit einschließt, welche Bestimmung durchaus nicht in die äußere Gesetzgebung einfließen muß, so kann die ethische Gesetzgebung keine äußere (selbst nicht die eines göttlichen Willens) sein, ob sie zwar die Pflichten, die auf einer anderen, nämlich äußeren Gesetzgebung beruhen, als Pflichten in ihre Gesetzgebung zu Triebfedern aufnimmt.

Hieraus ist zu ersehen, daß alle Pflichten bloß darum, weil sie Pflichten sind, mit zur Ethik gehören; aber ihre Gesetzgebung ist darum nicht allemal in der Ethik enthalten, sondern von vielen derselben außerhalb derselben. So gebietet die Ethik, daß

5 Willkür, den Neigungen] Willkür der Neigungen 7 müsse] müssen

ich eine in einem Vertrage getane Anheischigmachung, wenn mich der andere Teil gleich nicht dazu zwingen könnte, doch erfüllen müsse: allein sie nimmt das Gesetz *(pacta sunt servanda)*, und die diesem korrespondierende Pflicht aus der Rechtslehre als [220] gegeben an. Also nicht in der Ethik, sondern im *Ius*, liegt die Gesetzgebung, daß angenommene Versprechen gehalten werden müssen. Die Ethik lehrt hernach nur, daß, wenn die Triebfeder, welche die juridische Gesetzgebung mit jener Pflicht verbindet, nämlich der äußere Zwang, auch weggelassen wird, die Idee der Pflicht allein schon zur Triebfeder hinreichend sei. Denn wäre das nicht, und die Gesetzgebung selber nicht juridisch, mithin die aus ihr entspringende Pflicht nicht eigentliche Rechtspflicht (zum Unterschiede von der Tugendpflicht), so würde man die Leistung der Treue (gemäß seinem Versprechen in einem Vertrage) mit den Handlungen des Wohlwollens und der Verpflichtung zu ihnen in eine Klasse setzen, welches durchaus nicht geschehen muß. Es ist keine Tugendpflicht, sein Versprechen zu halten, sondern eine Rechtspflicht, zu deren Leistung man gezwungen werden kann. Aber es ist doch eine tugendhafte Handlung (Beweis der Tugend), es auch da zu tun, wo kein Zwang *besorgt* werden darf. Rechtslehre und Tugendlehre unterscheiden sich also nicht sowohl durch ihre verschiedenen Pflichten, als vielmehr durch die Verschiedenheit der Gesetzgebung, welche die eine oder die andere Triebfeder mit dem Gesetze verbindet.

Die ethische Gesetzgebung (die Pflichten mögen allenfalls auch äußere sein) ist diejenige, welche nicht äußerlich sein *kann*; die juridische ist, welche auch äußerlich sein kann. So ist es eine äußerliche Pflicht, sein vertragsmäßiges Versprechen zu halten; aber das Gebot, dieses bloß darum zu tun, weil es Pflicht ist, ohne auf eine andere Triebfeder Rücksicht zu nehmen, ist bloß zur *inneren* Gesetzgebung gehörig. Also nicht als besondere Art von Pflicht (eine besondere Art Handlungen, zu denen man verbunden ist) – denn es ist in der Ethik sowohl als im Rechte eine äußere Pflicht –, sondern weil die Gesetzgebung, im angeführten Falle, eine innere ist und keinen äußeren Gesetzgeber haben kann, wird die Verbindlichkeit zur Ethik gezählt. Aus eben dem Grunde werden die Pflichten des Wohlwollens, ob sie gleich äußere Pflichten (Verbindlichkeiten zu äußeren Handlungen) sind, doch zur Ethik gezählt, weil ihre Gesetzgebung nur innerlich sein kann. – Die Ethik hat freilich auch ihre besonderen Pflichten (z. B. die gegen sich selbst), aber hat doch auch mit dem Rechte Pflichten aber nur nicht die Art der Verpflichtung gemein. Denn Handlungen bloß darum, weil es Pflichten sind, ausüben, und den Grundsatz der Pflicht selbst, woher sie auch komme, zur hinreichenden Triebfeder der Willkür zu machen, ist das Eigentümliche der ethischen Gesetzgebung. So gibt es also [221] zwar viele direkt-ethische Pflichten, aber die innere Gesetzgebung macht auch die übrigen, alle und insgesamt, zu indirektethischen.

Einteilung der Metaphysik der Sitten überhaupt *19* [239] *48*

A. Alle Pflichten sind entweder Rechtspflichten *(officia iuris)*, d. i. solche, für welche eine äußere Gesetzgebung möglich ist, oder Tugendpflichten *(officia virtutis s. ethica)*, für welche eine solche nicht möglich ist; – die letzteren können aber darum nur keiner äußeren Gesetzgebung unterworfen werden, weil sie auf einen Zweck gehen, der (oder welchen zu haben) zugleich Pflicht ist; sich aber einen Zweck vorzusetzen, das kann durch keine äußerliche Gesetzgebung bewirkt werden (weil es ein innerer Akt des Gemüts ist); obgleich äußere Handlungen geboten werden mögen, die dahin führen, ohne doch daß das Subjekt sie sich zum Zwecke macht.

> Warum wird aber die Sittenlehre (Moral) gewöhnlich (namentlich von Cicero) die Lehre von den Pflichten und nicht auch von den Rechten betitelt? da doch die einen sich auf die anderen beziehen. – Der Grund ist dieser: Wir kennen unsere eigene Freiheit (von der alle moralischen Gesetze, mithin auch alle Rechte sowohl als Pflichten ausgehen) nur durch den moralischen Imperativ, welcher ein pflichtgebietender Satz ist, aus welchem nachher das Vermögen, andere zu verpflichten, d. i. der Begriff des Rechts, entwickelt werden kann.

B. Da in der Lehre von den Pflichten der Mensch nach der Eigenschaft seines Freiheitsvermögens, welches ganz übersinnlich ist, also auch bloß nach seiner Menschheit, als von physischen Bestimmungen unabhängiger Persönlichkeit *(homo noumenon)*, vorgestellt werden kann und soll, zum Unterschiede von ebendemselben, aber als mit jenen Bestimmungen behafteten Subjekt, dem Menschen *(homo phaenomenon)*, so werden Recht und Zweck, wiederum in dieser zwiefachen Eigenschaft auf die Pflicht bezogen, folgende Einteilung geben.

[240] *Einteilung nach dem objektiven Verhältnis*
des Gesetzes zur Pflicht

	Vollkommene Pflicht			
Pflicht gegen sich selbst	1 Das Recht der Menschheit in unserer eigenen Person	(Rechts-) Pflicht (Tugend-)	2 Das Recht der Menschen	Pflicht gegen andere
	3 Der Zweck der Menschheit in unserer Person		4 Der Zweck der Menschen	
	Unvollkommene Pflicht			

[241] C. Da die Subjekte, in Ansehung deren ein Verhältnis des Rechts zur Pflicht (es sei statthaft oder unstatthaft) gedacht wird, verschiedene Beziehungen zulassen; so wird auch in dieser Absicht eine Einteilung vorgenommen werden können.

Einteilung nach dem subjektiven Verhältnis der Verpflichtenden und Verpflichteten

1.	2.
Das rechtlichte Verhältnis des Menschen zu Wesen, die weder Recht noch Pflicht haben.	Das rechtliche Verhältnis des Menschen zu Wesen, die sowohl Recht als Pflicht haben.
Vacat.	*Adest.*
Denn das sind vernunftlose Wesen, die weder uns verbinden, noch von welchen wir können verbunden werden.	Denn es ist ein Verhältnis von Menschen zu Menschen.
3.	**4.**
Das rechtliche Verhältnis des Menschen zu Wesen, die lauter Pflichten und keine Rechte haben.	Das rechtliche Verhältnis des Menschen zu einem Wesen, was lauter Rechte und keine Pflicht hat (Gott).
Vacat.	*Vacat.*
Denn das wären Menschen ohne Persönlichkeit (Leibeigene, Sklaven).	Nämlich in der bloßen Philosophie, weil es kein Gegenstand möglicher Erfahrung ist.

Also findet sich nur in Nr. 2 ein *reales* Verhältnis zwischen Recht und Pflicht. Der Grund, warum es auch nicht in Nr. 4 angetroffen wird, ist: weil es eine *transzendente* Pflicht sein würde, d.i. eine solche, der kein äußeres verpflichtendes Subjekt korrespondierend *gegeben werden* kann, mithin das Verhältnis in theoretischer Rücksicht hier nur *ideal*, d.i. zu einem Gedankendinge ist, was wir uns selbst, aber doch nicht durch seinen ganz *leeren*, sondern in Beziehung auf uns selbst und die Maximen der inneren Sittlichkeit, mithin in praktischer innerer Absicht, fruchtbaren Begriff *machen*, worin denn auch unsere ganze *immanente* (ausführbare) Pflicht in diesem bloß gedachten Verhältnisse allein besteht.

Von der Einteilung der Moral als eines Systems der Pflichten überhaupt

- Rechtspflichten
  - Privatrecht
  - Öffentliches Recht
- Tugendpflichten
  - Elementarlehre
  - Methodenlehre
    - Didaktik
    - Asketik

und so weiter, alles,

was nicht bloß die Materialien, sondern auch die architektonische Form einer wissenschaftlichen Sittenlehre enthält; wenn dazu die metaphys. Anfangsgr. die allgemeinen Prinzipien voll-
49 ständig ausgespürt haben.

3 Rechtspflichten *Siehe »Anmerkungen des Herausgebers«*

METAPHYSIK DER SITTEN ERSTER TEIL

METAPHYSISCHE ANFANGSGRÜNDE DER RECHTSLEHRE

EINLEITUNG [229]
in die Rechtslehre 27

§ A
Was die Rechtslehre sei?

Der Inbegriff der Gesetze, für welche eine äußere Gesetzgebung möglich ist, heißt die Rechtslehre *(Ius)*. Ist eine solche Gesetzgebung wirklich, so ist sie Lehre des positiven Rechts, und der Rechtskundige derselben, oder Rechtsgelehrte *(Iurisconsultus)*, heißt rechtserfahren *(Iurisperitus)*, wenn er die äußeren Gesetze auch äußerlich, d.i. in ihrer Anwendung auf in der Erfahrung vorkommende Fälle kennt, die auch wohl Rechtsklugheit *(Iurisprudentia)* werden kann, ohne beide zusammen aber bloße Rechtswissenschaft *(Iurisscientia)* bleibt. Die letztere Benennung kommt der systematischen Kenntnis der natürlichen Rechtslehre *(Ius naturae)* zu, wiewohl der Rechtskundige in der letzteren zu aller positiven Gesetzgebung die unwandelbaren Prinzipien hergeben muß.

§ B
Was ist Recht?

Diese Frage möchte wohl den Rechtsgelehrten, wenn er nicht in Tautologie verfallen, oder, statt einer allgemeinen Auflösung, auf das, was in irgend einem Lande die Gesetze zu irgend einer Zeit wollen, verweisen will, eben so in Verlegenheit setzen, als die berufene Aufforderung: Was ist Wahrheit? den Logiker. Was Rechtens sei *(quid sit iuris)*, d.i. was die Gesetze an einem gewissen Ort und zu einer gewissen Zeit sagen oder gesagt haben, kann er noch wohl angeben; aber ob das, was sie wollten, auch recht sei, und das allgemeine Kriterium, woran man überhaupt, Recht sowohl als Unrecht *(iustum et iniustum)*, erkennen

[230] könne, bleibt ihm wohl verborgen, wenn er nicht eine Zeitlang jene empirischen Prinzipien verläßt, die Quellen jener Urteile in der bloßen Vernunft sucht (wiewohl ihm dazu jene Gesetze vortrefflich zum Leitfaden dienen können), um zu einer möglichen positiven Gesetzgebung die Grundlage zu errichten. Eine bloß empirische Rechtslehre ist (wie der hölzerne Kopf in Phädrus' Fabel) ein Kopf, der schön sein mag, nur schade! daß er kein Gehirn hat.

Der Begriff des Rechts, sofern er sich auf eine ihm korrespondierende Verbindlichkeit bezieht (d.i. der moralische Begriff derselben), betrifft *erstlich* nur das äußere und zwar praktische Verhältnis einer Person gegen eine andere, sofern ihre Handlungen als Fakta aufeinander (unmittelbar, oder mittelbar) Einfluß haben können. Aber *zweitens* bedeutet er nicht das Verhältnis der Willkür auf den *Wunsch* (folglich auch auf das bloße Bedürfnis) des Anderen, wie etwa in den Handlungen der Wohltätigkeit oder Hartherzigkeit, sondern lediglich auf die *Willkür* des Anderen. *Drittens*, in diesem wechselseitigen Verhältnis der Willkür kommt auch gar nicht die *Materie* der Willkür, d.i. der Zweck, den ein jeder mit dem Objekt, was er will, zur Absicht hat, in Betrachtung, z.B. es wird nicht gefragt, ob jemand bei der Ware, die er zu seinem eigenen Handel von mir kauft, auch seinen Vorteil finden möge, oder nicht, sondern nur nach der *Form* im Verhältnis der beiderseitigen Willkür, sofern sie bloß als *frei* betrachtet wird, und ob die Handlung Eines von beiden sich mit der Freiheit des Anderen nach einem allgemeinen Gesetze zusammen vereinigen lasse.

Das Recht ist also der Inbegriff der Bedingungen, unter denen die Willkür des einen mit der Willkür des anderen nach einem allgemeinen Gesetze der Freiheit zusammen vereinigt werden kann.

10–11 derselben] ? desselben? 25 ob die] ob durch die

§ C
Allgemeines Prinzip des Rechts

»Eine jede Handlung ist *recht*, die oder nach deren Maxime die Freiheit der Willkür eines jeden mit jedermanns Freiheit nach einem allgemeinen Gesetze zusammen bestehen kann.«

Wenn also meine Handlung, oder überhaupt mein Zustand, mit der Freiheit von jedermann nach einem allgemeinen Gesetze zusammen bestehen kann, so tut der mir Unrecht, der mich daran hindert; denn dieses Hindernis (dieser Widerstand) kann [231] mit der Freiheit nach allgemeinen Gesetzen nicht bestehen.

Es folgt hieraus auch: daß nicht verlangt werden kann, daß dieses Prinzip aller Maximen selbst wiederum meine Maxime sei, d.i. daß ich es *mir zur Maxime* meiner Handlung *mache*; denn ein jeder kann frei sein, obgleich seine Freiheit mir gänzlich indifferent wäre, oder ich im Herzen derselben gerne Abbruch tun möchte, wenn ich nur durch meine *äußere Handlung* ihr nicht Eintrag tue. Das Rechthandeln mir zur Maxime zu machen, ist eine Forderung, die die Ethik an mich tut.

Also ist das allgemeine Rechtsgesetz: Handle äußerlich so, daß der freie Gebrauch deiner Willkür mit der Freiheit von jedermann nach einem allgemeinen Gesetze zusammen bestehen könne, zwar ein Gesetz, welches mir eine Verbindlichkeit auferlegt, aber ganz und gar nicht erwartet, noch weniger fordert, daß ich ganz um dieser Verbindlichkeit willen, meine Freiheit auf jene Bedingungen *selbst* einschränken *solle*, sondern die Vernunft sagt nur, daß sie in ihrer Idee darauf eingeschränkt *sei* und von anderen auch tätlich eingeschränkt werden dürfe; und dieses sagt sie als ein Postulat, welches gar keines Beweises weiter fähig ist. – Wenn die Absicht nicht ist Tugend zu lehren, sondern nur was *recht* sei vorzutragen, so darf und soll man selbst nicht jenes Rechtsgesetz als Triebfeder der Handlung vorstellig machen.

5 kann.«] kann etc.« 23–24 $ganz_2$ um] ? ganz allein um?

§ D

Das Recht ist mit der Befugnis zu zwingen verbunden

Der Widerstand, der dem Hindernis einer Wirkung entgegengesetzt wird, ist eine Beförderung dieser Wirkung und stimmt mit ihr zusammen. Nun ist alles, was Unrecht ist, ein Hindernis der Freiheit nach allgemeinen Gesetzen; der Zwang aber ist ein Hindernis oder Widerstand, der der Freiheit geschieht. Folglich: wenn ein gewisser Gebrauch der Freiheit selbst ein Hindernis der Freiheit nach allgemeinen Gesetzen (d. i. unrecht) ist, so ist der Zwang, der diesem entgegengesetzt wird, als *Verhinderung eines Hindernisses der Freiheit* mit der Freiheit nach allgemeinen Gesetzen zusammenstimmend, d. i. recht: mithin ist mit dem Rechte zugleich eine Befugnis, den, der ihm Abbruch tut, zu zwingen, nach dem Satze des Widerspruchs verknüpft.

§ E

[232] Das *strikte* Recht kann auch als die Möglichkeit eines mit jedermanns Freiheit nach allgemeinen Gesetzen zusammenstimmenden durchgängigen wechselseitigen Zwanges vorgestellt werden

Dieser Satz will soviel sagen, als: das Recht darf nicht als aus zwei Stücken, nämlich der Verbindlichkeit nach einem Gesetze und der Befugnis dessen, der durch seine Willkür den anderen verbindet, diesen dazu zu zwingen, zusammengesetzt gedacht werden, sondern man kann den Begriff des Rechts in der Möglichkeit der Verknüpfung des allgemeinen wechselseitigen Zwanges mit jedermanns Freiheit unmittelbar setzen. So, wie nämlich das Recht überhaupt nur das zum Objekte hat, was in Handlungen äußerlich ist, so ist das strikte Recht, nämlich das, dem nichts Ethisches beigemischt ist, dasjenige, welches keine anderen Bestimmungsgründe der Willkür als bloß die äußeren fordert; denn alsdann ist es rein und mit keinen Tugendvorschriften vermengt. Ein *striktes* (enges) Recht kann man also nur das völlig äußere nennen. Dieses gründet sich nun zwar auf dem Bewußtsein der

Verbindlichkeit eines jeden nach dem Gesetze, aber, die Willkür danach zu bestimmen, darf und kann es, wenn es rein sein soll, sich auf dieses Bewußtsein als Triebfeder nicht berufen, sondern fußt sich deshalb auf dem Prinzip der Möglichkeit eines äußeren Zwanges, der mit der Freiheit von jedermann nach allgemeinen Gesetzen zusammen bestehen kann. – Wenn also gesagt wird: ein Gläubiger hat ein Recht, von dem Schuldner die Bezahlung seiner Schuld zu fordern, so bedeutet das nicht, er kann ihm zu Gemüte führen, daß ihn seine Vernunft selbst zu dieser Leistung verbinde, sondern ein Zwang, der jedermann nötigt, dieses zu tun, kann gar wohl mit jedermanns Freiheit, also auch mit der seinigen, nach einem allgemeinen äußeren Gesetz zusammen bestehen: Recht und Befugnis zu zwingen bedeuten also einerlei.

Das Gesetz eines mit jedermanns Freiheit notwendig zusammenstimmenden wechselseitigen Zwanges, unter dem Prinzip der allgemeinen Freiheit, ist gleichsam die Konstruktion jenes Begriffs, d.i. Darstellung desselben in einer reinen Anschauung *a priori*, nach der Analogie der Möglichkeit freier Bewegungen der Körper unter dem Gesetze der Gleichheit der Wirkung und Gegenwirkung. So, wie wir nun in der reinen Mathematik die Eigenschaften [233] ihres Objekts nicht unmittelbar vom Begriffe ableiten, sondern nur durch die Konstruktion des Begriffs entdecken können, so ist's nicht sowohl der Begriff des Rechts, als vielmehr der, unter allgemeine Gesetze gebrachte, mit ihm zusammenstimmende, durchgängig wechselseitige und gleiche Zwang, der die Darstellung jenes Begriffs möglich macht. Dieweil aber diesem dynamischen Begriffe noch ein bloß formaler in der reinen Mathematik (z. B. der Geometrie) zum Grunde liegt: so hat die Vernunft dafür gesorgt, den Verstand auch mit Anschauungen *a priori*, zum Behuf der Konstruktion des Rechtsbegriffs, soviel als möglich zu versorgen. – Das Rechte *(rectum)* wird, als das Gerade, teils dem Krummen, teils dem Schiefen entgegen gesetzt. Das erste ist die innere Beschaffenheit einer Linie

32 soviel als möglich] soviel möglich

von der Art, daß es zwischen zweien gegebenen Punkten nur eine einzige, das zweite aber die Lage zweier einander durchschneidenden oder zusammenstoßenden Linien, von deren Art es auch nur eine einzige (die senkrechte) geben kann, die sich nicht mehr nach einer Seite, als der anderen hinneigt, und die den Raum von beiden Seiten gleich abteilt, nach welcher Analogie auch die Rechtslehre das Seine einem jeden (mit mathematischer Genauigkeit) bestimmt wissen will, welches in der Tugendlehre nicht erwartet werden darf, als welche einen gewissen Raum zu Ausnahmen *(latitudinem)* nicht verweigern kann. – Aber, ohne ins Gebiet der Ethik einzugreifen, gibt es zwei Fälle, die auf Rechtsentscheidung Anspruch machen, für die aber keiner, der sie entscheide, ausgefunden werden kann, und die gleichsam in Epikurs *intermundia* hingehören. – Diese müssen wir zuvörderst aus der eigentlichen Rechtslehre, zu der wir bald schreiten wollen, aussondern, damit ihre schwankenden Prinzipien nicht auf die festen Grundsätze der ersteren Einfluß bekommen.

Anhang zur Einleitung in die Rechtslehre

Vom zweideutigen Recht *(Ius aequivocum)*

Mit jedem Recht in enger Bedeutung *(ius strictum)* ist die Be-
[234] fugnis zu zwingen verbunden. Aber man denkt sich noch ein Recht im weiteren Sinne *(ius latum)*, wo die Befugnis zu zwingen durch kein Gesetz bestimmt werden kann. – Dieser, wahren oder vorgeblichen, Rechte sind nun zwei: die Billigkeit und das Notrecht; von denen die erste ein Recht ohne Zwang, das zweite einen Zwang ohne Recht annimmt, und man wird leicht gewahr, diese Doppelsinnigkeit beruhe eigentlich darauf, daß es Fälle eines bezweifelten Rechts gibt, zu deren Entscheidung kein Richter aufgestellt werden kann.

I. Die Billigkeit *(Aequitas)*

Die Billigkeit (objektiv betrachtet) ist keineswegs ein Grund zur Aufforderung bloß an die ethische Pflicht Anderer (ihr Wohlwollen und Gütigkeit), sondern der, welcher aus diesem Grunde etwas fordert, fußt sich auf sein Recht, nur daß ihm die für den Richter erforderlichen Bedingungen mangeln, nach welchen dieser bestimmen könnte, wie viel, oder auf welche Art dem Anspruche desselben genug getan werden könne. Der in einer auf gleiche Vorteile eingegangenen Maskopei dennoch mehr getan, dabei aber wohl gar durch Unglücksfälle mehr verloren hat, als die übrigen Glieder, kann nach der Billigkeit von der Gesellschaft mehr fordern, als bloß zu gleichen Teilen mit ihnen zu gehen. Allein nach dem eigentlichen (strikten) Recht, weil, wenn man sich in seinem Fall einen Richter denkt, dieser keine bestimmten Angaben *(data)* hat, um, wieviel nach dem Kontrakt ihm zukomme, auszumachen, würde er mit seiner Forderung abzuweisen sein. Der Hausdiener, dem sein bis Ende des Jahres laufender Lohn in einer binnen der Zeit verschlechterten Münzsorte bezahlt wird, womit er das nicht ausrichten kann, was er bei Schließung des Kontrakts sich dafür anschaffen konnte, kann bei gleichem Zahlwert, aber ungleichem Geldwert sich nicht auf sein Recht berufen, deshalb schadlos gehalten zu werden, sondern nur die Billigkeit zum Grunde aufrufen (eine stumme Gottheit, die nicht gehört werden kann); weil nichts hierüber im Kontrakt bestimmt war, ein Richter aber nach unbestimmten Bedingungen nicht sprechen kann.

Hieraus folgt auch, daß ein Gerichtshof der Billigkeit (in einem Streit Anderer über ihre Rechte) einen Widerspruch in sich schließe. Nur da, wo es die eigenen Rechte des Richters betrifft, und in dem, worüber er für seine Person disponieren kann, darf [235]
und soll er der Billigkeit Gehör geben; z. B. wenn die Krone den Schaden, den Andere in ihrem Dienste erlitten haben, und den sie zu vergüten angefleht wird, selber trägt, ob sie gleich, nach dem strengen Rechte, diesen Anspruch, unter der Vorschützung, daß

23 aufrufen] ? anrufen? *So die 2. Auflage* 34 Anspruch] Ausspruch

sie solche auf ihre eigene Gefahr übernommen haben, abweisen könnte.

Der Sinnspruch *(dictum)* der Billigkeit ist nun zwar: »das strengste Recht ist das größte Unrecht« *(summum ius summa iniuria)*; aber diesem Übel ist auf dem Wege Rechtens nicht abzuhelfen, ob es gleich eine Rechtsforderung betrifft, weil diese vor das Gewissensgericht *(forum poli)* allein gehört, dagegen jede Frage Rechtens vor das bürgerliche Recht *(forum soli)* gezogen werden muß.

II. Das Notrecht *(Ius necessitatis)*

Dieses vermeinte Recht soll Befugnis sein, im Fall der Gefahr des Verlustes meines eigenen Lebens, einem Anderen, der mir nichts zuleide tat, das Leben zu nehmen. Es fällt in die Augen, daß hierin ein Widerspruch der Rechtslehre mit sich selbst enthalten sein müsse – denn es ist hier nicht von einem ungerechten Angreifer auf mein Leben, dem ich durch Beraubung des seinen zuvorkomme *(ius inculpatae tutelae)*, die Rede, wo die Anempfehlung der Mäßigung *(moderamen)* nicht einmal zum Recht, sondern nur zur Ethik gehört, sondern von einer erlaubten Gewalttätigkeit gegen den, der keine gegen mich ausübte.

Es ist klar: daß diese Behauptung nicht objektiv, nach dem, was ein Gesetz vorschreiben, sondern bloß subjektiv, wie vor Gericht die Sentenz gefällt werden würde, zu verstehen sei. Es kann nämlich kein Strafgesetz geben, welches demjenigen den Tod zuerkennte, der im Schiffbruche mit einem Anderen in gleicher Lebensgefahr schwebend, diesen von dem Brette, worauf er sich gerettet hat, wegstieße, um sich selbst zu retten. Denn die durchs Gesetz angedrohte Strafe könnte doch nicht größer sein als die des Verlustes des Lebens des ersteren. Nun kann ein solches Strafgesetz die beabsichtigte Wirkung gar nicht haben; denn die Bedrohung mit einem Übel, was noch ungewiß ist (dem Tode durch den richterlichen Ausspruch), kann die Furcht vor dem

9 soli] poli

Übel, was gewiß ist (nämlich dem Ersaufen), nicht überwiegen. Also ist die Tat der gewalttätigen Selbsterhaltung nicht etwa [236] als unsträflich *(inculpabile)*, sondern nur als unstrafbar *(impunibile)* zu beurteilen, und diese subjektive Straflosigkeit wird, durch eine wunderliche Verwechslung, von den Rechtslehrern für eine objektive (Gesetzmäßigkeit) gehalten.

Der Sinnspruch des Notrechts heißt: »Not hat kein Gebot« *(necessitas non habet legem)*, und gleichwohl kann es keine Not geben, welche, was unrecht ist, gesetzmäßig machte.

Man sieht: daß in beiden Rechtsbeurteilungen (nach dem Billigkeits- und dem Notrechte) die Doppelsinnigkeit *(aequivocatio)* aus der Verwechslung der objektiven mit den subjektiven Gründen der Rechtsausübung (vor der Vernunft und vor einem Gericht) entspringt, da dann, was jemand für sich selbst mit gutem Grunde für Recht erkennt, vor einem Gerichtshofe nicht Bestätigung finden, und, was er selbst an sich als unrecht beurteilen muß, von ebendemselben Nachsicht erlangen kann; weil der Begriff des Rechts in diesen zwei Fällen nicht in einerlei Bedeutung ist genommen worden.

Einteilung der Rechtslehre

A. Allgemeine Einteilung der Rechtspflichten

Man kann diese Einteilung sehr wohl nach dem Ulpian machen, wenn man seinen Formeln einen Sinn unterlegt, den er sich dabei zwar nicht deutlich gedacht haben mag, den sie aber doch verstatten daraus zu entwickeln, oder hinein zu legen. Sie sind folgende:

1. Sei ein rechtlicher Mensch *(honeste vive)*. Die rechtliche Ehrbarkeit *(honestas iuridica)* besteht darin: im Verhältnis zu Anderen seinen Wert als den eines Menschen zu behaupten, welche Pflicht durch den Satz ausgedrückt wird: »Mache dich anderen nicht zum bloßen Mittel, sondern sei für sie zugleich Zweck.« Diese Pflicht wird im folgenden als Verbind-

lichkeit aus dem Rechte der Menschheit in unserer eigenen Person erklärt werden *(Lex iusti).*

2. Tue niemandem Unrecht *(neminem laede)*, und solltest du darüber auch aus aller Verbindung mit anderen herausgehen und alle Gesellschaft meiden müssen *(Lex iuridica).*

[237] 3. Tritt (wenn du das letztere nicht vermeiden kannst) in eine Gesellschaft mit Anderen, in welcher Jedem das Seine erhalten werden kann *(suum cuique tribue).* – Die letztere Formel, wenn sie so übersetzt würde: »Gib jedem das Seine«, würde eine Ungereimtheit sagen; denn man kann niemandem etwas geben, was er schon hat. Wenn sie also einen Sinn haben soll, so müßte sie so lauten: »Tritt in einen Zustand, worin jedermann das Seine gegen jeden anderen gesichert sein kann« *(Lex iustitiae).*

Also sind obenstehende drei klassische Formeln zugleich Einteilungsprinzipien des Systems der Rechtspflichten in innere, äußere und in diejenigen, welche die Ableitung der letzteren vom Prinzip der ersteren durch Subsumtion enthalten.

B. Allgemeine Einteilung der Rechte

1. Der Rechte, als systematischer Lehren, in das Naturrecht, das auf lauter Prinzipien *a priori* beruht, und das positive (statutarische) Recht, was aus dem Willen eines Gesetzgebers hervorgeht.
2. Der Rechte, als (moralischer) Vermögen Andere zu verpflichten, d.i. als einen gesetzlichen Grund zu den letzteren *(titulum)*, von denen die Obereinteilung die in das angeborene und erworbene Recht ist, deren ersteres dasjenige Recht ist, welches, unabhängig von allem rechtlichen Akt, jedermann von Natur zukommt; das zweite das, wozu ein solcher Akt erfordert wird.

Das angeborene Mein und Dein kann auch das innere *(meum vel tuum internum)* genannt werden; denn das äußere muß jederzeit erworben werden.

Das angeborene Recht ist nur ein einziges

Freiheit (Unabhängigkeit von eines Anderen nötigender Willkür), sofern sie mit jedes Anderen Freiheit nach einem allgemeinen Gesetz zusammen bestehen kann, ist dieses einzige, ursprüngliche, jedem Menschen, kraft seiner Menschheit, zustehende Recht. – Die angeborene Gleichheit, d.i. die Unabhängigkeit, nicht zu mehrerem von Anderen verbunden zu werden, als wozu man sie wechselseitig auch verbinden kann; mithin die Qualität des Menschen sein eigener Herr *(sui iuris)* zu sein, imgleichen die eines unbescholtenen Menschen *(iusti)*, [238] weil er, vor allem rechtlichen Akt, keinem Unrecht getan hat; endlich auch die Befugnis, das gegen andere zu tun, was an sich ihnen das Ihre nicht schmälert, wenn sie sich dessen nur nicht annehmen wollen; dergleichen ist: ihnen bloß seine Gedanken mitzuteilen, ihnen etwas zu erzählen oder zu versprechen, es sei wahr und aufrichtig, oder unwahr und unaufrichtig *(veriloquium aut falsiloquium)*, weil es bloß auf Ihnen beruht, ob sie ihm glauben wollen oder nicht*. – Alle diese Befugnisse liegen schon im Prinzip der angeborenen Freiheit und sind wirklich von ihr nicht (als Glieder der Einteilung unter einem höheren Rechtsbegriff) unterschieden.

* Vorsätzlich, wenngleich bloß leichtsinnigerweise, Unwahrheit zu sagen, pflegt zwar gewöhnlich Lüge *(mendacium)* genannt zu werden, weil sie wenigstens sofern auch schaden kann, daß der, welcher sie treuherzig nachsagt, als ein Leichtgläubiger anderen zum Gespötte wird. Im rechtlichen Sinne aber will man, daß nur diejenige Unwahrheit Lüge genannt werde, die einem anderen unmittelbar an seinem Rechte Abbruch tut, z.B. das falsche Vorgeben eines mit jemandem geschlossenen Vertrags, um ihn um das Seine zu bringen *(falsiloquium dolosum)*, und dieser Unterschied sehr verwandter Begriffe ist nicht ungegründet; weil es bei der bloßen Erklärung seiner Gedanken immer dem anderen frei bleibt, sie anzunehmen wofür er will, obgleich die gegründete Nachrede, daß dieser ein Mensch sei, dessen Reden man nicht glauben kann, so nahe an den Vorwurf, ihn einen Lügner zu nennen, streift, daß die Grenzlinie, die hier das, was zum *Ius* gehört, von dem, was der Ethik anheimfällt, nur so eben zu unterscheiden ist.

33 daß die Grenzlinie, die hier] ? daß hier?

Die Absicht, weswegen man eine solche Einteilung in das System des Naturrechts (sofern es das angeborene angeht) eingeführt hat, geht darauf hinaus, damit, wenn über ein erworbenes Recht ein Streit entsteht und die Frage eintritt, wem die Beweisführung *(onus probandi)* obliege, entweder von einer bezweifelten Tat, oder, wenn diese ausgemittelt ist, von einem bezweifelten Recht, derjenige, welcher diese Verbindlichkeit von sich ablehnt, sich auf sein angeborenes Recht der Freiheit (welches nun nach seinen verschiedenen Verhältnissen spezifiziert wird) methodisch und gleich als nach verschiedenen Rechtstiteln berufen könne.

Da es nun in Ansehung des angeborenen, mithin inneren Mein und Dein keine Rechte, sondern nur Ein Recht gibt, so wird diese Obereinteilung, als aus zwei dem Inhalte nach äußerst ungleichen Gliedern bestehend, in die Prolegomenen geworfen, und die Einteilung der Rechtslehre bloß auf das äußere Mein und Dein bezogen werden können.

31
[210]
9

Tafel der Einteilung der Rechtslehre

ERSTER TEIL

Das Privatrecht in Ansehung äußerer Gegenstände.
(Inbegriff derjenigen Gesetze, die keiner öffentlichen Bekanntmachung bedürfen)

Erstes Hauptstück
Von der Art etwas Äußeres als das Seine zu haben

Zweites Hauptstück
Von der Art etwas Äußeres zu erwerben

Einteilung der äußeren Erwerbung
Erster Abschnitt. Vom Sachenrecht
Zweiter Abschnitt. Vom persönlichen Recht
Dritter Abschnitt. Von dem auf dingliche Art persönlichen Recht
Episodischer Abschnitt. Von der idealen Erwerbung

Drittes Hauptstück
Von der subjektiv-bedingten Erwerbung vor einer Gerichtsbarkeit

20 öffentlichen] äußeren *Vgl. 49,3*

ZWEITER TEIL

Das *öffentliche Recht* (Inbegriff der Gesetze, die einer öffentlichen Bekanntmachung bedürfen)

Erster Abschnitt. Das Staatsrecht

Zweiter Abschnitt. Das Völkerrecht

Dritter Abschnitt. Das Weltbürgerrecht

15

Die oberste Einteilung des Naturrechts kann nicht (wie biswei- [242]
len geschieht) die in das *natürliche* und *gesellschaftliche*, 34
sondern muß die ins natürliche und *bürgerliche* Recht sein: deren das erstere das *Privatrecht*, das zweite das *öffentliche Recht* genannt wird. Denn dem *Naturzustande* ist nicht der gesellschaftliche, sondern der bürgerliche entgegengesetzt; weil es in jenem zwar gar wohl Gesellschaft geben kann, aber nur keine *bürgerliche* (durch öffentliche Gesetze das Mein und Dein sichernde), daher das Recht in dem ersteren das Privatrecht *heißt*.

DER RECHTSLEHRE ERSTER TEIL

DAS PRIVATRECHT
vom äußeren Mein und Dein überhaupt

ERSTES HAUPTSTÜCK [245]

Von der Art etwas Äußeres als das Seine zu haben

§ 1

Das Rechtlich-Meine *(meum iuris)* ist dasjenige, womit ich so verbunden bin, daß der Gebrauch, den ein Anderer ohne meine Einwilligung von ihm machen möchte, mich lädieren würde. Die subjektive Bedingung der Möglichkeit des Gebrauchs überhaupt ist der Besitz.

Etwas Äußeres aber würde nur dann das Meine sein, wenn ich annehmen darf, es sei möglich, daß ich durch den Gebrauch, den ein Anderer von einer Sache macht, in deren Besitz ich doch nicht bin, gleichwohl doch lädiert werden könne. – Also widerspricht es sich selbst, etwas Äußeres als das Seine zu haben, wenn der Begriff des Besitzes nicht einer verschiedenen Bedeutung, nämlich des sinnlichen und des intelligibelen Besitzes, fähig wäre, und unter dem einen der physische, unter dem anderen ein bloß-rechtlicher Besitz ebendesselben Gegenstandes verstanden werden könnte.

Der Ausdruck: ein Gegenstand ist außer mir, kann aber entweder so viel bedeuten, als: er ist ein nur von mir (dem Subjekt) unterschiedener, oder auch ein in einer anderen Stelle *(positus)*, im Raum oder in der Zeit, befindlicher Gegenstand. Nur in der ersteren Bedeutung genommen, kann der Besitz als Ver- [246] nunftbesitz gedacht werden; in der zweiten aber würde er ein empirischer heißen müssen. – Ein intelligibeler Besitz (wenn ein solcher möglich ist) ist ein Besitz ohne Inhabung *(detentio)*.

<§ 2>

<§ 3>

[247] 201

§ 4
Exposition des Begriffs vom äußeren Mein und Dein

Der äußeren Gegenstände meiner Willkür können nur drei sein: 1. eine (körperliche) Sache außer mir; 2. die Willkür eines anderen zu einer bestimmten Tat *(praestatio)*; 3. der Zustand eines Anderen in Verhältnis auf mich; nach den Kategorien der Substanz, Kausalität und Gemeinschaft zwischen mir und äußeren Gegenständen nach Freiheitsgesetzen.

a) Ich kann einen Gegenstand im Raume (eine körperliche Sache) nicht mein nennen, außer wenn, obgleich ich nicht im physischen Besitz desselben bin, ich dennoch in einem anderen wirklichen (also nicht physischen) Besitz desselben zu sein behaupten darf. – So werde ich einen Apfel nicht darum mein nennen, weil ich ihn in meiner Hand habe (physisch besitze), sondern nur, wenn ich sagen kann: ich besitze ihn, ob ich ihn gleich aus meiner Hand, wohin es auch sei, gelegt habe; imgleichen werde ich von dem Boden, auf den ich mich gelagert habe, nicht sagen können, er sei darum mein; sondern nur, wenn ich behaupten darf, er sei immer noch in meinem Besitz, ob ich gleich diesen Platz verlassen [248] habe. Denn der, welcher mir im ersteren Falle (des empirischen Besitzes) den Apfel aus der Hand winden, oder mich von meiner Lagerstätte wegschleppen wollte, würde mich zwar freilich in Ansehung des inneren Meinen (der Freiheit), aber nicht des äußeren Meinen lädieren, wenn ich nicht, auch ohne Inhabung, mich im Besitz des Gegenstandes zu sein behaupten könnte; ich könnte also diese Gegenstände (den Apfel und das Lager) auch nicht mein nennen.

b) Ich kann die Leistung von etwas durch die Willkür des Anderen nicht mein nennen, wenn ich bloß sagen kann, sie sei mit seinem Versprechen zugleich *(pactum re initum)* in meinen Besitz gekommen, sondern nur, wenn ich behaupten darf, ich bin im Besitz der Willkür des Anderen (diesen zur Leistung zu bestimmen), obgleich die Zeit der Leistung noch

31 seinem] meinem

erst kommen soll; das Versprechen des letzteren gehört demnach zur Habe und Gut *(obligatio activa)*, und ich kann sie zu dem Meinen rechnen, aber nicht bloß, wenn ich das Versprochene (wie im ersten Falle) schon in meinem Besitz habe, sondern auch, ob ich dieses gleich noch nicht besitze. Also muß ich mich, als von dem auf Zeitbedingung eingeschränkten, mithin vom empirischen Besitze unabhängig, doch im Besitz dieses Gegenstandes zu sein denken können.

c) Ich kann ein Weib, ein Kind, ein Gesinde und überhaupt eine andere Person nicht darum das Meine nennen, weil ich sie jetzt als zu meinem Hauswesen gehörig, befehlige, oder im Zwinger und in meiner Gewalt und Besitz habe, sondern wenn ich, ob sie sich gleich dem Zwange entzogen haben, und ich sie also nicht (empirisch) besitze, dennoch sagen kann, ich besitze sie durch meinen bloßen Willen, solange sie irgendwo oder irgendwann existieren, mithin bloß-rechtlich; sie gehören also zu meiner Habe nur alsdann, wenn und sofern ich das letztere behaupten kann.

§ 5

Definition des Begriffs des äußeren Mein und Dein

Die Namenerklärung, d. i. diejenige, welche bloß zur Unterscheidung des Objekts von allen anderen zureicht, würde sein: Das äußere Meine ist dasjenige außer mir, an dessen mir beliebigen Gebrauch mich zu hindern, Läsion (Abbruch an mei- [249]
ner Freiheit, die mit der Freiheit von jedermann nach einem allgemeinen Gesetze zusammen bestehen kann) sein würde. – Die Sacherklärung dieses Begriffs aber, d. i. die, welche auch zur Deduktion desselben (der Erkenntnis der Möglichkeit des Gegenstandes) zureicht und aus einer vollständigen und bestimmten Exposition des Begriffs hervorgeht, lautet nun so: Das

24–26 Abbruch … kann] Unrecht *Korrektur gemäß 2. Auflage* 29–30 »und … hervorgeht« *stand hinter dem ersten* »zureicht« *dieses Paragraphen. Siehe auch »Anmerkungen des Herausgebers«*

äußere Meine ist dasjenige, in dessen Gebrauch mich zu stören Läsion sein würde, ob ich gleich nicht im Besitz desselben (nicht Inhaber des Gegenstandes) bin. – In irgend einem Besitz des äußeren Gegenstandes muß ich sein, wenn der Gegenstand mein heißen soll; denn sonst würde der, welcher diesen Gegenstand wider meinen Willen affizierte, mich nicht zugleich affizieren, mithin auch nicht lädieren. Also muß, zu Folge des § 4, ein intelligibeler Besitz *(possessio noumenon)* als möglich vorausgesetzt werden, wenn es ein äußeres Mein oder Dein geben soll; der empirische Besitz (Inhabung) ist alsdann nur Besitz in der Erscheinung *(possessio phaenomenon)*, obgleich der Gegenstand, den ich besitze, hier nicht so, wie es in der transzendentalen Analytik geschieht, selbst als Erscheinung, sondern als Sache an sich selbst betrachtet wird; denn dort war es der Vernunft um das theoretische Erkenntnis der Natur der Dinge, und wie weit sie reichen könne, hier aber ist es ihr um praktische Bestimmung der Willkür nach Gesetzen der Freiheit zu tun, der Gegenstand mag nun durch Sinne, oder auch bloß den reinen Verstand erkennbar sein, und das Recht ist ein solcher reiner praktischer Vernunftbegriff der Willkür unter Freiheitsgesetzen.

Eben darum sollte man auch billig nicht sagen: ein Recht auf diesen oder jenen Gegenstand, sondern vielmehr ihn bloß-rechtlich besitzen; denn das Recht ist schon ein intellektueller Besitz eines Gegenstandes, einen Besitz aber zu besitzen, würde ein Ausdruck ohne Sinn sein.

§ 6
Deduktion des Begriffs des bloß-rechtlichen Besitzes eines äußeren Gegenstandes *(possessio noumenon)*

Die Frage: Wie ist ein äußeres Mein und Dein möglich? löst sich nun in diejenige auf: Wie ist ein bloß-rechtlicher (intelligibeler) Besitz möglich? und diese wiederum in die dritte: Wie ist ein synthetischer Rechtssatz *a priori* möglich?

Alle Rechtssätze sind Sätze *a priori*, denn sie sind Vernunftgesetze *(dictamina rationis)*. Der Rechtssatz *a priori* in Ansehung des empirischen Besitzes ist analytisch; denn er sagt [250] nichts mehr, als was nach dem Satze des Widerspruchs aus dem letzteren folgt, daß nämlich, wenn ich Inhaber einer Sache (mit ihr also physisch verbunden) bin, derjenige, der sie wider meine Einwilligung affiziert (z. B. mir den Apfel aus der Hand reißt), das innere Meine (meine Freiheit) affiziere und schmälere, mithin in seiner Maxime mit dem Axiom des Rechts im geraden Widerspruch stehe. Der Satz von einem empirischen rechtmäßigen Besitz geht also nicht über das Recht einer Person in Ansehung ihrer selbst hinaus.

Dagegen geht der Satz von der Möglichkeit des Besitzes einer Sache außer mir, nach Absonderung aller Bedingungen des empirischen Besitzes im Raum und Zeit (mithin die Voraussetzung der Möglichkeit einer *possessio noumenon*) über jene einschränkenden Bedingungen hinaus, und, weil er einen Besitz auch ohne Inhabung als notwendig zum Begriffe des äußeren Mein und Dein statuiert, so ist er synthetisch und nun kann es zur Aufgabe für die Vernunft dienen, zu zeigen, wie ein solcher sich über den Begriff des empirischen Besitzes erweiternde Satz *a priori* möglich sei. 202

Rechtliches Postulat der praktischen Vernunft: Es ist möglich, [246] einen jeden äußeren Gegenstand meiner Willkür als das Meine zu 53 haben; d. i.: eine Maxime, nach welcher, wenn sie Gesetz würde, ein Gegenstand der Willkür an sich (objektiv) herrenlos *(res nullius)* werden müßte, ist rechtswidrig.

Denn ein Gegenstand meiner Willkür ist etwas, was zu gebrauchen ich physisch in meiner Macht habe. Sollte es nun doch rechtlich schlechterdings nicht in meiner Macht stehen, d. i. mit der Freiheit von jedermann nach einem allgemeinen Gesetz nicht zusammen bestehen können (unrecht sein), Gebrauch von demselben zu machen; so würde die Freiheit sich selbst des Gebrauchs ihrer Willkür in Ansehung eines Gegenstandes derselben berauben, dadurch, daß sie brauchbare Gegenstände außer aller Möglichkeit des Gebrauchs setzte: d. i. diese in praktischer Rücksicht vernichtete, und zur *res nullius* machte; obgleich die Willkür, formaliter, im Gebrauch der Sachen mit jedermanns äußeren Freiheit nach allgemeinen Gesetzen zusammenstimmte. – Da nun die reine praktische Vernunft keine anderen als formale Gesetze des Gebrauchs der Willkür zum Grunde legt, und also von der Materie der Willkür, d. i. der übrigen Beschaffenheit des Objekts, wenn es nur ein Gegenstand der Willkür ist, abstrahiert, so kann sie in Ansehung eines solchen Gegenstandes kein absolutes Verbot seines Gebrauchs enthalten, weil dieses ein Widerspruch der äußeren Freiheit mit sich selbst sein würde. – Ein Gegenstand meiner Willkür aber ist das, wovon beliebigen Gebrauch zu machen ich das physische Vermögen habe, dessen Gebrauch in meiner Macht *(potentia)* steht; wovon noch unterschieden werden muß, denselben Gegenstand in meiner Gewalt *(in potestatem meam redactum)* zu haben, welches nicht bloß ein Vermögen, sondern auch einen Akt der Willkür voraussetzt. Um aber etwas bloß als Gegenstand meiner Willkür zu denken, ist hinreichend, mir bewußt zu sein, daß ich ihn in meiner Macht habe. – Also ist es eine Voraussetzung *a priori* der praktischen Vernunft, einen jeden Gegenstand meiner Willkür als objektiv-mögliches Mein oder Dein anzusehen und zu behandeln.

[247] Man kann dieses Postulat ein Erlaubnisgesetz *(lex permissiva)* der praktischen Vernunft nennen, was uns die Befugnis gibt, die wir aus bloßen Begriffen vom Rechte überhaupt nicht herausbringen könnten; nämlich allen anderen eine Verbindlichkeit aufzulegen, die sie sonst nicht hätten, sich des Gebrauchs gewisser Gegenstände unserer Willkür zu enthalten, weil wir zuerst sie in unseren Besitz genommen haben. Die Vernunft will, daß dieses
201 als Grundsatz gelte, und das zwar als praktische Vernunft, die
[251] sich durch dieses ihr Postulat *a priori* erweitert. In einem theo-
[252] retischen Grundsatze *a priori* müßte nämlich (zu Folge der
203 Krit. d. r. V.) dem gegebenen Begriff eine Anschauung *a priori* untergelegt, mithin etwas zu dem Begriffe vom Besitz des Gegenstandes hinzugetan werden; allein in diesem praktischen wird umgekehrt verfahren, und alle Bedingungen der Anschauung, welche den empirischen Besitz begründen, müssen weggeschafft (von ihnen abgesehen) werden, um den Begriff des Besitzes über den empirischen hinaus zu erweitern und sagen zu

27 In einem] Einem *Korrektur gem. 2. Auflage*

können: ein jeder äußere Gegenstand der Willkür kann zu dem rechtlich-Meinen gezählt werden, den ich (und auch nur sofern ich ihn) in meiner Gewalt habe, ohne im Besitz desselben zu sein.

Die Möglichkeit eines solchen Besitzes, mithin die Deduktion des Begriffs eines nicht-empirischen Besitzes, gründet sich auf dem rechtlichen Postulat der praktischen Vernunft: »daß es Rechtspflicht sei, gegen Andere so zu handeln, daß das Äußere (Brauchbare) auch das Seine von irgend jemandem werden könne«, zugleich mit der Exposition des letzteren Begriffs, welcher das äußere Seine nur auf einen nicht-physischen Besitz gründet, verbunden. Die Möglichkeit des letzteren aber kann keineswegs für sich selbst bewiesen, oder eingesehen werden (eben weil es ein Vernunftbegriff ist, dem keine Anschauung korrespondierend gegeben werden kann), sondern ist eine unmittelbare Folge aus dem gedachten Postulat. Denn, wenn es notwendig ist, nach jenem Rechtsgrundsatz zu handeln, so muß auch die intelligibele Bedingung (eines bloß rechtlichen Besitzes) möglich sein. – Es darf auch niemand befremden, daß die theoretischen Prinzipien des äußeren Mein und Dein sich im Intelligibelen verlieren und kein erweitertes Erkenntnis vorstellen; weil der Begriff der Freiheit, auf dem sie beruhen, keiner theoretischen Deduktion seiner Möglichkeit fähig ist, und nur aus dem praktischen Gesetze der Vernunft (dem kategorischen Imperativ), als einem Faktum derselben, geschlossen werden kann.

§ 7

Anwendung des Prinzips der Möglichkeit des äußeren Mein und Dein auf Gegenstände der Erfahrung

Der Begriff eines bloß-rechtlichen Besitzes ist kein empirischer (von Raum- und Zeitbedingungen abhängiger) Begriff, und gleichwohl hat er praktische Realität, d.i. er muß auf Gegen- [253] stände der Erfahrung, deren Erkenntnis von jenen Bedingungen abhängig ist, anwendbar sein. – Das Verfahren mit dem Rechtsbe-

29 Raum-] Raum

griffe in Ansehung der letzteren, als des möglichen äußeren Mein und Dein, ist folgendes: Der Rechtsbegriff, der bloß in der Vernunft liegt, kann nicht unmittelbar auf Erfahrungsobjekte, und auf den Begriff eines empirischen Besitzes, sondern muß zunächst auf den reinen Verstandesbegriff eines Besitzes überhaupt angewandt werden, so daß, statt der Inhabung *(detentio)*, als einer empirischen Vorstellung des Besitzes, der von allen Raumes- und Zeitbedingungen abstrahierende Begriff des Habens und nur, daß der Gegenstand in meiner Gewalt *(in potestate mea positum esse)* sei, gedacht werde; da dann der Ausdruck des Äußeren nicht das Dasein in einem anderen Orte, als wo ich bin, oder meiner Willensentschließung und Annahme als in einer anderen Zeit, wie der des Angebots, sondern nur einen von mir unterschiedenen Gegenstand bedeutet. Nun will die praktische Vernunft durch ihr Rechtsgesetz, daß ich, wie das Mein und Dein in der Anwendung auf Gegenstände nicht nach sinnlichen Bedingungen, sondern abgesehen von denselben, weil es eine Bestimmung der Willkür nach Freiheitsgesetzen betrifft, auch den Besitz desselben denke, indem nur ein Verstandesbegriff unter Rechtsbegriffe subsumiert werden kann. Also werde ich sagen: ich besitze einen Acker, ob er zwar ein ganz anderer Platz ist, als worauf ich mich wirklich befinde. Denn die Rede ist hier nur von einem intellektuellen Verhältnis zum Gegenstande, sofern ich ihn in meiner Gewalt habe (ein von Raumesbestimmungen unabhängiger Verstandesbegriff des Besitzes), und er ist mein, weil mein, zu desselben beliebigem Gebrauch sich bestimmender, Wille dem Gesetze der äußeren Freiheit nicht widerstreitet. Gerade darin, daß, abgesehen vom Besitz in der Erscheinung (der Inhabung) dieses Gegenstandes meiner Willkür, die praktische Vernunft den Besitz nach Verstandesbegriffen, nicht nach empirischen, sondern solchen, die *a priori* die Bedingungen desselben enthalten können, gedacht wissen will, liegt der Grund der Gültigkeit eines solchen Begriffs vom Besitze *(possessio noumenon)* als einer allgemeingeltenden Gesetzgebung; denn eine solche ist in dem Ausdrucke enthal-

9 Gegenstand in] Gegenstand als in 15 ich, wie das] ich das

ten: »dieser äußere Gegenstand ist *mein*«; weil allen anderen dadurch eine Verbindlichkeit auferlegt wird, die sie sonst nicht hätten, sich des Gebrauchs desselben zu enthalten.

Die Art also, etwas außer mir als das Meine zu haben, ist die bloß-rechtliche Verbindung des Willens des Subjekts mit jenem [254] Gegenstande, unabhängig von dem Verhältnisse zu demselben im Raum und in der Zeit, nach dem Begriff eines intelligibelen Besitzes. – Ein Platz auf der Erde ist nicht darum ein äußeres Meine, weil ich ihn mit meinem Leibe einnehme (denn es betrifft hier nur meine äußere *Freiheit*, mithin nur den Besitz meiner selbst, kein Ding außer mir, und ist also nur ein inneres Recht); sondern, wenn ich ihn noch besitze, ob ich mich gleich von ihm weg und an einen anderen Ort begeben habe, nur alsdann betrifft es mein äußeres Recht, und derjenige, der die fortwährende Besetzung dieses Platzes durch meine Person zur Bedingung machen wollte, ihn als das Meine zu haben, muß entweder behaupten, es sei gar nicht möglich, etwas Äußeres als das Seine zu haben (welches dem Postulat § 6 widerstreitet), oder er verlangt, daß, um dieses zu können, ich in zwei Orten zugleich sei; welches dann aber soviel sagt, als: ich solle an einem Orte sein und auch nicht sein, wodurch er sich selbst widerspricht.

Dieses kann auch auf den Fall angewendet werden, da ich ein Versprechen akzeptiert habe; denn da wird meine Habe und Besitz an dem Versprochenen dadurch nicht aufgehoben, daß der Versprechende zu einer Zeit sagte: diese Sache soll Dein sein, eine Zeit hernach aber von ebenderselben Sache sagt: ich will jetzt, die Sache solle nicht Dein sein. Denn es hat mit solchen intellektuellen Verhältnissen die Bewandtnis, als ob jener ohne eine Zeit zwischen beiden Deklarationen seines Willens gesagt hätte: sie soll Dein sein, und auch: sie soll nicht Dein sein, was sich dann selbst widerspricht.

Ebendasselbe gilt auch von dem Begriffe des rechtlichen Besitzes einer Person, als zu der Habe des Subjekts gehörend (sein Weib, Kind, Knecht): daß nämlich diese häusliche Gemeinschaft und der wechselseitige Besitz des Zustandes aller Glieder dersel-

18 6] 2

ben, durch die Befugnis, sich örtlich voneinander zu trennen, nicht aufgehoben wird; weil es ein rechtliches Verhältnis ist, was sie verknüpft, und das äußere Mein und Dein hier, ebenso wie in vorigen Fällen, gänzlich auf der Voraussetzung der Möglichkeit eines reinen Vernunftbesitzes ohne Inhabung beruht.

Zur Kritik der rechtlich-praktischen Vernunft im Begriffe des äußeren Mein und Dein, wird diese eigentlich durch eine Antinomie der Sätze über die Möglichkeit eines solchen Besitzes genötigt; d.i. nur durch eine unvermeidliche Dialek-[255]tik, in welcher Thesis und Antithesis beide auf die Gültigkeit zweier einander widerstreitenden Bedingungen gleichen Anspruch machen, wird die Vernunft auch in ihrem praktischen (das Recht betreffenden) Gebrauch genötigt, zwischen dem Besitz als Erscheinung und dem bloß durch den Verstand denkbaren einen Unterschied zu machen.

Der Satz heißt: Es ist möglich, etwas Äußeres als das Meine zu haben; ob ich gleich nicht im Besitz desselben bin.

Der Gegensatz: Es ist nicht möglich, etwas Äußeres als das Meine zu haben; wenn ich nicht im Besitz desselben bin.

Auflösung: Beide Sätze sind wahr: der erstere, wenn ich dem empirischen Besitz *(possessio phaenomenon),* der andere, wenn ich unter diesem Worte den reinen intelligibelen Besitz *(possessio noumenon)* verstehe. – Aber die Möglichkeit eines intelligibelen Besitzes, mithin auch des äußeren Mein und Dein läßt sich nicht einsehen, sondern muß aus dem Postulat der praktischen Vernunft gefolgert werden, wobei es noch besonders merkwürdig ist: daß diese, ohne Anschauungen, selbst ohne einer *a priori* zu bedürfen, sich durch bloße, vom Gesetze der Freiheit berechtigte, Weglassung empirischer Bedingungen erweitere und so synthetische Rechtssätze *a priori* aufstellen kann, deren Beweis (wie bald gezeigt werden soll) nachher in praktischer Rücksicht auf analytische Art geführt werden kann.

§ 8

Etwas Äußeres als das Seine zu haben, ist nur in einem rechtlichen Zustande, unter einer öffentlich-gesetzgebenden Gewalt, d. i. im bürgerlichen Zustand möglich

Wenn ich (wörtlich oder durch die Tat) erkläre, ich will, daß etwas Äußeres das Meine sein solle, so erkläre ich jeden Anderen für verbindlich, sich des Gegenstandes meiner Willkür zu enthalten: eine Verbindlichkeit, die niemand ohne diesen meinen rechtlichen Akt haben würde. In dieser Anmaßung aber liegt zugleich das Bekenntnis: jedem Anderen in Ansehung des äußeren Seinen wechselseitig zu einer gleichmäßigen Enthaltung verbunden zu sein; denn die Verbindlichkeit geht hier aus einer allgemeinen Regel des äußeren rechtlichen Verhältnisses hervor. Ich bin also nicht verbunden, das äußere Seine des Anderen unangetastet zu lassen, wenn mich nicht jeder andere dagegen auch sicher stellt, er werde in Ansehung des Meinigen sich nach ebendemselben [256] Prinzip verhalten; welche Sicherstellung gar nicht eines besonderen rechtlichen Akts bedarf, sondern schon im Begriffe einer äußeren rechtlichen Verpflichtung, wegen der Allgemeinheit, mithin auch der Reziprozität der Verbindlichkeit aus einer allgemeinen Regel, enthalten ist. – Nun kann der einseitige Wille in Ansehung eines äußeren, mithin zufälligen, Besitzes nicht zum Zwangsgesetz für jedermann dienen, weil das der Freiheit nach allgemeinen Gesetzen Abbruch tun würde. Also ist nur ein jeden anderen verbindender, mithin kollektiv-allgemeiner (gemeinsamer) und machthabender Wille, derjenige, welcher jedermann jene Sicherheit leisten kann. – Der Zustand aber unter einer allgemeinen äußeren (d. i. öffentlichen), mit Macht begleiteten Gesetzgebung, ist der bürgerliche. Also kann es nur im bürgerlichen Zustande ein äußeres Mein und Dein geben.

Folgesatz: Wenn es rechtlich möglich sein muß, einen äußeren Gegenstand als das Seine zu haben: so muß es auch dem Subjekt erlaubt sein, jeden Anderen, mit dem es zum Streit des Mein und Dein über ein solches Objekt kommt, zu *nötigen*, mit ihm zusammen in eine bürgerliche Verfassung zu treten.

§ 9
Im Naturzustande kann doch ein wirkliches, aber nur provisorisches äußeres Mein und Dein statthaben

Das Naturrecht im Zustande einer bürgerlichen Verfassung (d. i. dasjenige, was für die letztere aus Prinzipien *a priori* abgeleitet werden kann), kann durch die statutarischen Gesetze der letzteren nicht Abbruch leiden, und so bleibt das rechtliche Prinzip in Kraft: »Der, welcher nach einer Maxime verfährt, nach der es unmöglich wird, einen Gegenstand meiner Willkür als das Meine zu haben, lädiert mich«; denn bürgerliche Verfassung ist allein der rechtliche Zustand, durch welchen jedem das Seine nur gesichert, eigentlich aber nicht ausgemacht und bestimmt wird. – Alle Garantie setzt also das Seine von jemandem (dem es gesichert wird) schon voraus. Mithin muß vor der bürgerlichen Verfassung (oder von ihr abgesehen) ein äußeres Mein und Dein als möglich angenommen werden, und zugleich ein Recht, jedermann, mit dem wir irgend auf eine Art in Verkehr kommen könnten, zu nötigen, mit uns in eine Verfassung zusammenzutreten, worin
[257] jenes gesichert werden kann. – Ein Besitz in Erwartung und Vorbereitung eines solchen Zustandes, der allein auf einem Gesetz des gemeinsamen Willens gegründet werden kann, der also zu der Möglichkeit des letzteren zusammenstimmt, ist ein provisorisch-rechtlicher Besitz, wogegen derjenige, der in einem solchen wirklichen Zustande angetroffen wird, ein peremtorischer Besitz sein würde. – Vor dem Eintritt in diesen Zustand, zu dem das Subjekt bereit ist, widersteht er denen mit Recht, die dazu sich nicht bequemen und ihn in seinem einstweiligen Besitz stören wollen; weil der Wille aller Anderen, außer ihm selbst, der ihm eine Verbindlichkeit aufzulegen denkt, von einem gewissen Besitz abzustehen, bloß einseitig ist, mithin ebensowenig gesetzliche Kraft (als die nur im allgemeinen Willen angetroffen wird) zum Widersprechen hat, als jener zum Behaupten, indessen daß der letztere doch dies voraus hat, zur Einführung und Errichtung eines bürgerlichen Zustandes zusammenzustimmen. – Mit einem Worte: die Art, etwas Äußeres als das Seine im Naturzustande zu haben, ist ein physischer Besitz, der die rechtliche

Präsumtion für sich hat, ihn durch Vereinigung mit dem Willen Aller in einer öffentlichen Gesetzgebung, zu einem rechtlichen zu machen, und gilt in der Erwartung komparativ für einen rechtlichen.

Dieses Prärogativ des Rechts aus dem empirischen Besitzstande nach der Formel: Wohl dem, der im Besitz ist *(beati possidentes)*, besteht nicht darin: daß, weil er die Präsumtion eines rechtlichen Mannes hat, er nicht nötig habe, den Beweis zu führen, er besitze etwas rechtmäßig (denn das gilt nur im streitigen Rechte), sondern weil, nach dem Postulat der praktischen Vernunft, jedermann das Vermögen zukommt, einen äußeren Gegenstand seiner Willkür als das Seine zu haben, mithin jede Inhabung ein Zustand ist, dessen Rechtmäßigkeit sich auf jenem Postulat durch einen Akt des vorhergehenden Willens gründet, und der, wenn nicht ein älterer Besitz eines Anderen von ebendemselben Gegenstande dawider ist, also vorläufig, nach dem Gesetz der äußeren Freiheit, jedermann, der mit mir nicht in den Zustand einer öffentlich gesetzlichen Freiheit treten will, von aller Anmaßung des Gebrauchs eines solchen Gegenstandes abzuhalten berechtigt, um dem Postulat der Vernunft gemäß, eine Sache, die sonst praktisch vernichtet sein würde, seinem Gebrauch zu unterwerfen.

10 sondern *Siehe »Anmerkungen des Herausgebers«*

ZWEITES HAUPTSTÜCK [258]

Von der Art etwas Äußeres zu erwerben

§ 10

Allgemeines Prinzip der äußeren Erwerbung

Ich erwerbe etwas, wenn ich mache *(efficio)*, daß etwas mein werde. – Ursprünglich mein ist dasjenige Äußere, was auch ohne einen rechtlichen Akt mein ist. Eine Erwerbung aber ist ursprünglich diejenige, welche nicht von dem Seinen eines Anderen abgeleitet ist.

Nichts Äußeres ist ursprünglich mein; wohl aber kann es ursprünglich, d. i. ohne es von dem Seinen irgend eines Anderen abzuleiten, erworben sein. – Der Zustand der Gemeinschaft des Mein und Dein *(communio mei et tui)* kann nie als ursprünglich gedacht, sondern muß (durch einen äußeren rechtlichen Akt) erworben werden; obwohl der Besitz eines äußeren Gegenstandes ursprünglich und gemeinsam sein kann. Auch wenn man sich (problematisch) eine ursprüngliche Gemeinschaft *(communio originaria)* denkt: so muß sie doch von der uranfänglichen *(communio primaeva)* unterschieden werden, welche, als in der ersten Zeit der Rechtsverhältnisse unter Menschen gestiftet angenommen wird, und nicht, wie die erstere auf Prinzipien, sondern nur auf Geschichte gegründet werden kann: wobei die letztere doch immer als erworben und abgeleitet *(communio derivativa)* gedacht werden müßte.

Das Prinzip der äußeren Erwerbung ist nun: Was ich (nach dem Gesetz der äußeren Freiheit) in meine Gewalt bringe, und wovon, als Objekt meiner Willkür, Gebrauch zu machen ich (nach dem Postulat der praktischen Vernunft) das Vermögen habe: endlich, was ich (gemäß der Idee eines möglichen vereinigten Willens) will, es solle mein sein, das ist mein. 74

13 (communio mei et tui)] (communio) 17–18 (communio originaria)] (communio mei et tui originaria)

[259] 201 Einteilung der Erwerbung des äußeren Mein und Dein

1. Der Materie (dem Objekte) nach erwerbe ich entweder eine körperliche Sache (Substanz), oder die Leistung (Kausalität) eines Anderen, oder diese andere Person selbst, d.i. den Zustand derselben, sofern ich ein Recht erlange, über denselben zu verfügen (das Commercium mit derselben).

[260] 2. Der Form (Erwerbungsart) nach ist es entweder ein Sachenrecht *(ius reale)*, oder persönliches Recht *(ius personale)*, oder ein dinglich-persönliches Recht *(ius realiter personale)* des Besitzes (obzwar nicht des Gebrauchs) einer anderen Person als einer Sache.

3. Nach dem Rechtsgrunde *(titulus)* der Erwerbung, welches eigentlich kein besonderes Glied der Einteilung der Rechte, aber doch ein Moment der Art ihrer Ausübung ist: entweder durch den Akt einer einseitigen, oder doppelseitigen, oder allseitigen Willkür, wodurch etwas Äußeres *(facto, pacto, lege)* erworben wird.

Erster Abschnitt
Vom Sachenrecht

§ 11
Was ist ein Sachenrecht?

Die gewöhnliche Erklärung des Rechts in einer Sache *(ius reale, ius in re)*: »es sei das Recht gegen jeden Besitzer derselben«, ist eine richtige Nominaldefinition. – Aber, was ist das, was da macht, daß ich mich wegen eines äußeren Gegenstandes an jeden Inhaber desselben halten, und ihn *(per vindicationem)* nötigen kann, mich wieder in Besitz desselben zu setzen? Ist dieses äußere rechtliche Verhältnis meiner Willkür etwa ein unmittelbares Verhältnis zu einem körperlichen Dinge? So müßte derjenige, welcher sein Recht nicht unmittelbar auf Personen, sondern auf Sachen bezogen denkt, es sich freilich (obzwar nur auf dunkle Art) vorstellen: nämlich, weil dem Recht auf einer

Seite eine Pflicht auf der anderen korrespondiert, daß die äußere Sache, ob sie zwar dem ersten Besitzer abhanden gekommen, diesem doch immer verpflichtet bleibe, d. i. sich jedem anmaßlichen anderen Besitzer weigere, weil sie jenem schon verbindlich ist, und so mein Recht, gleich einem die Sache begleitenden und vor allem fremden Angriffe bewahrenden Genius, den fremden Besitzer immer an mich weise. Es ist also ungereimt, sich Verbindlichkeit einer Person gegen Sachen und umgekehrt zu denken, wenn es gleich allenfalls erlaubt werden mag, das rechtliche Verhältnis durch ein solches Bild zu versinnlichen, und sich so auszudrücken.

Die Realdefinition würde daher so lauten müssen: Das Recht in einer Sache ist ein Recht des Privatgebrauchs einer Sache, in [261] deren (ursprünglichen, oder gestifteten) Gesamtbesitze ich mit allen anderen bin. Denn das letztere ist die einzige Bedingung, unter der es allein möglich ist, daß ich jeden anderen Besitzer vom Privatgebrauch der Sache ausschließe *(ius contra quemlibet huius rei possessorem)*, weil, ohne einen solchen Gesamtbesitz vorauszusetzen, sich gar nicht denken läßt, wie ich, der ich doch nicht im Besitz der Sache bin, von Anderen, die es sind und sie brauchen, lädiert werden könne. – Durch einseitige Willkür kann ich keinen Anderen verbinden, sich des Gebrauchs einer Sache zu enthalten, wozu er sonst keine Verbindlichkeit haben würde: also nur durch vereinigte Willkür Aller in einem Gesamtbesitz. Sonst müßte ich mir ein Recht in einer Sache so denken: als ob die Sache gegen mich eine Verbindlichkeit hätte, und davon allererst das Recht gegen jeden Besitzer derselben ableiten, welches eine ungereimte Vorstellungsart ist.

Unter dem Wort: Sachenrecht *(ius reale)* wird übrigens nicht bloß das Recht in einer Sache *(ius in re)*, sondern auch der Inbegriff aller Gesetze, die das dingliche Mein und Dein betreffen, verstanden. – Es ist aber klar, daß ein Mensch, der auf Erden ganz allein wäre, eigentlich kein äußeres Ding als das Seine haben, oder erwerben könnte; weil zwischen ihm, als Person, und allen anderen äußeren Dingen, als Sachen, es gar kein Verhältnis der Verbindlichkeit gibt. Es gibt also, eigentlich und buchstäblich verstanden, auch kein (direktes) Recht in einer Sache, sondern nur dasjenige wird so genannt, was jemandem gegen eine Person zukommt, die mit allen Anderen (im bürgerlichen Zustande) im gemeinsamen Besitz ist. 70

[270] 76 Der äußere Gegenstand, welcher der Substanz nach das Seine von jemandem ist, ist dessen Eigentum *(dominium)*, welchem alle Rechte in dieser Sache (wie Accidenzen der Substanz) inhärieren, über welche also der Eigentümer *(dominus)* nach Belieben verfügen kann *(ius disponendi de re sua)*. Aber hieraus folgt von selbst: daß ein solcher Gegenstand nur eine körperliche Sache (gegen die man keine Verbindlichkeit hat) sein könne, daher ein Mensch sein eigener Herr *(sui iuris)*, aber nicht Eigentümer von sich selbst *(sui dominus)* (über sich nach Belieben disponieren zu können), geschweige denn von anderen Menschen sein kann, weil er der Menschheit in seiner eigenen Person verantwortlich ist; wiewohl dieser Punkt, der zum Recht der Menschheit, nicht dem der Menschen gehört, hier nicht seinen eigentlichen Platz hat, sondern nur beiläufig zum besseren Verständnis, des kurz vorher Gesagten angeführt wird. – Es kann ferner zwei volle Eigentümer einer und derselben Sache geben, ohne ein gemeinsames Mein und Dein, sondern nur als gemeinsame Besitzer dessen, was nur einem als das Seine zugehört, wenn, von den sogenannten Miteigentümern *(condomini)* Einem nur der ganze Besitz ohne Gebrauch, dem Anderen aber aller Gebrauch der Sache samt dem Besitz zukommt, jener also *(dominus directus)* diesen *(dominus utilis)* nur auf die Bedingung einer beharrlichen Leistung restringiert, ohne dabei seinen Gebrauch zu limitieren.

78 [261] 70

§ 12

Die erste Erwerbung einer Sache kann keine andere als die des Bodens sein

Der Boden (unter welchem alles bewohnbare Land verstanden wird) ist, in Ansehung alles Beweglichen auf demselben, als Substanz, die Existenz des letzteren aber nur als Inhärenz zu betrachten und so, wie im theoretischen Sinne die Accidenzen nicht außerhalb der Substanz existieren können, so kann im praktischen das Bewegliche auf dem Boden nicht das Seine von jemandem sein, wenn dieser nicht vorher als im rechtlichen Besitz desselben befindlich (als das Seine desselben) angenommen wird.

Denn setzet, der Boden gehöre niemandem an: so werde ich [262] jede bewegliche Sache, die sich auf ihm befindet, aus ihrem Platze stoßen können, um ihn selbst einzunehmen, bis sie sich gänzlich verliert, ohne daß der Freiheit irgend eines Anderen, der jetzt gerade nicht Inhaber derselben ist, dadurch Abbruch geschieht; alles aber, was zerstört werden kann, ein Baum, Haus usw. ist (wenigstens der Materie nach) beweglich, und wenn man die Sache, die ohne Zerstörung ihrer Form nicht bewegt werden kann, ein Immobile nennt, so wird das Mein und Dein an jener nicht von der Substanz, sondern dem ihr Anhängenden verstanden, welches nicht die Sache selbst ist.

§ 13

Ein jeder Boden kann ursprünglich erworben werden, und der Grund der Möglichkeit dieser Erwerbung ist die ursprüngliche Gemeinschaft des Bodens überhaupt

Was das erste betrifft, so gründet sich dieser Satz auf dem Postulat der praktischen Vernunft (§ 6); das zweite auf folgenden Beweis.

Alle Menschen sind ursprünglich (d.i. vor allem rechtlichen Akt der Willkür) im rechtmäßigen Besitz des Bodens, d.i. sie haben ein Recht, da zu sein, wohin sie die Natur, oder der Zufall (ohne ihren Willen) gesetzt hat. Dieser Besitz *(possessio)*, der vom Sitz *(sedes)*, als einem willkürlichen, mithin erworbenen, dauernden Besitz unterschieden ist, ist ein gemeinsamer Besitz, wegen der Einheit aller Plätze auf der Erdfläche, als Kugelfläche; weil, wenn sie eine unendliche Ebene wäre, die Menschen sich darauf so zerstreuen könnten, daß sie in gar keine Gemein-

10 derselben] desselben 22 6] 2

schaft miteinander kämen, diese also nicht eine notwendige Folge von ihrem Dasein auf Erden wäre. – Der Besitz aller Menschen auf Erden, der vor allem rechtlichen Akt derselben vorhergeht (von der Natur selbst konstituiert ist), ist ein ursprünglicher Gesamtbesitz *(communio possessionis originaria)*, dessen Begriff nicht empirisch und von Zeitbedingungen abhängig ist, wie etwa der gedichtete, aber nie erweisliche eines uranfänglichen Gesamtbesitzes *(communio primaeva)*, sondern ein praktischer Vernunftbegriff, der *a priori* das Prinzip enthält, nach welchem allein die Menschen den Platz auf Erden nach Rechtsgesetzen gebrauchen können.

[263]

§ 14
Der rechtliche Akt dieser Erwerbung ist Bemächtigung *(occupatio)*

Die Besitznehmung *(apprehensio)*, als der Anfang der Inhabung einer körperlichen Sache im Raume *(possessionis physicae)*, stimmt unter keiner anderen Bedingung mit dem Gesetz der äußeren Freiheit von jedermann (mithin *a priori*) zusammen, als unter der der Priorität in Ansehung der Zeit, d.i. nur als erste Besitznehmung *(prior apprehensio)*, welche ein Akt der Willkür ist. Der Wille aber, die Sache (mithin auch ein bestimmter abgeteilter Platz auf Erden) solle mein sein, d.i. die Zueignung *(appropriatio)* kann in einer ursprünglichen Erwerbung nicht anders als einseitig *(voluntas unilateralis s. propria)* sein. Die Erwerbung eines äußeren Gegenstandes der Willkür durch einseitigen Willen ist die Bemächtigung. Also kann die ursprüngliche Erwerbung desselben, mithin auch eines abgemessenen Bodens nur durch Bemächtigung *(occupatio)* geschehen. –

Die Möglichkeit auf solche Art zu erwerben, läßt sich auf keine Weise einsehen, noch durch Gründe dartun, sondern ist die unmittelbare Folge aus dem Postulat der praktischen Vernunft. Derselbe Wille aber kann doch eine äußere Erwerbung nicht anders berechtigen, als nur sofern er in einem *a priori* vereinigten (d.i. durch die Vereinigung der Willkür Aller, die in ein praktisches Verhältnis gegeneinander kommen können) absolut gebietenden Willen enthalten ist; denn der einseitige Wille (wozu auch der doppelseitige, aber doch besondere Wille gehört) kann nicht jedermann eine Verbindlichkeit auflegen, die an sich zufällig ist, sondern dazu wird ein allseitiger, nicht zufällig, sondern *a priori*, mithin notwendig vereinigter und darum allein gesetzgebender Wille erfordert; denn nur nach dieses seinem Prinzip ist Übereinstimmung der freien Willkür eines jeden mit der Freiheit von jedermann, mithin ein Recht überhaupt, und also auch ein äußeres Mein und Dein möglich.

<*§15*>

203

§ 16 <*§ 17*> [268]

Deduktion des Begriffs der ursprünglichen Erwerbung *78*

Wir haben den Titel der Erwerbung in einer ursprünglichen Gemeinschaft des Bodens, mithin unter Raumes-Bedingungen eines äußeren Besitzes, die Erwerbungsart aber in den empirischen Bedingungen der Besitznehmung *(apprehensio)*, verbunden mit dem Willen, den äußeren Gegenstand als den seinen zu haben, gefunden. Nun ist noch nötig, die Erwerbung selbst, d.i. das äußere Mein und Dein, was aus beiden gegebenen Stücken folgt, nämlich den intelligibelen Besitz *(possessio noumenon)* des Gegenstandes nach dem was sein Begriff enthält, aus den Prinzipien der reinen rechtlich-praktischen Vernunft zu entwickeln.

Der Rechtsbegriff vom äußeren Mein und Dein, sofern es Substanz ist, kann, was das Wort außer mir betrifft, nicht einen anderen Ort, als wo ich bin, bedeuten: denn er ist ein Vernunftbegriff; sondern, da unter diesem nur ein reiner Verstandesbegriff subsumiert werden kann, bloß etwas von mir Unterschiedenes; und der eines nicht empirischen Besitzes kann nicht den Begriff der Inhabung (der gleichsam fort-

12 <*§ 17*>] *Die kursiv gesetzten Paragraphennummern geben die Paragraphen der Erstausgabe an* 29 der] den 29–30 Besitzes kann nicht den Begriff der Inhabung (der] Besitzes (der

dauernden Apprehension), sondern nur den des in meiner Gewalt-Habens (die Verknüpfung desselben mit mir als subjektive Bedingung der Möglichkeit des Gebrauchs) des äußeren Gegenstandes, welcher ein reiner Verstandesbegriff ist, bedeuten. Nun ist die Weglassung, oder das Absehen (Abstraktion) von diesen sinnlichen Bedingungen des Besitzes, als eines Verhältnisses der Person zu Gegenständen, die keine Verbindlichkeit haben, nichts anderes als das Verhältnis einer Person zu Personen, diese alle durch den Willen der ersteren, sofern er dem Axiom der äußeren Freiheit, dem Postulat des Vermögens und der allgemeinen Gesetzgebung des *a priori* als vereinigt gedachten Willens gemäß ist, in Ansehung des Gebrauchs der Sachen zu verbinden, welches also der intelligibele Besitz derselben, d.i. der durchs bloße Recht, ist, obgleich der Gegen-
75 stand (die Sache, die ich besitze) ein Sinnenobjekt ist.

[258] Die Momente *(attendenda)* der ursprünglichen Erwer-
67 bung sind also: 1. die Apprehension eines Gegenstandes der Keinem angehört, widrigenfalls sie der Freiheit Anderer nach allgemeinen Gesetzen widerstreiten würde. Diese Apprehension ist die Besitznehmung des Gegenstandes der Willkür im Raum und der Zeit; der Besitz also, in den ich mich setze, ist ein physischer *(possessio phaenomenon)*. 2. Die Bezeichnung *(declaratio)* des Besitzes dieses Gegenstandes und des Akts meiner Willkür jeden Anderen davon abzuhalten. 3. Die Zueignung *(appropriatio)* als Akt eines äußerlich allgemein gesetzgebenden Willens (in der Idee), durch welchen jedermann zur Einstimmung mit meiner Willkür verbunden wird. – Die Gültigkeit des letzteren Moments der Erwerbung, als worauf der Schlußsatz: der äußere Gegenstand ist mein, beruht, d.i. daß der Besitz, als ein bloß-rechtlicher *(possessio noumenon)*, gültig sei, gründet sich darauf: daß, da alle diese Aktus rechtlich sind, mithin aus der praktischen Vernunft hervorgehen, und also in der Frage, was Rechtens ist, von den empirischen Bedingungen

21–22 ist ein physischer (possessio] ist (possessio 30 bloß-rechtlicher (possessio noumenon) gültig] bloß-rechtlicher gültig (possessio noumenon)

des Besitzes abstrahiert werden kann, der Schlußsatz: der äußere Gegenstand ist mein, vom sensibelen auf den intelligibelen Besitz richtig geführt wird. 201

Daß die erste Bearbeitung, Begrenzung oder überhaupt [268] Formgebung eines Bodens keinen Titel der Erwerbung 74 desselben, d. i. der Besitz des Accidens nicht einen Grund des rechtlichen Besitzes der Substanz abgeben könne, sondern vielmehr umgekehrt das Mein und Dein nach der Regel *(accessorium sequitur suum principale)* aus dem Eigentum [269] der Substanz gefolgert werden müsse, und daß der, welcher an einen Boden, der nicht schon vorher der Seine war, Fleiß verwendet, seine Mühe und Arbeit gegen den Ersteren verloren hat, ist für sich selbst so klar, daß man jene so alte und noch weit und breit herrschende Meinung schwerlich einer anderen Ursache zuschreiben kann, als der insgeheim obwaltenden Täuschung, Sachen zu personifizieren und, gleich als ob jemand sie sich durch an sie verwandte Arbeit verbindlich machen könne, keinem Anderen als ihm zu Diensten zu stehen, unmittelbar gegen sie sich ein Recht zu denken; denn wahrscheinlicherweise würde man auch nicht so leichten Fußes über die natürliche Frage (von der oben schon Erwähnung geschehen) weggeglitten sein: »Wie ist ein Recht in einer Sache möglich?« Denn das Recht gegen einen jeden Besitzer einer Sache bedeutet nur die Befugnis der besonderen Willkür zum Gebrauch eines Objekts, sofern sie als im synthetisch-allgemeinen Willen enthalten, und mit dem Gesetz desselben zusammenstimmen gedacht werden kann.

Was die Körper auf einem Boden betrifft, der schon der meinige ist, so gehören sie, wenn sie sonst keines Anderen sind, mir zu, ohne daß ich zu diesem Zweck eines besonderen rechtlichen Akts bedürfte (nicht *facto*, sondern *lege*); nämlich, weil sie als der Substanz inhärierende Accidenzen betrachtet werden können *(iure rei meae)*, wozu auch Alles gehört, was mit meiner Sache so verbunden ist: daß ein An-

6 einen] ein

derer sie von dem Meinen nicht trennen kann, ohne dieses selbst zu verändern (z. B. Vergoldung, Mischung eines mir zugehörigen Stoffes mit anderen Materien, Anspülung oder auch Veränderung des anstoßenden Strombettes, und dadurch geschehende Erweiterung meines Bodens usw.). Ob aber der erwerbliche Boden sich noch weiter als das Land, nämlich auch auf eine Strecke des Seegrundes hinaus (das Recht noch an meinen Ufern zu fischen oder Bernstein herauszubringen u. dgl.), sich ausdehnen lasse, muß nach ebendenselben Grundsätzen beurteilt werden. So weit ich aus meinem Sitze mechanisches Vermögen habe, meinen Boden gegen den Eingriff Anderer zu sichern (z. B. soweit die Kanonen vom Ufer abreichen), gehört er zu meinem Besitz, und das Meer ist bis dahin geschlossen *(mare clausum)*. Da aber auf dem weiten Meere selbst kein Sitz möglich ist, so kann der Besitz auch nicht bis dahin ausgedehnt werden, und offene See ist frei *(mare liberum)*.
[270] Das Stranden aber, es sei der Menschen, oder der ihnen zugehörigen Sachen, kann, als unvorsätzlich, von dem Strandeigentümer nicht zum Erwerbrecht gezählt werden; weil es nicht Läsion (ja überhaupt kein Faktum) ist, und die Sache, die auf einen Boden geraten ist, der doch irgend einem angehört, nicht als *res nullius* behandelt werden kann. Ein Fluß dagegen kann, so weit der Besitz seines Ufers reicht, so gut wie ein jeder Landboden, unter obbenannten Einschränkungen ursprünglich von dem erworben werden,
70 der im Besitz beider Ufer ist.

13 gehört er zu] gehört zu

§ 17 <§ *16*> [267] *206*

Nur in einer bürgerlichen Verfassung kann etwas peremtorisch, dagegen im Naturzustande zwar auch, aber nur provisorisch, erworben werden

Alle Menschen sind ursprünglich in einem Gesamt-Besitz des Bodens der ganzen Erde *(communio fundi originaria)*, mit dem ihnen von Natur zustehenden Willen (eines jeden) denselben zu gebrauchen *(lex iusti)*, der, wegen der natürlich unvermeidlichen Entgegensetzung der Willkür des Einen gegen die des Anderen, allen Gebrauch desselben aufheben würde, wenn nicht jener zugleich das Gesetz für diese enthielte, nach welchem einem jeden ein besonderer Besitz auf dem gemeinsamen Boden bestimmt werden kann *(lex iuridica)*. Aber das austeilende Gesetz des Mein und Dein eines jeden am Boden kann, nach dem Axiom der äußeren Freiheit, nicht anders als aus einem ursprünglich und *a priori* vereinigten Willen (der zu dieser Vereinigung keinen rechtlichen Akt voraussetzt), mithin nur im bürgerlichen Zustande hervorgehen *(lex iustitiae distributivae)*, der allein was recht, was rechtlich und was rechtens ist, bestimmt. – In diesem Zustande aber, d.i. vor Gründung und doch in Absicht auf denselben, d.i. provisorisch, nach dem Gesetz der äußeren Erwerbung zu verfahren, ist Pflicht, folglich auch rechtliches Vermögen des Willens jedermann zu verbinden, den Akt der Besitznehmung und Zueignung, ob er gleich nur einseitig ist, als gültig anzuerkennen; mithin ist eine provisorische Erwerbung des Bodens mit allen ihren rechtlichen Folgen möglich.

Eine solche Erwerbung aber bedarf doch und hat auch eine Gunst des Gesetzes *(lex permissiva)*, in Ansehung der Bestimmung der Grenzen des rechtlich-möglichen Besitzes, für sich; weil sie vor dem rechtlichen Zustande vorhergeht und, als bloß dazu einleitend, noch nicht peremtorisch ist, welche Gunst sich aber nicht weiter erstreckt als bis zur Einwilligung Anderer (teilnehmender) zu Errichtung des letzteren, bei dem Widerstande derselben aber in diesen (den bürgerlichen) zu treten, und

19 In] ? Vor? *Vgl. auch* 64,25

solange derselbe währt, allen Effekt einer rechtmäßigen Erwerbung bei sich führt, weil dieser Ausgang auf Pflicht gegründet ist.

73 [271] 70

Zweiter Abschnitt
Vom persönlichen Recht

§ 18

Der Besitz der Willkür eines Anderen als Vermögen, sie durch die meine nach Freiheitsgesetzen zu einer gewissen Tat zu bestimmen (das äußere Mein und Dein in Ansehung der Kausalität eines Anderen), ist ein Recht (dergleichen ich mehrere gegen ebendieselbe Person oder gegen andere haben kann); der Inbegriff (das System) der Gesetze aber, nach welchen ich in diesem Besitz sein kann, das persönliche Recht, welches nur ein einziges ist.

Die Erwerbung eines persönlichen Rechts kann niemals ursprünglich und eigenmächtig sein (denn eine solche würde nicht dem Prinzip der Einstimmung der Freiheit meiner Willkür mit der Freiheit von jedermann gemäß, mithin unrecht sein). Ebenso kann ich auch nicht durch rechtswidrige Tat eines anderen *(facto iniusto alterius)* erwerben; denn wenn diese Läsion mir auch selbst widerfahren wäre, und ich von dem Anderen mit Recht Genugtuung fordern kann, so wird dadurch doch nur das Meine unvermindert erhalten, aber nichts über das, was ich schon vorher hatte, erworben.

Erwerbung durch die Tat eines Anderen, zu der ich diesen nach Rechtsgesetzen bestimme, ist also jederzeit von dem Seinen des Anderen abgeleitet, und diese Ableitung, als rechtlicher Akt, kann nicht durch diesen als einen negativen Akt, nämlich der Verlassung, oder einer auf das Seine geschehenen Verzichttuung (*per derelictionem aut renunciationem*), geschehen, denn dadurch wird nur das Seine eines oder des Anderen aufgehoben, aber nichts erworben, – sondern allein durch Übertragung *(translatio)*, welche nur durch einen gemeinschaftlichen Willen möglich ist, vermittelst dessen der Gegenstand immer in die Gewalt des Einen oder des Anderen kommt, alsdann Einer seinem Anteile an dieser Gemeinschaft entsagt, und so das Objekt durch Annahme desselben (mithin einen positiven Akt der Willkür) das Seine des Anderen wird. – Die Übertragung seines Eigentums an einen Anderen ist die Veräußerung. Der Akt der vereinigten Willkür zweier Personen, wodurch überhaupt das Seine des Einen auf den Anderen übergeht, ist der Vertrag.

§ 19 [272]

In jedem Vertrage sind zwei vorbereitende, und zwei konstituierende rechtliche Akte der Willkür; die beiden ersteren (die des Traktierens) sind das Angebot *(oblatio)* und die Billigung *(approbatio)* desselben; die beiden anderen (nämlich des Abschließens) sind das Versprechen *(promissum)* und die Annehmung *(acceptatio)*. – Denn ein Anerbieten kann nicht eher ein Versprechen heißen, als wenn ich vorher urteile, das Angebotene *(oblatum)* sei etwas, was dem Promissar angenehm sein könne; welches durch die zwei ersteren Deklarationen angezeigt, durch diese allein aber noch nichts erworben wird.

Aber weder durch den besonderen Willen des Promittenten, noch den des Promissars (als Acceptanten), geht das Seine des ersteren zu dem letzteren über, sondern nur durch den vereinigten Willen beider, mithin sofern beider Wille zugleich deklariert wird. Nun ist dies aber durch empirische Aktus der Deklaration, die einander notwendig in der Zeit folgen müssen, und niemals zugleich sind, unmöglich. Denn, wenn ich versprochen habe und der Andere nun acceptieren will, so kann ich während der Zwischenzeit (so kurz sie auch sein mag) es mich gereuen lassen, weil ich vor der Acceptation noch frei bin; so wie andererseits der Acceptant, eben darum, an seine auf das Versprechen folgende Gegenerklärung auch sich nicht für gebunden halten darf. – Die äußeren Förmlichkeiten *(solemnia)* bei Schließung

4 das Seine des Andern wird] das Seine wird

des Vertrags (der Handschlag oder die Zerbrechung eines von beiden Personen angefaßten Strohhalms [*stipula*]) und alle hin und her geschehene Bestätigungen seiner vorherigen Erklärung beweisen vielmehr die Verlegenheit der Paziszenten, wie und auf welche Art sie die immer nur aufeinander folgenden Erklärungen als in einem Augenblicke zugleich existierend vorstellig machen wollen, was ihnen doch nicht gelingt; weil es immer nur in der Zeit einander folgende Aktus sind, wo, wenn der eine Akt ist, der andere entweder noch nicht, oder nicht mehr ist.

Aber die transzendentale Deduktion des Begriffs der Erwerbung durch Vertrag kann allein alle diese Schwierigkeiten heben. In einem rechtlichen äußeren Verhältnisse wird meine Besitznehmung der Willkür eines Anderen (und so wechselseitig) als Bestimmungsgrund desselben zu einer Tat, zwar erst empirisch durch Erklärung und Gegenerklärung der Willkür eines jeden von beiden in der Zeit, als sinnlicher Bedingung der [273] Apprehension, gedacht, wo beide rechtliche Akte immer nur aufeinander folgen; weil jenes Verhältnis (als ein rechtliches) rein intellektuell ist, wird durch den Willen als ein gesetzgebendes Vernunftvermögen jener Besitz als ein intelligibeler *(possessio noumenon)* nach Freiheitsbegriffen mit Abstraktion von jenen empirischen Bedingungen als das Mein oder Dein vorgestellt, wo beide Akte, des Versprechens und der Annehmung, nicht als aufeinander folgend, sondern (gleich als *pactum re initum)* aus einem einzigen gemeinsamen Willen hervorgehend (welches durch das Wort zugleich ausgedrückt wird) und der Gegenstand *(promissum)* durch Weglassung der empirischen Bedingungen nach dem Gesetz der reinen praktischen Vernunft als erworben vorgestellt wird.

Daß dieses die wahre und einzig mögliche Deduktion des Begriffs der Erwerbung durch Vertrag sei, wird durch die mühselige und doch immer vergebliche Bestrebung der Rechtsforscher (z.B. Moses Mendelssohns in seinem *Jerusalem*) zur Beweisführung jener Möglichkeit hinreichend bestätigt. – Die Frage war: Warum soll ich mein Versprechen halten? Denn daß ich es soll, begreift ein

19 ist, wird durch] ist, durch

jeder von selbst. Es ist aber schlechterdings unmöglich, von diesem kategorischen Imperativ noch einen Beweis zu führen; eben so wie es für den Geometer unmöglich ist, durch Vernunftschlüsse zu beweisen, daß ich, um ein Dreieck zu machen, drei Linien nehmen müsse (ein analytischer Satz), deren zwei aber zusammengenommen größer sein müssen, als die dritte (ein synthetischer; beide aber *a priori*). Es ist ein Postulat der reinen (von allen sinnlichen Bedingungen des Raumes und der Zeit, was den Rechtsbegriff betrifft, abstrahierenden) Vernunft, und die Lehre der Möglichkeit der Abstraktion von jenen Bedingungen, ohne daß dadurch der Besitz desselben aufgehoben wird, ist selbst die Deduktion des Begriffs der Erwerbung durch Vertrag; so wie es in dem vorigen Titel die Lehre von der Erwerbung durch Bemächtigung der äußeren Sache war.

§ 20

Was ist aber das Äußere, das ich durch den Vertrag erwerbe? Da es nur die Kausalität der Willkür des Anderen in Ansehung einer mir versprochenen Leistung ist, so erwerbe ich dadurch unmittelbar nicht eine äußere Sache, sondern eine Tat desselben, dadurch jene Sache in meine Gewalt gebracht wird, damit ich sie zu der [274]
meinen mache. – Durch den Vertrag also erwerbe ich das Versprechen eines Anderen (nicht das Versprochene), und doch kommt etwas zu meiner äußeren Habe hinzu; ich bin vermögender *(locupletior)* geworden, durch Erwerbung einer aktiven Obligation auf die Freiheit und das Vermögen des anderen. – Dieses mein Recht aber ist nur ein persönliches, nämlich gegen eine bestimmte physische Person und zwar auf ihre Kausalität (ihre Willkür) zu wirken, mir etwas zu leisten, nicht ein Sachenrecht gegen diejenige moralische Person, welche nichts anderes als die Idee der *a priori* vereinigten Willkür aller ist, und wodurch ich allein ein Recht gegen jeden Besitzer derselben erwerben kann; als worin alles Recht in einer Sache besteht.

Die Übertragung des Meinen durch Vertrag geschieht nach dem Gesetz der Stetigkeit *(lex continui)*, d. i. der Besitz des Gegenstandes ist während diesem Akt keinen Augenblick unterbrochen, denn sonst würde ich in diesem Zustande einen Gegenstand als etwas, das keinen Besitzer hat *(res vacua)*, folglich ursprünglich erwerben; welches dem Begriff des Vertrages widerspricht. – Diese Stetigkeit aber bringt es mit sich, daß nicht eines von beiden *(promittentis et acceptantis)* besonderer, sondern ihr vereinigter Wille derjenige ist, welcher das Meine auf den Anderen überträgt; also nicht auf die Art: daß der Versprechende zuerst seinen Besitz zum Vorteil des Anderen verläßt *(derelinquit)*, oder seinem Recht entsagt *(renunciat)* und der Andere sogleich darin eintritt, oder umgekehrt. Die Translation ist also ein Akt, in welchem der Gegenstand einen Augenblick beiden zusammen angehört, so wie in der parabolischen Bahn eines geworfenen Steins dieser im Gipfel derselben einen Augenblick als im Steigen und Fallen zugleich begriffen betrachtet werden kann, und so allererst von der steigenden Bewegung zum Fallen übergeht.

§ 21

Eine Sache wird in einem Vertrage nicht durch Annehmung *(acceptatio)* des Versprechens, sondern nur durch Übergabe *(traditio)* des Versprochenen erworben. Denn alles Versprechen geht auf eine Leistung, und wenn das Versprochene eine Sache [275] ist, kann jene nicht anders entrichtet werden, als durch einen Akt, wodurch der Promissar vom Promittenten in den Besitz derselben gesetzt wird; d. i. durch die Übergabe. Vor dieser also und dem Empfang ist die Leistung noch nicht geschehen; die Sache ist von dem Einen zu dem Anderen noch nicht übergegangen, folglich von diesem nicht erworben worden, mithin das Recht aus einem Vertrage nur ein persönliches, und wird nur durch die Tradition ein dingliches Recht.

25 entrichtet] errichtet

Der Vertrag, auf den unmittelbar die Übergabe folgt *(pactum re initum)*, schließt alle Zwischenzeit zwischen der Schließung und Vollziehung aus, und bedarf keines besonderen noch zu erwartenden Akts, wodurch das Seine des Einen auf den Anderen übertragen wird. Aber, wenn zwischen jenen beiden noch eine (bestimmte oder unbestimmte) Zeit zur Übergabe bewilligt ist, fragt sich: ob die Sache schon vor dieser durch den Vertrag das Seine des Acceptanten geworden, und das Recht des letzteren ein Recht in der Sache sei, oder ob noch ein besonderer Vertrag, der allein die Übergabe betrifft, dazu kommen müsse, mithin das Recht durch die bloße Acceptation nur ein persönliches sei, und allererst durch die Übergabe ein Recht in der Sache werde? – Daß es sich hiermit wirklich so wie das letztere besagt, verhalte, erhellt aus nachfolgendem:

Wenn ich einen Vertrag über eine Sache, z. B. über ein Pferd, das ich erwerben will, schließe, und nehme es zugleich mit in meinen Stall oder sonst in meinen physischen Besitz, so ist es mein *(vi pacti re initi)*, und mein Recht ist ein Recht in der Sache; lasse ich es aber in den Händen des Verkäufers, ohne mit ihm darüber besonders auszumachen, in wessen physischem Besitz (Inhabung) diese Sache vor meiner Besitznehmung *(apprehensio)*, mithin vor dem Wechsel des Besitzes sein solle: so ist dieses Pferd noch nicht mein, und mein Recht, was ich erwerbe, ist nur ein Recht gegen eine bestimmte Person, nämlich den Verkäufer, von ihm in den Besitz gesetzt zu werden *(poscendi traditionem)* als subjektive Bedingung der Möglichkeit alles beliebigen Gebrauchs desselben, d. i. mein Recht ist nur ein persönliches Recht, von jenem die Leistung des Versprechens *(praestatio)*, mich in den Besitz der Sache zu setzen, zu fordern. Nun kann ich, wenn der Vertrag nicht zugleich die Übergabe (als *pactum re initum*) enthält, mithin eine Zeit zwischen dem Abschluß desselben und der Besitznehmung des Erworbenen verläuft, in dieser Zeit nicht anders zum Besitz gelangen als dadurch, daß ich einen besonderen recht- [276]
lichen, nämlich einen Besitzakt *(actum possessorium)*

ausübe, der einen besonderen Vertrag ausmacht, und dieser ist, daß ich sage: ich werde die Sache (das Pferd) abholen lassen, wozu der Verkäufer einwilligt. Denn daß dieser eine Sache zum Gebrauche eines Anderen auf eigene Gefahr in seine Gewahrsame nehmen werde, versteht sich nicht von selbst, sondern dazu gehört ein besonderer Vertrag, nach welchem der Veräußerer seiner Sache innerhalb der bestimmten Zeit noch immer Eigentümer bleibt (und alle Gefahr, die die Sache treffen möchte, tragen muß), der Erwerbende aber nur dann, wann er über diese Zeit zögert, von dem Verkäufer dafür angesehen werden kann, als sei sie ihm überliefert. Vor diesem Besitzakt ist also alles durch den Vertrag Erworbene nur ein persönliches Recht, und der Promissar kann ein äußere Sache nur durch Tradition erwerben.

92

[284] § 21a <*§ 31*>

101 Dogmatische Einteilung aller erwerblichen Rechte aus Verträgen

Von einer metaphysischen Rechtslehre kann gefordert werden, daß sie *a priori* die Glieder der Einteilung *(divisio logica)* vollständig und bestimmt aufzähle, und so ein wahres System derselben aufstelle; statt dessen alle empirische Einteilung bloß fragmentarisch *(partitio)* ist und es ungewiß läßt, ob es nicht noch mehr Glieder gebe, welche zur Ausfüllung der ganzen Sphäre des eingeteilten Begriffs erfordert würden. – Eine Einteilung nach einem Prinzip *a priori* (im Gegensatz der empirischen) kann man nun dogmatisch nennen.

Aller Vertrag besteht an sich, d.i. objektiv betrachtet, aus zwei rechtlichen Akten: dem Versprechen und der Annehmung desselben; die Erwerbung durch die letztere (wenn es nicht ein *pactum re initum* ist, welches Übergabe erfordert) ist nicht ein Teil, sondern die rechtlich notwendige Folge desselben. – Subjektiv aber erwogen, d.i. als Antwort auf die Frage: ob jene nach der Vernunft notwendige Folge (welche die Erwerbung sein sollte) auch wirklich erfolgen (physische Folge sein) werde, dafür habe ich durch die Annehmung des Versprechens noch keine Sicherheit. Diese ist also, als äußerlich zur Modalität des Vertrages, nämlich der Gewißheit der Erwerbung durch denselben, gehörend, ein Ergänzungsstück zur Vollständigkeit der Mittel zur Erreichung der Absicht des Vertrags, nämlich der Erwerbung. – Es treten zu diesem Behuf drei Personen auf: der Promittent, der Acceptant und der Kavent; durch welchen letzteren, und seinen besonderen Vertrag mit dem Promittenten, der Acceptant zwar nichts mehr in Ansehung des Objekts, aber doch der Zwangsmittel gewinnt, zu dem Seinen zu gelangen.

Nach diesen Grundsätzen der logischen (rationalen) Eintei- [285] lung gibt es nun eigentlich nur drei einfache und reine Vertragsarten; der vermischten aber und empirischen, welche zu den Prinzipien des Mein und Dein nach bloßen Vernunftgesetzen noch statutarische und konventionelle hinzutun, gibt es unzählige, sie liegen aber außerhalb dem Kreise der metaphysischen Rechtslehre, die hier allein verzeichnet werden soll.

Alle Verträge nämlich haben entweder, A. einseitigen Erwerb (wohltätiger Vertrag), oder, B. wechselseitigen (belästigter Vertrag), oder gar keinen Erwerb, sondern nur, C. Sicherheit des Seinen (der einerseits wohltätig, anderseits doch auch zugleich belästigend sein kann) zur Absicht.

A. Der WOHLTÄTIGE Vertrag *(pactum gratuitum)* ist:
- a) Die Aufbewahrung des anvertrauten Guts *(depositum)*.
- b) Das Verleihen einer Sache *(commodatum)*.
- c) Die Verschenkung *(donatio)*.

B. Der BELÄSTIGTE Vertrag:

I. Der Veräußerungsvertrag *(permutatio late sic dicta)*.
- a) Der Tausch *(permutatio stricte sic dicta)*: Ware gegen Ware.
- b) Der Kauf und Verkauf *(emtio, venditio)*: Ware gegen Geld.

15 statutarische] statuarische

c) Die Anleihe *(mutuum)*: Veräußerung einer Sache, unter der Bedingung, sie nur der Spezies nach wieder zu erhalten (z. B. Getreide gegen Getreide, oder Geld gegen Geld).

II. Der Verdingungsvertrag *(locatio, conductio)*.

a) Die Verdingung meiner Sache an einen Anderen zum Gebrauch derselben *(locatio rei)*; welche, wenn sie nur *in specie* wiedererstattet werden darf, als belästigter Vertrag, auch mit Verzinsung verbunden sein kann *(pactum usurarium)*.

b) Der Lohnvertrag *(locatio operae)*, d. i. die Bewilligung des Gebrauchs meiner Kräfte an einen Anderen für einen bestimmten Preis *(merces)*. Der Arbeiter nach diesem Vertrage ist der Lohndiener *(mercennarius)*.

c) Der Bevollmächtigungsvertrag *(mandatum)*: die Geschäftsführung an der Stelle und im Namen eines Anderen, welche, wenn sie bloß an des Anderen Stelle, nicht zugleich in seinem (des Vertretenen) Namen geführt wird, Geschäftsführung ohne Auftrag *(ge-*
[286] *stio negotii)*; wird sie aber im Namen des Anderen verrichtet, Mandat heißt, das hier, als Verdingungsvertrag, ein belästigter Vertrag *(mandatum onerosum)* ist.

C. Der Zusicherungsvertrag *(cautio)*:

a) Die Verpfändung und Pfandnehmung zusammen *(pignus)*.

b) Die Gutsagung für das Versprechen eines anderen *(fideiussio)*.

c) Die persönliche Verbürgung *(praestatio obsidis)*.

In dieser Tafel aller Arten der Übertragung *(translatio)* des Seinen auf einen Anderen finden sich Begriffe von Objekten oder Werkzeugen dieser Übertragung vor, welche ganz empirisch zu sein scheinen, und selbst ihrer Möglichkeit nach, in einer metaphysischen Rechtslehre, eigentlich nicht Platz haben, in der die Einteilungen nach Prinzipien *a priori* gemacht werden müs-

6 ff. a] α; b] β; c] γ 32 sein scheinen, und] sein, und

sen, mithin von der Materie des Verkehrs (welche konventionell sein könnte) abstrahiert, und bloß auf die Form gesehen werden muß, dergleichen der Begriff des Geldes, im Gegensatz mit aller anderen veräußerlichen Sache, nämlich der Ware, im Titel des Kaufs und Verkaufs, oder der eines Buchs ist. – Allein es wird sich zeigen, daß jener Begriff des größten und brauchbarsten aller Mittel des Verkehrs der Menschen mit Sachen, Kauf und Verkauf (Handel) genannt, imgleichen der eines Buchs, als das des größten Verkehrs der Gedanken, sich doch in lauter intellektuelle Verhältnisse auflösen lasse, und so die Tafel der reinen Verträge nicht durch empirische Beimischung verunreinigen dürfe.

I. Was ist Geld?

Geld ist eine Sache, deren Gebrauch nur dadurch möglich ist, daß man sie veräußert. Dies ist eine gute Namenerklärung desselben (nach Achenwall), nämlich hinreichend zur Unterscheidung dieser Art Gegenstände der Willkür von allen anderen; aber sie gibt uns keinen Aufschluß über die Möglichkeit einer solchen Sache. Doch sieht man soviel daraus: daß erstlich diese Veräußerung im Verkehr nicht als Verschenkung, sondern als zur wechselseitigen Erwerbung (durch ein *pactum onerosum*) beabsichtigt ist; zweitens daß, da es als ein (in einem Volke) allgemein beliebtes bloßes Mittel des Handels, was an sich keinen Wert hat, im Gegensatz einer Sache als Ware
(d.i. desjenigen, was einen solchen hat und sich auf das beson- [287]
dere Bedürfnis eines oder des anderen im Volke bezieht) gedacht wird, es alle Ware repräsentiert.

Ein Scheffel Getreide hat den größten direkten Wert als Mittel zu menschlichen Bedürfnissen. Man kann damit Tiere füttern, die uns zur Nahrung, zur Bewegung und zur Arbeit an unserer statt dienen, und dann auch vermittelst desselben also Menschen vermehren und erhalten, welche nicht allein jene Naturprodukte

31 statt dienen, und] statt und

immer wieder erzeugen, sondern auch durch Kunstprodukte allen unseren Bedürfnissen zu Hilfe kommen können; zur Verfertigung unserer Wohnung, Kleidung, ausgesuchtem Genusse und aller Gemächlichkeit überhaupt, welche die Güter der Industrie ausmachen. Der Wert des Geldes ist dagegen nur indirekt. Man kann es selbst nicht genießen oder als ein solches irgend wozu unmittelbar gebrauchen; aber doch ist es ein Mittel, was unter allen Sachen von der höchsten Brauchbarkeit ist.

Hierauf läßt sich vorläufig eine *Realdefinition* des Geldes gründen: es ist das allgemeine *Mittel den Fleiß der Menschen gegeneinander zu verkehren*, so: daß der Nationalreichtum, insofern er vermittelst des Geldes erworben worden, eigentlich nur die Summe des Fleißes ist, mit dem Menschen sich untereinander lohnen, und welcher durch das in dem Volk umlaufende Geld repräsentiert wird.

Die Sache nun, welche Geld heißen soll, muß also selbst soviel *Fleiß* gekostet haben, um sie hervorzubringen, oder auch anderen Menschen in die Hände zu schaffen, daß dieser demjenigen *Fleiß*, durch welchen die Ware (in Natur- oder Kunstprodukten) hat erworben werden müssen, und gegen welchen jener ausgetauscht wird, gleichkomme. Denn wäre es leichter, den Stoff, der Geld heißt, als die Ware anzuschaffen, so käme mehr Geld zu Markte, als Ware feil steht; und weil der Verkäufer mehr Fleiß auf seine Ware verwenden müßte als der Käufer, dem das Geld schneller zuströmt: so würde der Fleiß in Verfertigung der Ware und so das Gewerbe überhaupt mit dem Erwerbfleiß, der den öffentlichen Reichtum zur Folge hat, zugleich schwinden und verkürzt werden. – Daher können Banknoten und Assignaten nicht für Geld angesehen werden, ob sie gleich eine Zeit hindurch die Stelle desselben vertreten; weil es beinahe gar keine Arbeit kostet, sie zu verfertigen, und ihr Wert sich bloß auf die Meinung der ferneren Fortdauer der bisher gelungenen Umsetzung derselben in
[288] *Barschaft* gründet, welche bei einer etwaigen Entdeckung, daß die letztere nicht in einer zum leichten und sicheren Verkehr hinreichenden Menge da sei, plötzlich verschwindet und den Ausfall

23 Verkäufer] Käufer

der Zahlung unvermeidlich macht. – So ist der Erwerbfleiß derer, welche die Gold- und Silberbergwerke in Peru, oder Neumexiko anbauen, vornehmlich bei den so vielfältig mißlingenden Versuchen eines vergeblich angewandten Fleißes, im Aufsuchen der Erzgänge, wahrscheinlich noch größer, als der auf die Verfertigung der Waren in Europa verwendete, und würde als unvergolten, mithin von selbst nachlassend, jene Länder bald in Armut sinken lassen, wenn nicht der Fleiß Europens dagegen, eben durch diese Materialien gereizt, sich proportionierlich zugleich erweiterte, um bei jenen die Lust zum Bergbau, durch ihnen angebotene Sachen des Luxus, beständig rege zu erhalten; so daß immer Fleiß gegen Fleiß in Konkurrenz kommen.

Wie ist es aber möglich, daß das, was anfänglich Ware war, endlich Geld ward? Wenn ein großer und machthabender Vertuer einer Materie, die er anfangs bloß zum Schmuck und Glanz seiner Diener (des Hofes) brauchte (z. B. Gold, Silber, Kupfer, oder eine Art schöner Muschelschalen, Kauris, oder auch, wie in Kongo, eine Art Matten, Makuten genannt, oder wie am Senegal, Eisenstangen, und auf der Guineaküste selbst Negersklaven); d.i. wenn ein Landesherr die Abgaben von seinen Untertanen in dieser Materie (als Ware) einfordert, und die, deren Fleiß in Anschaffung derselben dadurch bewegt werden soll, mit eben denselben nach Verordnungen des Verkehrs unter und mit ihnen überhaupt (auf einem Markt oder einer Börse), wieder lohnt. – Dadurch allein hat (meinem Bedünken nach) eine Ware ein gesetzliches Mittel des Verkehrs des Fleißes der Untertanen untereinander und hiermit auch des Staatsreichtums, d.i. Geld, werden können.

Der intellektuelle Begriff, dem der empirische vom Gelde untergelegt ist, ist also der von einer Sache, die, im Umlauf des Besitzes begriffen *(permutatio publica)*, den Preis aller anderen Dinge (Waren) bestimmt, unter welche letztere sogar Wissenschaften, sofern sie Anderen nicht umsonst gelehrt werden, gehören; dessen Menge also in einem Volk die Begüterung *(opulentia)* desselben ausmacht. Denn Preis *(pretium)* ist das öffentliche Ur-

24 *Vor* wieder *scheint Text ausgefallen zu sein*

teil über den Wert *(valor)* einer Sache in Verhältnis auf die proportionierte Menge desjenigen, was das allgemeine stellvertretende Mittel der gegenseitigen Vertauschung des Fleißes (des Umlaufs) ist. – Daher werden, wo der Verkehr groß ist, weder [289] Gold noch Kupfer für eigentliches Geld, sondern nur für Ware gehalten; weil von dem ersteren zu wenig, vom anderen zu viel da ist, um es leicht in Umlauf zu bringen, und dennoch in so kleinen Teilen zu haben, als zum Umsatz gegen Ware, oder eine Menge derselben im kleinsten Erwerb nötig ist. Silber (weniger oder mehr mit Kupfer versetzt) wird daher im großen Verkehr der Welt für das eigentliche Material des Geldes und den Maßstab der Berechnung aller Preise genommen; die übrigen Metalle (noch viel mehr also die unmetallischen Materien) können nur in einem Volk von kleinem Verkehr stattfinden. – Die ersteren beiden, wenn sie nicht bloß gewogen, sondern auch gestempelt, d.i. mit einem Zeichen, für wieviel sie gelten sollen, versehen worden, sind gesetzliches Geld, d.i. Münze.

»Geld ist also (nach Adam Smith) derjenige Körper, dessen Veräußerung das Mittel und zugleich der Maßstab des Fleißes ist, mit welchem Menschen und Völker untereinander Verkehr treiben.« – Diese Erklärung führt den empirischen Begriff des Geldes dadurch auf den intellektuellen hinaus, daß sie nur auf die Form der wechselseitigen Leistungen im belästigten Vertrage sieht (und von dieser ihrer Materie abstrahiert), und so auf den Rechtsbegriff in der Umsetzung des Mein und Dein *(commutatio late sic dicta)* überhaupt, um die obige Tafel einer dogmatischen Einteilung *a priori*, mithin der Metaphysik des Rechts, als eines Systems, angemessen vorzustellen.

II. Was ist ein Buch?

Ein Buch ist eine Schrift (ob mit der Feder oder durch Typen auf wenig oder viel Blättern verzeichnet, ist hier gleichgültig), welche eine Rede vorstellt, die jemand durch sichtbare Sprachzeichen an das Publikum hält. – Der, welcher zu diesem in seinem eigenen Namen spricht, heißt der Schriftsteller *(autor)*.

Der, welcher durch eine Schrift im Namen eines Anderen (des Autors) öffentlich redet, ist der Verleger. Dieser, wenn er es mit Jenes seiner Erlaubnis tut, ist der rechtmäßige; tut er es aber ohne dieselbe, der unrechtmäßige Verleger, d. i. der Nachdrucker. Die Summe aller Kopien der Urschrift (Exemplare) ist der Verlag.

Der Büchernachdruck ist von Rechts wegen verboten

Schrift ist nicht unmittelbar Bezeichnung eines Begriffs (wie etwa ein Kupferstich, der als Porträt, oder ein Gipsabdruck, der als die Büste eine bestimmte Person vorstellt), sondern [290] eine Rede ans Publikum, d. i. der Schriftsteller spricht durch den Verleger öffentlich. – Dieser aber, nämlich der Verleger, spricht (durch seinen Werkmeister, [*operarius*] den Drukker) nicht in seinem eigenen Namen (denn sonst würde er sich für den Autor ausgeben), sondern im Namen des Schriftstellers, wozu er also nur durch eine ihm von dem letzteren erteilte Vollmacht *(mandatum)* berechtigt ist. – Nun spricht der Nachdrukker durch seinen eigenmächtigen Verlag zwar auch im Namen des Schriftstellers, aber ohne dazu Vollmacht zu haben *(gerit se mandatarium absque mandato)*; folglich begeht er an dem von dem Autor bestellten (mithin einzig rechtmäßigen) Verleger ein Verbrechen der Entwendung des Vorteils, den der letztere aus dem Gebrauch seines Rechts ziehen konnte und wollte *(furtum usus)*; also ist der Büchernachdruck von Rechts wegen verboten.

Die Ursache des rechtlichen Anscheins einer gleichwohl beim ersten Anblick so stark auffallenden Ungerechtigkeit, als der Büchernachdruck ist, liegt darin: daß das Buch einerseits ein körperliches Kunstprodukt *(opus mechanicum)* ist, was nachgemacht werden kann (von dem, der sich im rechtmäßigen Besitz eines Exemplars desselben befindet), mithin daran ein Sachenrecht statthat; andererseits aber ist das Buch auch bloße Rede des Verlegers ans Publikum, die dieser, ohne dazu Vollmacht vom Verfasser zu haben, öffentlich nicht nachsprechen darf *(praestatio operae)*, ein persönliches Recht, und nun besteht der Irrtum darin, daß beides miteinander verwechselt wird.

Die Verwechslung des persönlichen Rechts mit dem Sachenrecht ist noch in einem anderen, unter den Verdingungsvertrag gehörigen Fall (B. II. a), nämlich dem der Einmietung *(ius incolatus)*, ein Stoff zu Streitigkeiten. – Es fragt sich nämlich: ist der Eigentümer, wenn er sein an jemanden vermietetes Haus (oder seinen Grund) vor Ablauf der Mietszeit an einen Anderen verkauft, verbunden, die Bedingung der fortdauernden Miete dem Kaufkontrakte beizufügen, oder kann man sagen: Kauf bricht Miete (doch in einer durch den Gebrauch bestimmten Zeit der Aufkündigung)? – Im ersteren Falle hätte das Haus wirklich eine Belästigung *(onus)* auf sich liegend, ein Recht in dieser Sache, das der Mieter sich an derselben (dem Hause) erworben hätte;
[291] welches auch wohl geschehen kann (durch Ingrossation des Mietskontrakts auf das Haus), aber alsdann kein bloßer Mietskontrakt sein würde, sondern wozu noch ein anderer Vertrag (dazu sich nicht viel Vermieter verstehen würden) hinzukommen müßte. Also gilt der Satz: »Kauf bricht Miete«, d. i. das volle Recht in einer Sache (das Eigentum) überwiegt alles persönliche Recht, was mit ihm nicht zusammen bestehen kann; wobei doch die Klage aus dem Grunde des letzteren dem Mieter offen bleibt, ihn wegen des aus der Zerreißung des Kontrakts entspringenden Nachteils schadenfrei zu halten.

102
[276]
Dritter Abschnitt
84
Von dem auf dingliche Art persönlichen Recht

§ 22

Dieses Recht ist das des Besitzes eines äußeren Gegenstandes als einer Sache und des Gebrauchs desselben als einer Person. – Das Mein und Dein nach diesem Recht ist das häusliche und das Verhältnis in diesem Zustande ist das der Gemeinschaft freier Wesen, die durch den wechselseitigen Einfluß (der Person des Einen auf des Anderen) nach dem Prinzip der äußeren Freiheit (Kausalität) eine Gesellschaft von Gliedern eines Ganzen (in Gemeinschaft stehender Personen) ausmachen, welches das Hauswesen heißt. – Die Erwerbungsart dieses Zustandes und in demselben geschieht weder durch eigenmächtige Tat *(facto)*, noch durch bloßen Vertrag *(pacto)*, sondern durchs Gesetz *(lege)*, welches, weil es kein Recht in einer Sache, auch nicht ein bloßes Recht gegen eine Person, sondern auch ein Besitz derselben zugleich ist, ein über alles Sachen- und persönliche hinausliegendes Recht, nämlich das Recht der Menschheit in unserer eigenen Person sein muß, welches ein natürliches Erlaubnisgesetz zur Folge hat, durch dessen Gunst uns eine solche Erwerbung möglich ist.

§ 23 [277]

Die Erwerbung nach diesem Gesetz ist dem Gegenstande nach dreierlei: Der Mann erwirbt ein Weib, das Paar erwirbt Kinder und die Familie Gesinde. – Alles dieses Erwerbliche ist zugleich unveräußerlich, und das Recht des Besitzers dieser Gegenstände das allerpersönlichste.

Des Rechts der häuslichen Gesellschaft erster Titel: Das Eherecht

§ 24

Geschlechtsgemeinschaft *(commercium sexuale)* ist der wechselseitige Gebrauch, den ein Mensch von eines Anderen Geschlechtsorganen und Vermögen macht *(usus membrorum et facultatum sexualium alterius)*, und entweder ein natürlicher (wodurch seines Gleichen erzeugt werden kann), oder unnatürlicher Gebrauch, und dieser entweder an einer Person ebendesselben Geschlechts, oder einem Tiere von einer anderen als der

Menschen-Gattung; welche Übertretungen der Gesetze, unnatürliche Laster *(crimina carnis contra naturam)*, die auch unnennbar heißen, als Läsion der Menschheit in unserer eigenen Person, durch gar keine Einschränkungen und Ausnahmen wider die gänzliche Verwerfung gerettet werden können.

Die natürliche Geschlechtsgemeinschaft ist nun entweder die nach der bloßen tierischen Natur *(vaga libido, venus vulgivaga, fornicatio)* oder nach dem Gesetz. – Die letztere ist die Ehe *(matrimonium)*, d. i. die Verbindung zweier Personen verschiedenen Geschlechts zum lebenswierigen wechselseitigen Besitz ihrer Geschlechtseigenschaften. – Der Zweck, Kinder zu erzeugen und zu erziehen, mag immer ein Zweck der Natur sein, zu welchem sie die Neigung der Geschlechter gegeneinander einpflanzte; aber daß der Mensch, der sich verehelicht, diesen Zweck sich vorsetzen müsse, wird zur Rechtmäßigkeit dieser seiner Verbindung nicht erfordert; denn sonst würde, wenn das Kinderzeugen aufhört, die Ehe sich zugleich von selbst auflösen.

Es ist nämlich, auch unter Voraussetzung der Lust zum wechselseitigen Gebrauch ihrer Geschlechtseigenschaften, der Ehe-
[278] vertrag kein beliebiger, sondern durchs Gesetz der Menschheit notwendiger Vertrag; d. i., wenn Mann und Weib einander ihren Geschlechtseigenschaften nach wechselseitig genießen wollen, so müssen sie sich notwendig verehelichen, und dieses ist nach Rechtsgesetzen der reinen Vernunft notwendig.

§ 25

Denn der natürliche Gebrauch, den ein Geschlecht von den Geschlechtsorganen des Anderen macht, ist ein Genuß, zu dem sich ein Teil dem Anderen hingibt. In diesem Akt macht sich ein Mensch selbst zur Sache, welches dem Rechte der Menschheit in seiner eigenen Person widerstreitet. Nur unter der einzigen Bedingung ist dieses möglich, daß, indem die eine Person von der

31 in] an *Siehe auch »Anmerkungen des Herausgebers«*

Anderen gleich als Sache erworben wird, diese gegenseitig wiederum jene erwerbe; denn so gewinnt sie wiederum sich selbst und stellt ihre Persönlichkeit wieder her. Es ist aber der Erwerb eines Gliedmaßes am Menschen zugleich Erwerbung der ganzen Person, weil diese eine absolute Einheit ist; folglich ist die Hingebung und Annehmung eines Geschlechts zum Genuß des Anderen nicht allein unter der Bedingung der Ehe zulässig, sondern auch allein unter derselben möglich. Daß aber dieses persönliche Recht es doch zugleich auf dingliche Art sei, gründet sich darauf, weil, wenn eines der Eheleute sich verlaufen, oder sich in eines Anderen Besitz gegeben hat, das Andere es jederzeit und unweigerlich, gleich als eine Sache, in seine Gewalt zurückzubringen berechtigt ist.

§ 26

Aus denselben Gründen ist das Verhältnis der Verehelichten ein Verhältnis der Gleichheit des Besitzes, sowohl der Personen, die einander wechselseitig besitzen (folglich nur in Monogamie, denn in einer Polygamie gewinnt die Person, die sich weggibt, nur einen Teil desjenigen, dem sie ganz anheim fällt, und macht sich also zur bloßen Sache), als auch der Glücksgüter, wobei sie doch die Befugnis haben, sich, obgleich nur durch einen besonderen Vertrag, des Gebrauchs eines Teils derselben zu begeben.

Daß der Konkubinat keines zu Recht beständigen Kontrakts fähig sei, so wenig als die Verdingung einer Person zum einmaligen Genuß *(pactum fornicationis)*, folgt aus dem obigen Grunde. Denn was den letzteren Vertrag be- [279] trifft, so wird jedermann gestehen, daß die Person, welche ihn geschlossen hat, zur Erfüllung ihres Versprechens rechtlich nicht angehalten werden könnte, wenn es ihr gereuete; und so fällt auch der erstere, nämlich der des Konkubinats (als *pactum turpe*), weg, weil dieser ein Kontrakt der Verdingung *(locatio conductio)* sein würde, und zwar eines Gliedmaßes zum Gebrauch eines Anderen, mithin wegen der unzertrennlichen Einheit der Glieder an einer Person, diese sich selbst als Sache der Willkür des Anderen hingeben würde; daher jeder Teil den eingegangenen Vertrag mit dem Anderen aufheben kann, sobald es ihm beliebt, ohne daß der Andere über Läsion seines Rechts gegründete Beschwerde führen kann. – Eben dasselbe gilt auch von der Ehe an der linken Hand, um die Ungleichheit des Standes beider Teile zur größeren Herrschaft des einen Teils über den anderen zu benutzen; denn in der Tat ist sie nach dem bloßen Naturrecht vom Konkubinat nicht unterschieden, und keine wahre Ehe. – Wenn daher die Frage ist: ob es auch der Gleichheit der Verehelichten als solcher widerstreite, wenn das Gesetz von dem Manne in Verhältnis auf das Weib sagt: Er soll dein Herr (er der befehlende, sie der gehorchende Teil) sein, so kann dieses nicht als der natürlichen Gleichheit eines Menschenpaares widerstreitend angesehen werden, wenn dieser Herrschaft nur die natürliche Überlegenheit des Vermögens des Mannes über das weibliche in Bewirkung des gemeinschaftlichen Interesses des Hauswesens und das darauf gegründete Recht zum Befehl zum Grunde liegt, welches daher selbst aus der Pflicht der Einheit und Gleichheit in Ansehung des Zwecks abgeleitet werden kann.

§ 27

Der Ehe-Vertrag wird nur durch eheliche Beiwohnung *(copula carnalis)* vollzogen. Ein Vertrag zweier Personen beiderlei Geschlechts, mit dem geheimen Einverständnis, entweder sich der fleischlichen Gemeinschaft zu enthalten, oder mit dem Bewußtsein eines, oder beider Teile, dazu unvermögend zu sein, ist ein simulierter Vertrag und stiftet keine Ehe; kann auch durch jeden von Beiden nach Belieben aufgelöst werden. Tritt aber das Unvermögen nur nachher ein, so kann jenes Recht durch diesen unverschuldeten Zufall nichts einbüßen.

20 das darauf gegründete Recht] des darauf gegründeten Rechts

Die Erwerbung einer Gattin oder eines Gatten geschieht [280] also nicht *facto* (durch die Beiwohnung) ohne vorhergehenden Vertrag, auch nicht *pacto* (durch den bloßen ehelichen Vertrag ohne nachfolgende Beiwohnung), sondern nur *lege*: d.i. als rechtliche Folge aus der Verbindlichkeit, in eine Geschlechtsverbindung nicht anders, als vermittelst des wechselseitigen Besitzes der Personen, als welcher nur durch den gleichfalls wechselseitigen Gebrauch ihrer Geschlechtseigentümlichkeiten seine Wirklichkeit erhält, zu treten.

Des Rechts der häuslichen Gesellschaft zweiter Titel: Das Elternrecht

§ 28

Gleichwie aus der Pflicht des Menschen gegen sich selbst, d.i. gegen die Menschheit in seiner eigenen Person ein Recht *(ius personale)* beider Geschlechter entsprang, sich, als Personen wechselseitig einander, auf dingliche Art, durch Ehe zu erwerben: so folgt, aus der Zeugung in dieser Gemeinschaft, eine Pflicht der Erhaltung und Versorgung in Absicht auf ihr Erzeugnis; d.i. die Kinder, als Personen, haben hiermit zugleich ein ursprünglich-angeborenes (nicht angeerbtes) Recht auf ihre Versorgung durch die Eltern, bis sie vermögend sind, sich selbst zu erhalten; und zwar durchs Gesetz *(lege)* unmittelbar, d.i. ohne daß ein besonderer rechtlicher Akt dazu erforderlich ist.

Denn da das Erzeugte eine Person ist, und es unmöglich ist, sich von der Erzeugung eines mit Freiheit begabten Wesens durch eine physische Operation einen Begriff zu machen*: so ist es eine

* Selbst nicht, wie es möglich ist, daß Gott freie Wesen erschaffe; denn da wären, wie es scheint, alle künftigen Handlungen derselben, durch jenen ersten Akt vorherbestimmt, in der Kette der Naturnotwendigkeit enthalten, mithin nicht frei. Daß sie aber (wir Menschen) doch frei sind, beweist der kategorische Imperativ in moralisch-praktischer Absicht, wie durch einen Machtspruch der Vernunft, ohne daß diese

[281] in praktischer Hinsicht ganz richtige und auch notwendige Idee, den Akt der Zeugung als einen solchen anzusehen, wodurch wir eine Person ohne ihre Einwilligung auf die Welt gesetzt, und eigenmächtig in sie herübergebracht haben; für welche Tat auf den Eltern nun auch eine Verbindlichkeit haftet, sie, so viel in ihren Kräften ist, mit diesem ihrem Zustande zufrieden zu machen. – Sie können ihr Kind nicht gleichsam als ihr Gemächsel (denn ein solches kann kein mit Freiheit begabtes Wesen sein) und als ihr Eigentum zerstören oder es auch nur dem Zufall überlassen, weil sie an ihm nicht bloß ein Weltwesen, sondern auch einen Weltbürger in einen Zustand herüber zogen, der ihnen nun auch nach Rechtsbegriffen nicht gleichgültig sein kann.

doch die Möglichkeit dieses Verhältnisses einer Ursache zur Wirkung in theoretischer begreiflich machen kann, weil beide übersinnlich sind. – Was man ihr hierbei allein zumuten kann, wäre bloß: daß sie beweise, es sei in dem Begriffe von einer Schöpfung freier Wesen kein Widerspruch; und dieses kann dadurch gar wohl geschehen, daß gezeigt wird:
[281] der Widerspruch ereigne sich nur dann, wenn mit der Kategorie der Kausalität zugleich die Zeitbedingung, die im Verhältnis zu Sinnenobjekten nicht vermieden werden kann (daß nämlich der Grund einer Wirkung vor dieser vorhergehe), auch in das Verhältnis des Übersinnlichen zueinander hinübergezogen wird (welches auch wirklich, wenn jener Kausalbegriff in theoretischer Absicht objektive Realität bekommen soll, geschehen müßte); er – der Widerspruch – aber verschwinde, wenn in moralisch-praktischer, mithin nicht-sinnlicher Absicht, die reine Kategorie (ohne ein ihr untergelegtes Schema) im Schöpfungsbegriffe gebraucht wird.

Der philosophische Rechtslehrer wird diese Nachforschung bis zu den ersten Elementen der Transzendentalphilosophie in einer Metaphysik der Sitten nicht für unnötige Grübelei erklären, die sich in zwecklose Dunkelheit verliert, wenn er die Schwierigkeit der zu lösenden Aufgabe und doch auch die Notwendigkeit, hierin den Rechtsprinzipien genug zu tun, in Überlegung zieht.

10 weil sie an] weil an 11 auch einen] auch ein

§ 29

Aus dieser Pflicht entspringt auch notwendig das Recht der Eltern zur Handhabung und Bildung des Kindes, solange es des eigenen Gebrauchs seiner Gliedmaßen, imgleichen des Verstandesgebrauchs, noch nicht mächtig ist, außer der Ernährung und Pflege es zu erziehen, und sowohl pragmatisch, damit es künftig sich selbst erhalten und fortbringen könne, als auch moralisch, weil sonst die Schuld ihrer Verwahrlosung auf die Eltern fallen würde, es zu bilden; alles bis zur Zeit der Entlassung *(emancipatio)*, da diese, sowohl ihrem väterlichen Recht zu befehlen, als auch allem Anspruch auf Kostenerstattung für ihre bisherige Verpflegung und Mühe entsagen, wofür, und nach vollendeter Erziehung, sie der Kinder ihre Verbindlichkeit (gegen die Eltern) nur als bloße Tugendpflicht, nämlich als Dankbarkeit in Anschlag bringen können.

Aus dieser Persönlichkeit der ersteren folgt nun auch, daß, da [282] die Kinder nie als Eigentum der Eltern angesehen werden können, aber doch zum Mein und Dein derselben gehören (weil sie gleich den Sachen im Besitz der Eltern sind und aus jedes Anderen Besitz, selbst wider ihren Willen, in diesen zurückgebracht werden können), das Recht der ersteren kein bloßes Sachenrecht, mithin nicht veräußerlich *(ius personalissimum)*, aber auch nicht ein bloß persönliches, sondern ein auf dingliche Art persönliches Recht ist.

Hierbei fällt also in die Augen, daß der Titel eines auf dingliche Art persönlichen Rechts in der Rechtslehre noch über dem des Sachen- und persönlichen Rechts notwendig hinzukommen müsse, jene bisherige Einteilung also nicht vollständig gewesen ist, weil, wenn von dem Recht der Eltern an den Kindern, als einem Stück ihres Hauses, die Rede ist, jene sich nicht bloß auf die Pflicht der Kinder berufen dürfen, zurückzukehren, wenn sie entlaufen sind, sondern sich ihrer als Sachen (verlaufener Haustiere) zu bemächtigen, und sie einzufangen berechtigt sind.

16 dieser] ? der?

Des Rechts der häuslichen Gesellschaft dritter Titel: Das Hausherrenrecht

§ 30

Die Kinder des Hauses, die mit den Eltern zusammen eine Familie ausmachten, werden, auch ohne allen Vertrag der Aufkündigung ihrer bisherigen Abhängigkeit, durch die bloße Gelangung zu dem Vermögen ihrer Selbsterhaltung (so wie es, teils als natürliche Volljährigkeit, dem allgemeinen Laufe der Natur überhaupt, teils ihrer besonderen Naturbeschaffenheit gemäß, eintritt), mündig *(maiorennes)*, d.i. ihre eigenen Herren *(sui iuris)*, und erwerben dieses Recht ohne besonderen rechtlichen Akt, mithin bloß durchs Gesetz *(lege)*. Sie sind den Eltern für ihre Erziehung nichts schuldig, so wie gegenseitig die letzteren ihrer Verbindlichkeit gegen diese auf ebendieselbe Art loswerden, hiermit beide ihre natürliche Freiheit gewinnen oder wiedergewinnen, – die häusliche Gesellschaft aber, welche nach dem Gesetz notwendig war, nunmehr aufgelöst wird.

Beide Teile können nun wirklich ebendasselbe Hauswesen,
[283] aber in einer anderen Form der Verpflichtung, nämlich als Verknüpfung des Hausherrn mit dem Gesinde (den Dienern oder Dienerinnen des Hauses), mithin eben diese häusliche Gesellschaft, aber jetzt als hausherrliche *(societas herilis)* erhalten, durch einen Vertrag, den der erstere mit den mündig gewordenen Kindern, oder, wenn die Familie keine Kinder hat, mit anderen freien Personen (der Hausgenossenschaft) schließt, womit sie eine häusliche Gesellschaft stiften, welche eine ungleiche Gesellschaft (des Gebietenden, oder der Herrschaft, und der Gehorchenden, d.i. der Dienerschaft, *imperantis et subiecti domestici*) sein würde.

Das Gesinde gehört nun zu dem Seinen des Hausherrn, und zwar was die Form (den Besitzstand) betrifft, gleich als nach einem Sachenrecht; denn der Hausherr kann, wenn es ihm ent-

12 *(lege)*. Sie sind] *(lege)* – sind 25–26 (Hausgenossenschaft) schließt, womit sie eine] (Hausgenossenschaft) eine

läuft, es durch einseitige Willkür in seine Gewalt bringen; was aber die Materie betrifft, d. i. welchen Gebrauch er von diesen seinen Hausgenossen machen kann, so kann er sich nie als Eigentümer desselben *(dominus servi)* betragen: weil er nur durch Vertrag unter seine Gewalt gebracht ist, ein Vertrag aber, durch den ein Teil zum Vorteil des Anderen auf seine ganze Freiheit Verzicht tut, mithin aufhört, eine Person zu sein, folglich auch keine Pflicht hat, einen Vertrag zu halten, sondern nur Gewalt anerkennt, in sich selbst widersprechend, d. i. null und nichtig ist. (Von dem Eigentumsrecht gegen den, der sich durch ein Verbrechen seiner Persönlichkeit verlustig gemacht hat, ist hier nicht die Rede.)

Dieser Vertrag also der Hausherrschaft mit dem Gesinde, kann nicht von solcher Beschaffenheit sein, daß der Gebrauch desselben ein Verbrauch sein würde, worüber das Urteil aber nicht bloß dem Hausherrn, sondern auch der Dienerschaft (die also nie Leibeigenschaft sein kann) zukommt; kann also nicht auf lebenslängliche, sondern allenfalls nur auf unbestimmte Zeit, binnen der ein Teil dem anderen die Verbindung aufkündigen darf, geschlossen werden. Die Kinder aber (selbst die eines durch sein Verbrechen zum Sklaven Gewordenen) sind jederzeit frei. Denn frei geboren ist jeder Mensch, weil er noch nichts verbrochen hat, und die Kosten der Erziehung bis zu seiner Volljährigkeit können ihm auch nicht als eine Schuld angerechnet werden, die er zu tilgen habe. Denn der Sklave müßte, wenn er könnte, seine Kinder auch erziehen, ohne ihnen dafür Kosten zu verrechnen; der Besitzer des Sklaven tritt also, bei dieses seinem Unvermögen, in die Stelle seiner Verbindlichkeit.

Man sieht also auch hier, wie unter beiden vorigen Titeln, daß [284]
es ein auf dingliche Art persönliches Recht (der Herrschaft über das Gesinde) gebe; weil man sie zurückholen und als das äußere Seine von jedem Besitzer abfordern kann, ehe noch die Gründe, welche sie dazu vermocht haben mögen, und ihr Recht untersucht werden dürfen. *84*

<*§ 31*>

[291] Episodischer Abschnitt
92 Von der idealen Erwerbung eines äußeren Gegenstandes der Willkür

§ 32

Ich nenne diejenige Erwerbung ideal, die keine Kausalität in der Zeit enthält, mithin eine bloße Idee der reinen Vernunft zum Grunde hat. Sie ist nichtsdestoweniger wahre, nicht eingebildete, Erwerbung und heißt nur darum nicht real, weil der Erwerbakt nicht empirisch ist, indem das Subjekt von einem Anderen, der entweder noch nicht ist (von dem man bloß die Möglichkeit annimmt, daß er sei), oder, indem dieser eben aufhört zu sein, oder, wenn er nicht mehr ist, erwirbt, mithin die Gelangung zum Besitz eine bloße praktische Idee der Vernunft ist. – Es sind die drei Erwerbungsarten: 1. durch Ersitzung, 2. durch Beerbung, 3. durch unsterbliches Verdienst *(meritum immortale)*, d.i. der Anspruch auf den guten Namen nach dem Tode. Alle drei können zwar nur im öffentlichen rechtlichen Zustande ihren Effekt haben, gründen sich aber nicht nur auf der Konstitution desselben und willkürlichen Statuten, sondern sind auch *a priori* im Naturzustande, und zwar notwendig zuvor, denkbar, um hernach die Gesetze in der bürgerlichen Verfassung danach einzurichten *(sunt iuris naturae)*.

I. Die Erwerbungsart durch Ersitzung

§ 33

Ich erwerbe das Eigentum eines Anderen bloß durch den langen Besitz *(usucapio)*; nicht weil ich dieses seine Einwilligung
[292] dazu rechtmäßig voraussetzen darf *(per consensum praesumtum)*, noch weil ich, da er nicht widerspricht, annehmen kann, er habe seine Sache aufgegeben *(rem derelictam)*, sondern, weil, wenn es auch einen wahren und auf diese Sache als Eigentümer Anspruch machenden (Prätendenten) gäbe, ich ihn doch bloß

durch meinen langen Besitz ausschließen, sein bisheriges Dasein ignorieren, und gar, als ob er zur Zeit meines Besitzes nur als Gedankending existierte, verfahren darf; wenn ich gleich von seiner Wirklichkeit sowohl als der seines Anspruchs hinterher benachrichtigt sein möchte. – Man nennt diese Art der Erwerbung, nicht ganz richtig, die durch Verjährung *(per praescriptionem)*; denn die Ausschließung ist nur als die Folge von jener anzusehen; die Erwerbung muß vorhergegangen sein. – Die Möglichkeit, auf diese Art zu erwerben, ist nun zu beweisen.

Wer nicht einen beständigen Besitzakt *(actus possessorius)* einer äußeren Sache, als der seinen, ausübt, wird mit Recht als einer, der (als Besitzer) gar nicht existiert, angesehen; denn er kann nicht über Läsion klagen, solange er sich nicht zum Titel eines Besitzers berechtigt; und wenn er sich hintennach, da schon ein Anderer davon Besitz genommen hat, auch dafür erklärte, so sagt er doch nur, er sei ehedem einmal Eigentümer gewesen, aber nicht er sei es noch, und der Besitz sei ohne einen kontinuierlichen rechtlichen Akt ununterbrochen geblieben. – Es kann also nur ein rechtlicher und zwar sich kontinuierlich erhaltender und dokumentierter Besitzakt sein, durch welchen er, bei einem langen Nichtgebrauch, sich das Seine sichert.

Denn setzet: die Versäumung dieses Besitzakts hätte nicht die Folge, daß ein Anderer auf seinen gesetzmäßigen und ehrlichen Besitz *(possessio bonae fidei)* einen zu Recht beständigen *(possessio irrefragabilis)* gründe, und die Sache, die in seinem Besitz ist, als von ihm erworben ansehe, so würde gar keine Erwerbung peremtorisch (gesichert), sondern alle nur provisorisch (einstweilig) sein; weil die Geschichtskunde ihre Nachforschung bis zum ersten Besitzer und dessen Erwerbakt hinauf zurückzuführen nicht vermögend ist. – Die Präsumtion, auf welcher sich die Ersitzung *(usucapio)* gründet, ist also nicht bloß rechtmäßig (erlaubt, *iusta*) als Vermutung, sondern auch rechtlich *(praesumtio iuris et de iure)* als Voraussetzung nach Zwangsgesetzen *(suppositio legalis)*: wer seinen Besitzakt zu dokumentieren verabsäumt, hat seinen Anspruch auf den dermaligen Besitz verloren, wobei die

35 Besitz] Besitzer

[293] Länge der Zeit der Verabsäumung (die gar nicht bestimmt werden kann und darf) nur zum Behuf der Gewißheit dieser Unterlassung angeführt wird. Daß aber ein bisher unbekannter Besitzer, wenn jener Besitzakt (es sei auch ohne seine Schuld) unterbrochen worden, die Sache immer wiedererlangen (vindizieren) könne *(dominia rerum incerta facere)*, widerspricht dem obigen Postulat der rechtlich-praktischen Vernunft.

Nun kann ihm aber, wenn er ein Glied des gemeinen Wesens ist, d. i. im bürgerlichen Zustande, der Staat wohl seinen Besitz (stellvertretend) erhalten, ob dieser gleich als Privatbesitz unterbrochen war, und der jetzige Besitzer darf seinen Titel der Erwerbung bis zur ersten nicht beweisen noch auch sich auf den der Ersitzung gründen. Aber im Naturzustande ist der letztere rechtmäßig, nicht eigentlich eine Sache dadurch zu erwerben, sondern ohne einen rechtlichen Akt sich im Besitz derselben zu erhalten; welche Befreiung von Ansprüchen denn auch Erwerbung genannt zu werden pflegt. – Die Präskription des älteren Besitzers gehört also zum Naturrecht *(est iuris naturae)*.

II. Die Beerbung *(Acquisitio hereditatis)*

§ 34

Die Beerbung ist die Übertragung *(translatio)* – der Habe und des Guts eines Sterbenden auf den Überlebenden durch Zusammenstimmung des Willens beider. – Die Erwerbung des Erbnehmers *(heredis instituti)* und die Verlassung des Erblassers *(testatoris)*, d. i. dieser Wechsel des Mein und Dein, geschieht in einem Augenblick *(articulo mortis)*, nämlich, da der letztere eben aufhört zu sein, und ist also eigentlich keine Übertragung *(translatio)* im empirischen Sinn, welche zwei Aktus nacheinander, nämlich, wo der eine zuerst seinen Besitz verläßt, und darauf der andere darin eintritt, voraussetzt, sondern eine ideale Erwerbung. – Da die Beerbung ohne Vermächtnis *(dispositio ultimae voluntatis)* im Naturzustande nicht gedacht wer-

den kann, und es bei der Frage ob es ein Erbvertrag *(pactum successorium)* oder einseitige Erbeseinsetzung *(testamentum)* sei, darauf, ob und wie gerade in demselben Augenblick, da das Subjekt aufhört zu sein, ein Übergang des Mein und Dein möglich sei, ankommt, so muß die Frage: Wie ist die Erwerbart [294]
durch Beerbung möglich? von den mancherlei möglichen Formen ihrer Ausführung (die nur in einem gemeinen Wesen stattfinden) unabhängig untersucht werden.

»Es ist möglich, durch Erbeseinsetzung zu erwerben.« – Denn der Erblasser Cajus verspricht und erklärt in seinem letzten Willen dem Titius, der nichts von jenem Versprechen weiß, seine Habe solle im Sterbefall auf diesen übergehen, und bleibt also, solange er lebt, alleiniger Eigentümer derselben. Nun kann zwar durch den bloßen einseitigen Willen nichts auf den Anderen übergehen: sondern es wird über dem Versprechen noch Annehmung *(acceptatio)* des anderen Teils dazu erfordert und ein gleichzeitiger Wille *(voluntas simultanea)*, welcher jedoch hier mangelt; denn solange Cajus lebt, kann Titius nicht ausdrücklich akzeptieren, um dadurch zu erwerben; weil jener nur auf den Fall des Todes versprochen hat (denn sonst wäre das Eigentum einen Augenblick gemeinschaftlich, welches nicht der Wille des Erblassers ist). – Dieser aber erwirbt doch stillschweigend ein eigentümliches Recht an der Verlassenschaft als ein Sachenrecht, nämlich ausschließlich, sie zu acceptieren *(ius in re iacente)*, daher diese in dem gedachten Zeitpunkt *hereditas iacens* heißt. Da nun jeder Mensch notwendigerweise (weil er dadurch wohl gewinnen, nie aber verlieren kann) ein solches Recht, mithin auch stillschweigend akzeptiert und Titius nach dem Tode des Cajus in diesem Falle ist, so kann er die Erbschaft durch Annahme des Versprechens erwerben, und sie ist nicht etwa mittlerweile ganz herrenlos *(res nullius)*, sondern nur erledigt *(res vacua)* gewesen; weil er ausschließlich das Recht der Wahl hatte, ob er die hinterlassene Habe zu der seinigen machen wollte oder nicht. – Also sind die Testamente auch nach dem bloßen Naturrecht gültig *(sunt iuris*

1 und es bei der Frage, ob] und, ob 3 sei, darauf ob] sei, es bei der Frage, ob

naturae); welche Behauptung aber so zu verstehen ist, daß sie fähig und würdig seien im bürgerlichen Zustande (wenn dieser dereinst eintritt) eingeführt und sanktioniert zu werden. Denn nur dieser (der allgemeine Wille in demselben) bewahrt den Besitz der Verlassenschaft während dessen, daß diese zwischen der Annahme und der Verwerfung schwebt, und eigentlich keinem angehört.

[295] III. Der Nachlaß eines guten Namens nach dem Tode *(Bona fama defuncti)*

§ 35

Daß der Verstorbene nach seinem Tode (wenn er also nicht mehr ist) noch etwas besitzen könne, wäre eine Ungereimtheit zu denken, wenn der Nachlaß eine Sache wäre. Nun ist aber der gute Name ein angeborenes äußeres, obzwar bloß ideales Mein oder Dein, was dem Subjekt als einer Person anhängt, von deren Natur, ob sie mit dem Tode gänzlich aufhöre zu sein, oder immer noch als solche übrig bleibe, ich abstrahieren kann und muß, weil ich im rechtlichen Verhältnis auf Andere jede Person bloß nach ihrer Menschheit, mithin als *homo noumenon* wirklich betrachte, und so ist jeder Versuch, ihn nach dem Tode in üble falsche Nachrede zu bringen, immer bedenklich, obgleich eine gegründete Anklage desselben gar wohl stattfindet (mithin der Grundsatz: *de mortuis nihil nisi bene* unrichtig ist), weil gegen den Abwesenden, welcher sich nicht verteidigen kann, Vorwürfe auszustreuen, ohne die größte Gewißheit derselben, wenigstens ungroßmütig ist.

Daß durch ein tadelloses Leben und einen dasselbe beschließenden Tod der Mensch einen (negativ-)guten Namen als das Seine, welches ihm übrig bleibt, erwerbe, wenn er als *homo phaenomenon* nicht mehr existiert, und daß die Überlebenden (angehörige oder fremde) ihn auch vor Recht zu verteidigen befugt

31 Recht] ? Gericht?

sind (weil unerwiesene Anklage sie insgesamt wegen ähnlicher Begegnung auf ihren Sterbefall in Gefahr bringt), daß er, sage ich, ein solches Recht erwerben könne, ist eine sonderbare, nichtsdestoweniger unleugbare Erscheinung der *a priori* gesetzgebenden Vernunft, die ihr Gebot und Verbot auch über die Grenze des Lebens hinaus erstreckt. – Wenn jemand von einem Verstorbenen ein Verbrechen verbeitet, das diesen im Leben ehrlos oder nur verächtlich gemacht haben würde: so kann ein jeder, welcher einen Beweis führen kann, daß diese Beschuldigung vorsätzlich unwahr und gelogen sei, den, welcher jenen in böse Nachrede bringt, für einen Kalumnianten öffentlich erklären, mithin ihn selbst ehrlos machen; welches er nicht tun dürfte, wenn er nicht mit Recht voraussetzte, daß der Verstorbene dadurch beleidigt wäre, ob er gleich tot ist, und daß diesem durch jene Apologie Genugtuung widerfahre, ob er gleich nicht mehr existiert.* Die [296] Befugnis, die Rolle des Apologeten für den Verstorbenen zu spielen, darf dieser auch nicht beweisen; denn jeder Mensch maßt sie sich unvermeidlich an, als nicht bloß zur Tugendpflicht (ethisch betrachtet), sondern sogar zum Recht der Menschheit überhaupt

* Daß man aber hierbei ja nicht auf Voreempfindung eines künftigen Lebens und unsichtbare Verhältnisse zu abgeschiedenen Seelen schwärmerisch schließe, denn es ist hier von nichts weiter als dem rein moralischen und rechtlichen Verhältnis, was unter Menschen auch im Leben statthat, die Rede, worin sie als intelligibele Wesen stehen, indem man alles Physische (zu ihrer Existenz in Raum und Zeit Gehörende) logisch davon absondert, d.i. davon abstrahiert, nicht aber die Menschen diese ihre Natur ausziehen und sie Geister werden läßt, in welchem Zustande sie die Beleidigung durch ihre Verleumder fühlten. – Der, welcher nach hundert Jahren mir etwas Böses fälschlich nachsagt, beleidigt mich schon jetzt; denn im reinen Rechtsverhältnisse, welches ganz intellektuell ist, wird von allen physischen Bedingungen (der Zeit) abstrahiert, und der Ehrenräuber (Kalumniant) ist ebensowohl strafbar, als ob er es in meiner Lebzeit getan hätte; nur durch kein Kriminalgericht, sondern nur dadurch, daß ihm, nach dem Recht der Wiedervergeltung, durch die öffentliche Meinung derselbe Verlust der Ehre zugefügt wird, die er an einem anderen schmälerte. – Selbst das Plagiat, welches ein Schriftsteller an Verstorbenen verübt, ob es zwar die Ehre des Verstorbenen nicht befleckt, sondern diesem nur einen Teil derselben entwendet, wird doch mit Recht als Läsion desselben (Menschenraub) geahndet.

gehörig; und es bedarf hierzu keiner besonderen persönlichen Nachteile, die etwa Freunden und Anverwandten aus einem solchen Schandfleck am Verstorbenen erwachsen dürften, um jenen zu einer solchen Rüge zu berechtigen. – Daß also eine solche ideale Erwerbung und ein Recht des Menschen nach seinem Tode gegen die Überlebenden gegründet sei, ist nicht zu streiten, obschon die Möglichkeit desselben keiner Deduktion fähig ist.

DRITTES HAUPTSTÜCK

Von der subjektiv-bedingten Erwerbung durch den Ausspruch einer öffentlichen Gerichtsbarkeit

§ 36

Wenn unter Naturrecht nur das nicht-statutarische, mithin lediglich das *a priori* durch jedes Menschen Vernunft erkennbare Recht verstanden wird, so wird nicht bloß die zwischen Personen [297] in ihrem wechselseitigen Verkehr untereinander geltende Gerechtigkeit *(iustitia commutativa)*, sondern auch die austeilende *(iustitia distributiva)*, so wie sie nach ihrem Gesetze *a priori* erkannt werden kann, daß sie ihren Spruch *(sententia)* fällen müsse, gleichfalls zum Naturrecht gehören.

Die moralische Person, welche der Gerechtigkeit vorsteht, ist der Gerichtshof *(forum)*, und, im Zustande ihrer Amtsführung, das Gericht *(iudicium)*: alles nur nach Rechtsbedingungen *a priori* gedacht, ohne, wie eine solche Verfassung wirklich einzurichten und zu organisieren sei (wozu Statute, also empirische Prinzipien gehören), in Betrachtung zu ziehen.

Die Frage ist also hier nicht bloß, was ist an sich recht, wie nämlich hierüber ein jeder Mensch für sich zu urteilen habe, sondern was ist vor einem Gerichtshofe recht, d.i. was ist rechtens? und da gibt es vier Fälle, wo beiderlei Urteile verschieden und entgegengesetzt ausfallen, und dennoch nebeneinander bestehen können; weil sie aus zwei verschiedenen, beiderseits wahren Gesichtspunkten gefällt werden, das eine nach dem Privatrecht, das andere nach der Idee des öffentlichen Rechts. – Sie sind: 1. der Schenkungsvertrag *(pactum donationis)*; 2. der Leihvertrag *(commodatum)*; 3. die Wiedererlangung *(vindicatio)*; 4. die Vereidigung *(iuramentum)*.

Es ist ein gewöhnlicher Fehler der Erschleichung *(vitium subreptionis)* der Rechtslehrer, dasjenige rechtliche Prinzip, was ein Gerichtshof, zu seinem eigenen Behuf (also

25 das$_1$] die   25 das$_2$] die

in subjektiver Absicht), anzunehmen befugt, ja sogar verbunden ist, um über jedes Einem zustehende Recht zu sprechen und zu richten, auch objektiv, für das, was an sich selbst recht ist, zu halten: da das erstere doch von dem letzteren sehr unterschieden ist. – Es ist daher von nicht geringer Wichtigkeit, diese spezifische Verschiedenheit kennbar und darauf aufmerksam zu machen.

A. Von dem Schenkungsvertrag

§ 37

Dieser Vertrag *(donatio)*, wodurch ich das Mein, meine Sache (oder mein Recht) unvergolten *(gratis)* veräußere, enthält ein Verhältnis von mir, dem Schenkenden *(donans)*, zu einem An-
[298] deren, dem Beschenkten *(donatarius)*, nach dem Privatrecht, wodurch das Meine auf diesen durch Annehmung des letzteren *(donum)* übergeht. – Es ist aber nicht zu präsumieren, daß ich hierbei gemeint sei, zu der Haltung meines Versprechens gezwungen zu werden, und also auch meine Freiheit umsonst wegzugeben, und gleichsam mich selbst wegzuwerfen *(nemo suum iactare praesumitur)*, welches doch nach dem Recht im bürgerlichen Zustande geschehen würde; denn da kann der zu Beschenkende mich zu Leistung des Versprechens zwingen. Es müßte also, wenn die Sache vor Gericht käme, d.i. nach einem öffentlichen Recht, entweder präsumiert werden, der Verschenkende willigte zu diesem Zwange ein, welches ungereimt ist, oder der Gerichtshof sehe in seinem Spruch (Sentenz) gar nicht darauf, ob jener die Freiheit, von seinem Versprechen abzugehen, hat vorbehalten wollen, oder nicht, sondern auf das, was gewiß ist, nämlich das Versprechen und die Acceptation des Promissars. Wenn also gleich der Promittent, wie wohl vermutet werden kann, gedacht hat, daß, wenn es ihn noch vor der Erfüllung gereut, das Versprechen getan zu haben, man ihn daran nicht binden könne; so nimmt doch das Gericht an, daß er sich dieses ausdrücklich hätte vorbehalten müssen, und, wenn er es nicht getan

hat, zu Erfüllung des Versprechens könne gezwungen werden, und dieses Prinzip nimmt der Gerichtshof darum an, weil ihm sonst das Rechtsprechen unendlich erschwert, oder gar unmöglich gemacht werden würde.

B. Vom Leihvertrag

§ 38

In diesem Vertrage *(commodatum)*, wodurch ich jemandem den unvergoltenen Gebrauch des Meinigen erlaube, wo, wenn dieses eine Sache ist, die Paziszenten darin übereinkommen, daß dieser mir ebendieselbe Sache wiederum in meine Gewalt bringe, kann der Empfänger des Geliehenen *(commodatarius)* nicht zugleich präsumieren, der Eigentümer desselben *(commodans)* nehme auch alle Gefahr *(casus)* des möglichen Verlustes der Sache, oder ihrer ihm nützlichen Beschaffenheit, über sich, der daraus, daß er sie in den Besitz des Empfängers gegeben hat, entspringen könnte. Denn es versteht sich nicht von selbst, daß der Eigentümer außer dem Gebrauch seiner Sache, den er dem Lehnsempfänger bewilligt (dem von denselben unzertrennlichen Abbruche derselben), auch die Sicherstellung wider allen Schaden der ihm daraus entspringen kann, daß er sie aus seiner eige- [299] nen Gewahrsame gab, erlassen habe; sondern darüber müßte ein besonderer Vertrag gemacht werden. Es kann also nur die Frage sein: wem von beiden, dem Lehnsgeber oder Lehnsempfänger, es obliegt, die Bedingung der Übernehmung der Gefahr, die der Sache zustoßen kann, dem Leihvertrag ausdrücklich beizufügen, oder, wenn das nicht geschieht, von wem man die Einwilligung zur Sicherstellung des Eigentums des Lehnsgebers (durch die Zurückgabe derselben oder ein Äquivalent) präsumieren könne? Von dem Darleiher nicht; weil man nicht präsumieren kann, er habe mehr umsonst eingewilligt als den bloßen Gebrauch der Sache (nämlich nicht auch noch obenein die Sicherheit des Eigentums selber zu übernehmen), aber wohl von dem Lehnsnehmer; weil er da nichts mehr leistet, als gerade im Vertrage enthalten ist.

Wenn ich, z.B. bei einfallendem Regen, in ein Haus eintrete, und erbitte, mir einen Mantel zu leihen, der aber, etwa durch unvorsichtige Ausgießung abfärbender Materien aus dem Fenster, auf immer verdorben, oder, wenn er, indem ich ihn in einem anderen Hause, wo ich eintrete, ablege, mir gestohlen wird, so muß doch die Behauptung jedem Menschen als ungereimt auffallen, ich hätte nichts weiter zu tun, als jenen, so wie er ist, zurückzuschicken, oder den geschehenen Diebstahl nur zu melden; allenfalls sei es noch eine Höflichkeit, den Eigentümer dieses Verlustes wegen zu beklagen, da er aus seinem Recht nichts fordern könne. – Ganz anders lautet es, wenn ich bei der Erbittung dieses Gebrauchs zugleich auf den Fall, daß die Sache unter meinen Händen verunglückte, mir zum voraus erbäte, auch diese Gefahr zu übernehmen, weil ich arm und den Verlust zu ersetzen unvermögend wäre. Niemand wird das letztere überflüssig und lächerlich finden, außer etwa, wenn der Anleihende ein bekanntlich vermögender und wohldenkender Mann wäre, weil es alsdann beinahe Beleidigung sein würde, die großmütige Erlassung meiner Schuld in diesem Falle nicht zu präsumieren.

Da nun über das Mein und Dein aus dem Leihvertrage, wenn (wie es die Natur dieses Vertrages so mit sich bringt) über die mögliche Verunglückung *(casus)*, die die Sache treffen möchte, nichts verabredet worden – er also, weil die Einwilligung nur prä-
[300] sumiert worden, ein ungewisser Vertrag *(pactum incertum)* ist –, nicht aus den Bedingungen des Vertrages an sich selbst, sondern wie sie allein vor einem Gerichtshofe, der immer nur auf das Gewisse in jenem sieht (welches hier der Besitz der Sache als Eigentum ist), entschieden werden kann, so wird das Urteil darüber, d.i. die Entscheidung wen das Unglück treffen müsse, im Naturzustande, d.i. nach der Sache innerer Beschaffenheit, so lauten: der Schade aus der Verunglückung einer geliehenen Sache fällt auf den Beliehenen *(casum sentit commodatarius)*, dagegen im bürgerlichen, also vor einem Gerichtshofe, wird die

28 *Die Wörter* Urteil ... müsse *standen zwischen:* (pactum incertum) ist *und* nicht aus den Bedingungen. *Siehe auch »Anmerkungen des Herausgebers«*

Sentenz so ausfallen: der Schade fällt auf den Anleiher *(casum sentit dominus)*, und zwar aus dem Grunde verschieden von dem Ausspruche der bloßen gesunden Vernunft, weil ein öffentlicher Richter sich nicht auf Präsumtionen von dem, was der eine oder andere Teil gedacht haben mag, einlassen kann, sondern der, welcher sich nicht die Freiheit von allem Schaden an der geliehenen Sache durch einen besonderen angehängten Vertrag ausbedungen hat, diesen selbst tragen muß. – Also ist der Unterschied zwischen dem Urteile, wie es ein Gericht fällen müßte, und dem, was die Privatvernunft eines jeden für sich zu fällen berechtigt ist, ein durchaus nicht zu übersehender Punkt in Berichtigung der Rechtsurteile.

C. Von der Wiedererlangung (Rückbemächtigung) des Verlorenen *(vindicatio)*

§ 39

Daß eine fortdauernde Sache, die mein ist, mein bleibe, ob ich gleich nicht in der fortdauernden Inhabung derselben bin, und von selbst ohne einen rechtlichen Akt *(derelictionis vel alienationis)* mein zu sein nicht aufhöre, und daß mir ein Recht in dieser Sache *(ius reale)*, mithin gegen jeden Inhaber, nicht bloß gegen eine bestimmte Person *(ius personale)* zusteht, ist aus dem obigen klar. Ob aber dieses Recht auch von jedem Anderen, als ein für sich fortdauerndes Eigentum müsse angesehen werden, wenn ich demselben nur nicht entsagt habe, und die Sache in dem Besitz eines anderen ist, das ist nun die Frage.

Ist die Sache jemandem abhanden gekommen *(res amissa)* und so von einem Anderen auf ehrliche Art *(bona fide)*, als ein vermeinter Fund, oder durch förmliche Veräußerung des Besitzers, [301] der sich als Eigentümer führt, an mich gekommen, obgleich dieser nicht Eigentümer ist, so fragt sich, ob, da ich von einem Nichteigentümer *(a non domino)* eine Sache nicht erwerben

26 jemandem] mir

kann, ich durch jenen von allem Recht in dieser Sache ausgeschlossen werde, und bloß ein persönliches gegen den unrechtmäßigen Besitzer übrig behalte. – Das letztere ist offenbar der Fall, wenn die Erwerbung bloß nach ihren inneren berechtigenden Gründen (im Naturzustande), nicht nach der Konvenienz eines Gerichtshofes beurteilt wird.

Denn alles Veräußerliche muß von irgend jemand können erworben werden. Die Rechtmäßigkeit der Erwerbung aber beruht gänzlich auf der Form, nach welcher das, was im Besitz eines Anderen ist, auf mich übertragen und von mir angenommen wird, d. i. auf der Förmlichkeit des rechtlichen Akts des Verkehrs *(commutatio)* zwischen dem Besitzer der Sache und dem Erwerbenden, ohne daß ich fragen darf, wie jener dazu gekommen sei; weil dieses schon Beleidigung sein würde *(quilibet praesumitur bonus, donec etc.)*. Gesetzt nun, es ergäbe sich in der Folge, daß jener nicht Eigentümer sei, sondern ein Anderer, so kann ich nicht sagen, daß dieser sich geradezu an mich halten könnte (so wie auch an jeden Anderen, der Inhaber der Sache sein möchte). Denn ich habe ihm nichts entwandt, sondern z. B. das Pferd, was auf öffentlichem Markte feil geboten wurde, dem Gesetze gemäß *(titulo emti venditi)* erstanden; weil der Titel der Erwerbung meinerseits unbestritten ist, ich aber (als Käufer) den Titel des Besitzes des Anderen (des Verkäufers) nachzusuchen – da diese Nachforschung in der aufsteigenden Reihe ins Unendliche gehen würde – nicht verbunden, ja sogar nicht einmal befugt bin. Also bin ich, durch den gehörig betitelten Kauf, nicht der bloß putative, sondern der wahre Eigentümer des Pferdes geworden.

Hierwider erheben sich aber folgende Rechtsgründe: Alle Erwerbung von einem, der nicht Eigentümer der Sache ist *(a non domino)*, ist null und nichtig. Ich kann von dem Seinen eines Anderen nicht mehr auf mich ableiten, als er selbst rechtmäßig gehabt hat, und, ob ich gleich, was die Form der Erwerbung *(modus acquirendi)* betrifft, ganz rechtlich verfahre, wenn ich ein gestohlenes Pferd, was auf dem Markte feil steht, erhandle, so fehlt doch der Titel der Erwerbung; denn das Pferd war nicht das Seine des eigentlichen Verkäufers. Ich mag immer ein ehrlicher Besitzer desselben *(possessor bonae fidei)* sein, so bin ich doch nur ein sich dünkender Eigentümer *(dominus putativus)*, und der [302] wahre Eigentümer hat ein Recht der Wiedererlangung *(rem suam vindicandi)*.

Wenn gefragt wird, was (im Naturzustande) unter Menschen, nach Prinzipien der Gerechtigkeit im Verkehr derselben untereinander *(iustitia commutativa)*, in Erwerbung äußerer Sachen an sich rechtens sei, so muß man eingestehen: daß, wer dieses zur Absicht hat, durchaus nötig habe, noch nachzuforschen, ob die Sache, die er erwerben will, nicht schon einem Anderen angehöre; nämlich, wenn er gleich die formalen Bedingungen der Ableitung der Sache von dem Seinen des Anderen genau beobachtet (das Pferd auf dem Markte ordentlich erhandelt) hat, er dennoch höchstens nur ein persönliches Recht in Ansehung einer Sache *(ius ad rem)* habe erwerben können, solange es ihm noch unbekannt ist, ob nicht ein Anderer (als der Verkäufer) der wahre Eigentümer derselben sei; sodaß, wenn sich einer vorfindet, der sein vorhergehendes Eigentum daran dokumentieren könnte, dem vermeinten neuen Eigentümer nichts übrig bliebe, als den Nutzen, so er, als ehrlicher Besitzer, bisher daraus gezogen hat, bis auf diesen Augenblick rechtmäßig genossen zu haben. – Da nun in der Reihe der voneinander ihr Recht ableitenden sich dünkenden Eigentümer den schlechthin ersten (Stammeigentümer) auszufinden, mehrenteils unmöglich ist: so kann kein Verkehr mit äußeren Sachen, so gut er auch mit den formalen Bedingungen dieser Art von Gerechtigkeit *(iustitia commutativa)* übereinstimmen möchte, einen sicheren Erwerb gewähren.

Hier tritt nun wiederum die rechtlich-gesetzgebende Vernunft mit dem Grundsatz der distributiven Gerechtigkeit ein, die Rechtmäßigkeit des Besitzes, nicht wie sie an sich in Beziehung auf den Privatwillen eines jeden (im natürlichen Zustande), sondern nur wie sie vor einem Gerichtshofe, in einem durch den allgemein-vereinigten Willen entstandenen Zustande (in einem bürgerlichen) abgeurteilt werden würde, zur Richtschnur anzunehmen; wo alsdann die Übereinstimmung mit den formalen Bedingungen der Erwerbung, die an sich nur ein persönliches Recht begründen, zu Ersetzung der materialen Gründe (welche die Ableitung von dem Seinen eines vorhergehenden prätendierenden Eigentümers begründen) als hinreichend postuliert wird, und ein an sich persönliches Recht, vor einen Gerichtshof [303] gezogen, als ein Sachenrecht gilt, z. B. daß das Pferd, was auf öffentlichem, durchs Polizeigesetz geordneten Markt, jedermann feil steht, wenn alle Regeln des Kaufs und Verkaufs genau beobachtet worden, mein Eigentum werde (so doch, daß dem wahren Eigentümer das Recht bleibt, den Verkäufer, wegen seines älteren, unverwirkten Besitzes, in Anspruch zu nehmen), und mein sonst persönliches Recht in ein Sachenrecht, nach welchem ich das Meine, wo ich es finde, nehmen (vindizieren) darf, verwandelt wird, ohne mich auf die Art, wie der Verkäufer dazu gekommen, einzulassen.

Es geschieht also nur zum Behuf des Rechtsspruchs vor einem Gerichtshofe *(in favorem iustitiae distributivae)*, daß das Recht in Ansehung einer Sache nicht, wie es an sich ist (als ein persönliches), sondern wie es am leichtesten und sichersten abgeurteilt werden kann (als Sachenrecht), doch nach einem reinen Prinzip *a priori* angenommen und behandelt werde. – Auf diesem gründen sich nun nachher verschiedene statutarische Gesetze (Verordnungen), die vorzüglich zur Absicht haben, die Bedingungen, unter denen allein eine Erwerbungsart rechtskräftig sein soll, so zu stellen, daß der Richter das Seine einem jeden am leichtesten und unbedenklichsten zuerkennen könne; z. B. in dem Satz: Kauf bricht Miete, wo, was der Natur des Vertrags nach, d. i. an sich, ein Sachenrecht ist (die Miete), für ein bloß persönliches und umgekehrt, wie in dem obigen Fall, was an sich bloß ein persönliches Recht ist, für ein Sachenrecht gilt; wenn die Frage ist, auf welche Prinzipien ein Gerichtshof im bürgerlichen Zustande anzuweisen sei, um in seinen Aussprüchen, wegen des einem jeden zustehenden Rechts, am sichersten zu gehen.

D. Von der Erwerbung der Sicherheit durch Eidesablegung *(Cautio iuratoria)*

§ 40

Man kann keinen anderen Grund angeben, der rechtlich Menschen verbinden könnte, zu glauben und zu bekennen, daß es Götter gebe, als den, damit sie einen Eid schwören, und durch die Furcht vor einer allsehenden obersten Macht, deren Rache sie feierlich gegen sich aufrufen mußten, im Fall, daß ihre Aussage falsch wäre, genötigt werden könnten, wahrhaft im Aussagen und treu im Versprechen zu sein. Daß man hierbei nicht auf die [304] Moralität dieser beiden Stücke, sondern bloß auf einen blinden Aberglauben derselben rechnete, ist daraus zu ersehen, daß man sich von ihrer bloßen feierlichen Aussage vor Gericht in Rechtssachen keine Sicherheit versprach, obgleich die Pflicht der Wahrhaftigkeit in einem Fall, wo es auf das heiligste, was unter Menschen nur sein kann (aufs Recht der Menschen), ankommt, jedermann so klar einleuchtet, mithin bloße Märchen den Bewegungsgrund ausmachen: wie z.B. das unter den Rejangs, einem heidnischen Volke auf Sumatra, welche, nach Marsdens Zeugnis, bei den Knochen ihrer verstorbenen Anverwandten schwören, ob sie gleich gar nicht glauben, daß es noch ein Leben nach dem Tode gebe, oder der Eid der Guineaschwarzen bei ihrem Fetisch, etwa einer Vogelfeder, auf die sie sich vermessen, daß sie ihnen den Hals brechen solle u. dgl.. Sie glauben, daß eine unsichtbare Macht, sie mag nun Verstand haben oder nicht, schon ihrer Natur nach, diese Zauberkraft habe, die durch einen solchen Aufruf in Tat versetzt wird. Ein solcher Glaube, dessen Name Religion ist, eigentlich aber Superstition heißen sollte, ist aber für die Rechtsverwaltung unentbehrlich, weil, ohne auf ihn zu rechnen, der Gerichtshof nicht genugsam imstande wäre, geheim gehaltene Fakta auszumitteln, und Recht zu sprechen. Ein Gesetz, das hierzu verbindet, ist also offenbar nur zum Behuf der richtenden Gewalt gegeben.

31 Recht] recht

Aber nun ist die Frage: worauf gründet man die Verbindlichkeit, die jemand vor Gericht haben soll, eines Anderen Eid als zu Recht gültigen Beweisgrund der Wahrheit seines Vorgehens anzunehmen, der allem Hader ein Ende mache, d.i. was verbindet mich rechtlich, zu glauben, daß ein Anderer (der Schwörende) überhaupt Religion habe, um mein Recht auf seinen Eid ankommen zu lassen? Imgleichen umgekehrt: kann ich überhaupt verbunden werden zu schwören? Beides ist an sich unrecht.

Aber in Beziehung auf einen Gerichtshof, also im bürgerlichen Zustande, wenn man annimmt, daß es kein anderes Mittel gibt, in gewissen Fällen hinter die Wahrheit zu kommen, als den Eid, muß von der Religion vorausgesetzt werden, daß sie jeder habe, um sie, als ein Notmittel *(in casu necessitatis)*, zum Behuf des rechtlichen Verfahrens vor einem Gerichtshofe zu gebrauchen, welcher diesen Geisteszwang *(tortura spiritualis)* für ein behenderes und dem abergläubischen Hange der Menschen angemesseneres Mittel der Aufdeckung des Verborgenen, und sich darum für berechtigt hält, es zu gebrauchen. – Die gesetzgebende Gewalt handelt aber im Grunde unrecht, diese Befugnis der richterlichen zu erteilen; weil selbst im bürgerlichen Zustande ein [305] Zwang zu Eidesleistungen der unverlierbaren menschlichen Freiheit zuwider ist.

Wenn die Amtseide, welche gewöhnlich promissorisch sind, daß man nämlich den ernstlichen Vorsatz habe, sein Amt pflichtmäßig zu verwalten, in assertorische verwandelt würden, daß nämlich der Beamte etwa zu Ende eines Jahres (oder mehrerer) verbunden wäre, die Treue seiner Amtsführung während desselben zu beschwören: so würde dieses teils das Gewissen mehr in Bewegung bringen, als der Versprechungseid, welcher hinterher noch immer den inneren Vorwand übrig läßt, man habe, bei dem besten Vorsatz, die Beschwerden nicht vorausgesehen, die man nur nachher während der Amtsverwaltung erfahren habe, und die Pflichtübertretungen würden auch, wenn ihre Summierung durch Aufmerker bevorstände, mehr Besorgnis der Anklage wegen erregen, als wenn sie bloß eine nach der anderen (über welche die vorigen vergessen sind) gerügt würden. – Was aber das Beschwören des Glaubens *(de credulitate)* betrifft, so kann dieses gar nicht von einem Gericht verlangt werden. Denn erstlich enthält es in sich selbst einen Widerspruch: dieses Mittelding zwischen Meinen und Wissen, weil es so etwas ist, worauf man wohl zu wetten, keineswegs aber darauf zu schwören sich getrauen kann. Zweitens begeht der Richter, der solchen Glaubenseid dem Parten ansinnete, um etwas zu seiner Absicht Gehöriges, gesetzt es sei auch das gemeine Beste, auszumitteln, einen großen Verstoß an der Gewissenhaftigkeit des Eidleistenden, teils durch den Leichtsinn, zu dem er verleitet und wodurch der Richter seine eigene Absicht vereitelt, teils durch Gewissensbisse, die ein Mensch fühlen muß, der heute eine Sache, aus einem gewissen Gesichtspunkte betrachtet, sehr wahrscheinlich, morgen aber, aus einem anderen, ganz unwahrscheinlich finden kann, und lädiert also denjenigen, den er zu einer solchen Eidesleistung nötigt.

[illegible]

DER RECHTSLEHRE ZWEITER TEIL

DAS ÖFFENTLICHE RECHT

Übergang von dem Mein und Dein im Naturzustande zu dem im rechtlichen Zustande überhaupt

§ 41

Der rechtliche Zustand ist dasjenige Verhältnis der Menschen untereinander, welches die Bedingungen enthält, unter denen allein jeder seines Rechts teilhaftig werden kann, und das for- [306] male Prinzip der Möglichkeit desselben, nach der Idee eines allgemein gesetzgebenden Willens betrachtet, heißt die öffentliche Gerechtigkeit, welche in Beziehung, entweder auf die Möglichkeit, oder Wirklichkeit, oder Notwendigkeit des Besitzes der Gegenstände (als der Materie der Willkür) nach Gesetzen, in die beschützende *(iustitia tutatrix)*, die wechselseitig erwerbende *(iustitia commutativa)* und die austeilende Gerechtigkeit *(iustitia distributiva)* eingeteilt werden kann. – Das Gesetz sagt hierbei erstens, bloß welches Verhalten innerlich der Form nach recht ist *(lex iusti)*; zweitens, was der Materie nach auch äußerlich gesetzfähig, d. i. dessen Besitzstand rechtlich ist *(lex iuridica)*; drittens, was und wovon der Ausspruch vor einem Gerichtshofe in einem besonderen Falle unter dem gegebenen Gesetze diesem gemäß, d. i. rechtens ist *(lex iustitiae)*, wo man denn auch jenen Gerichtshof selbst die Gerechtigkeit eines Landes nennt, und, ob eine solche sei oder nicht sei, als die wichtigste unter allen rechtlichen Angelegenheiten gefragt werden kann.

Der nicht-rechtliche Zustand, d. i. derjenige, in welchem keine austeilende Gerechtigkeit ist, heißt der natürliche Zustand *(status naturalis)*. Ihm wird nicht der gesellschaftliche Zustand (wie Achenwall meint), und der ein künstlicher *(status artificialis)* heißen könnte, sondern der bürgerliche *(status ci-*

16–17 der Materie nach] als Materie noch 17 gesetzfähig] ? gesetzmäßig?

vilis) einer unter einer distributiven Gerechtigkeit stehenden Gesellschaft entgegengesetzt; denn es kann auch im Naturzustande rechtmäßige Gesellschaften (z. B. eheliche, väterliche, häusliche überhaupt und andere beliebige mehr) geben, von denen kein Gesetz *a priori* gilt: »Du sollst in diesen Zustand treten«, wie es wohl vom rechtlichen Zustande gesagt werden kann, daß alle Menschen, die miteinander (auch unwillkürlich) in Rechtsverhältnisse kommen können, in diesen Zustand treten sollen.

Man kann den ersteren und zweiten Zustand den des Privatrechts, den letzteren und dritten aber den des öffentlichen Rechts nennen. Dieses enthält nicht mehr, oder andere Pflichten der Menschen unter sich, als in jenem gedacht werden können; die Materie des Privatrechts ist ebendieselbe in beiden. Die Gesetze des letzteren betreffen also nur die rechtliche Form ihres Beisammenseins (Verfassung), in Ansehung deren diese Gesetze [307] notwendig als öffentliche gedacht werden müssen.

Selbst der bürgerliche Verein *(unio civilis)* kann nicht wohl eine Gesellschaft genannt werden; denn zwischen dem Befehlshaber *(imperans)* und dem Untertan *(subditus)* ist keine Mitgenossenschaft; sie sind nicht Gesellen, sondern einander untergeordnet, nicht beigeordnet und die sich einander beiordnen, müssen sich, eben deshalb, untereinander als gleich ansehen, sofern sie unter gemeinsamen Gesetzen stehen. Jener Verein ist also nicht sowohl als macht vielmehr eine Gesellschaft.

§ 42

Aus dem Privatrecht im natürlichen Zustande geht nun das Postulat des öffentlichen Rechts hervor: du sollst, im Verhältnisse eines unvermeidlichen Nebeneinanderseins, mit allen Anderen, aus jenem heraus, in einen rechtlichen Zustand, d. i. den einer austeilenden Gerechtigkeit, übergehen. – Der Grund davon läßt sich analytisch aus dem Begriffe des Rechts, im äußeren Verhältnis, im Gegensatz der Gewalt *(violentia)* entwickeln.

Niemand ist verbunden, sich des Eingriffs in den Besitz des

Anderen zu enthalten, wenn dieser ihm nicht gleichmäßig auch Sicherheit gibt, er werde ebendieselbe Enthaltsamkeit gegen ihn beobachten. Er darf also nicht abwarten, bis er etwa durch eine traurige Erfahrung von der entgegengesetzten Gesinnung des letzteren belehrt wird; denn was sollte ihn verbinden, allererst durch Schaden klug zu werden, da er die Neigung der Menschen überhaupt, über andere den Meister zu spielen (die Überlegenheit des Rechts anderer nicht zu achten, wenn sie sich, der Macht oder List nach, diesen überlegen fühlen) in sich selbst hinreichend wahrnehmen kann, und es ist nicht nötig, die wirkliche Feindseligkeit abzuwarten; er ist zu einem Zwange gegen den befugt, der ihm schon seiner Natur nach damit droht. *(Quilibet praesumitur malus, donec securitatem dederit oppositi.)*

Bei dem Vorsatze, in diesem Zustande äußerlich gesetzloser Freiheit zu sein und zu bleiben, tun sie einander auch gar nicht unrecht, wenn sie sich untereinander befehden; denn was dem Einen gilt, das gilt auch wechselseitig dem Anderen, gleich als durch eine Übereinkunft *(uti partes de iure suo disponunt, ita ius est)*; aber überhaupt tun sie im höchsten Grade daran unrecht*, in einem Zustande sein und bleiben zu wollen, der kein rechtli- [308]
cher ist, d. i. in dem Niemand des Seinen wider Gewalttätigkeit sicher ist. *127*

* Der Unterschied zwischen dem, was bloß formaliter, und dem, was auch materialiter unrecht ist, hat in der Rechtslehre mannigfaltigen Gebrauch. Der Feind, der, statt seine Kapitulation mit der Besatzung einer belagerten Festung ehrlich zu vollziehen, sie bei dieser ihrem Auszuge mißhandelt, oder sonst diesen Vertrag bricht, kann nicht über Unrecht kla- [308]
gen, wenn sein Gegner bei Gelegenheit ihm denselben Streich spielt. Aber sie tun überhaupt im höchsten Grade unrecht, weil sie dem Begriff des Rechts selber alle Gültigkeit nehmen, und alles der wilden Gewalt, gleichsam gesetzmäßig, überliefern, und so das Recht der Menschen überhaupt umstürzen.

[312] 128

§ 43 <*§ 44*>

Es ist nicht etwa die Erfahrung, durch die wir von der Maxime der Gewalttätigkeit der Menschen belehrt werden, und ihrer Bösartigkeit, sich, ehe eine äußere machthabende Gesetzgebung erscheint, einander zu befehden, also nicht etwa ein Faktum, welches den öffentlich gesetzlichen Zwang notwendig macht, sondern, sie mögen auch so gutartig und rechtliebend gedacht werden, wie man will, so liegt es doch *a priori* in der Vernunftidee eines solchen (nicht-rechtlichen) Zustandes, daß, bevor ein öffentlich gesetzlicher Zustand errichtet worden, vereinzelte Menschen, Völker und Staaten, niemals vor Gewalttätigkeit gegeneinander sicher sein können, und zwar aus jedes seinem eigenen Rechte zu tun, was ihm recht und gut dünkt, und hierin von der Meinung des Anderen nicht abzuhängen; mithin das Erste, was ihm zu beschließen obliegt, wenn er nicht allen Rechtsbegriffen entsagen will, der Grundsatz sei: man müsse aus dem Naturzustande, in welchem jeder seinem eigenen Kopfe folgt, herausgehen und sich mit allen anderen (mit denen in Wechselwirkung zu geraten er nicht vermeiden kann) dahin vereinigen, sich einem öffentlich gesetzlichen äußeren Zwange zu unterwerfen, also in einen Zustand treten, darin jedem das, was für das Seine anerkannt werden soll, gesetzlich bestimmt, und durch hinreichende Macht (die nicht die seinige, sondern eine äußere ist) zu Teil wird, d. i. er solle vor allen Dingen in einen bürgerlichen Zustand treten.

Zwar durfte sein natürlicher Zustand nicht eben darum ein Zustand der Ungerechtigkeit *(iniustus)* sein, einander nur nach dem bloßen Maße seiner Gewalt zu begegnen; aber es war doch ein Zustand der Rechtlosigkeit *(status iustitia vacuus)*, wo, wenn das Recht streitig *(ius controversum)* war, sich kein kompetenter Richter fand, rechtskräftig den Ausspruch zu tun, aus welchem nun in einen rechtlichen zu treten, ein jeder den Anderen mit Gewalt antreiben darf; weil, obgleich nach jedes seinen Rechtsbegriffen etwas Äußeres durch Bemächtigung oder Vertrag erworben werden kann, diese Erwerbung doch nur provisorisch ist, solange sie noch nicht die Sanktion eines öffentlichen Gesetzes für sich hat, weil sie durch keine öffentliche (distributive) Gerechtigkeit bestimmt, und durch keine dies Recht ausübende Gewalt gesichert ist.

Wollte man vor Eintretung in den bürgerlichen Zustand gar keine Erwerbung, auch nicht einmal provisorisch, für rechtlich erkennen, so würde jener selbst unmöglich sein. Denn, der Form nach, enthalten die Gesetze über das Mein [313] und Dein im Naturzustande ebendasselbe, was die im bürgerlichen vorschreiben, sofern dieser bloß nach reinen Vernunftbegriffen gedacht wird: nur daß im letzteren die Bedingungen angegeben werden, unter denen jene zur Ausübung (der distributiven Gerechtigkeit gemäß) gelangen. – Es würde also, wenn es im Naturzustande auch nicht provisorisch ein äußeres Mein und Dein gäbe, auch keine Rechtspflichten in Ansehung desselben, mithin auch kein Gebot geben, aus jenem Zustande herauszugehen.

129

§ 44 <*§ 43*> [311]

125

Der Inbegriff der Gesetze, die einer allgemeinen Bekanntmachung bedürfen, um einen rechtlichen Zustand hervorzubringen, ist das öffentliche Recht. – Dieses ist also ein System von Gesetzen für ein Volk, d. i. eine Menge von Menschen, oder für eine Menge von Völkern, die, im wechselseitigen Einflusse gegeneinander stehend, des rechtlichen Zustandes unter einem sie vereinigenden Willen, einer Verfassung *(constitutio)* bedürfen, um dessen, was Rechtens ist, teilhaftig zu werden. – Dieser Zustand der Einzelnen im Volke in Verhältnis untereinander heißt der bürgerliche *(status civilis)*, und das Ganze derselben in Beziehung auf seine eigenen Glieder der Staat *(civitas)*, welcher, seiner Form wegen, als verbunden durch das gemeinsame Interesse Aller, im rechtlichen Zustande zu sein, das gemeine Wesen *(res publica latius sic dicta)* genannt wird, in Verhältnis aber auf andere Völker eine Macht *(potentia)* schlechthin heißt (daher das Wort

28 eigenen] eigene

Potentaten), was sich auch wegen (anmaßlich) angeerbter Vereinigung ein Stammvolk *(gens)* nennt, und so, unter dem allgemeinen Begriffe des öffentlichen Rechts, nicht bloß das Staats-, sondern auch ein Völkerrecht *(ius gentium)* zu denken Anlaß gibt; welches dann, weil der Erdboden eine nicht grenzenlose, sondern sich selbst schließende Fläche ist, beides zusammen zu der Idee eines Völkerstaatsrechts *(ius civitatis gentium)* oder des Weltbürgerrechts *(ius cosmopoliticum)* unumgänglich hinleitet: so, daß, wenn unter diesen drei möglichen Formen des rechtlichen Zustandes, es nur einer an dem die äußere Freiheit durch Gesetze einschränkenden Prinzip fehlt, das Gebäude aller übrigen unvermeidlich untergraben werden, und endlich einstür-
126 zen muß.

7 (ius civitatis gentium)] (ius gentium). *Siehe auch »Anmerkungen des Herausgebers«*

DES ÖFFENTLICHEN RECHTS
ERSTER ABSCHNITT
Das Staatsrecht

§ 45 [313] *127*

Ein Staat *(civitas)* ist die Vereinigung einer Menge von Menschen unter Rechtsgesetzen. Sofern diese als Gesetze *a priori* notwendig, d.i. aus Begriffen des äußeren Rechts überhaupt von selbst folgend (nicht statutarisch) sind, ist seine Form die Form eines Staats überhaupt, d.i. der Staat in der Idee, wie er nach reinen Rechtsprinzipien sein soll, welche jeder wirklichen Vereinigung zu einem gemeinen Wesen (also im Inneren) zur Richtschnur *(norma)* dient.

Ein jeder Staat enthält drei Gewalten in sich, d.i. den allgemein vereinigten Willen in dreifacher Person *(trias politica)*: die Herrschergewalt (Souveränität), in der des Gesetzgebers, die vollziehende Gewalt, in der des Regierers (zufolge dem Gesetz) und die rechtsprechende Gewalt (als Zuerkennung des Seinen eines jeden nach dem Gesetz), in der Person des Richters *(potestas legislatoria, rectoria et iudiciaria)*, gleich den drei Sätzen in einem praktischen Vernunftschluß: dem Obersatz, der das Gesetz jenes Willens, dem Untersatz, der das Gebot des Verfahrens nach dem Gesetz, d.i. das Prinzip der Subsumtion unter denselben, und dem Schlußsatz, der den Rechtsspruch (die Sentenz) enthält, was ihm vorkommenden Falle Rechtens ist.

130

§ 46 <*§ 48*> [316] *135*

Die drei Gewalten im Staate sind also erstlich einander, als soviel moralische Personen, beigeordnet *(potestates coordinatae)*, d.i. die eine ist das Ergänzungsstück der anderen zur Vollständigkeit *(complementum ad sufficientiam)* der Staatsverfassung; aber, zweitens, auch einander untergeordnet *(subordinatae)*, so, daß eine nicht zugleich die Funktion der anderen, der sie zur Hand geht, usurpieren kann, sondern ihr eigenes Prinzip hat, d.i. zwar in der Qualität einer besonderen Person, aber doch unter der Bedingung des Willens einer oberen gebietet; drittens, durch Vereinigung beider jedem Untertanen sein Recht erteilend.

Von diesen Gewalten, in ihrer Würde betrachtet, wird es heißen: der Wille des Gesetzgebers *(legislatoris)* in Ansehung dessen, was das äußere Mein und Dein betrifft, ist untadelig (irreprehensibel), das Ausführungsvermögen des Oberbefehlshabers *(summi rectoris)* unwiderstehlich (irresistibel), und der Rechtsspruch des obersten Richters *(supremi iudicis)* unabänderlich (inappellabel).

132
[313]
129

§ 47 <*§ 46*>

Die gesetzgebende Gewalt kann nur dem vereinigten Willen des Volkes zukommen. Denn, da von ihr alles Recht ausgehen soll, so muß sie durch ihr Gesetz schlechterdings niemand unrecht tun können. Nun ist es, wenn jemand etwas gegen einen Anderen verfügt, immer möglich, daß er ihm dadurch unrecht tue, nie aber in dem, was er über sich selbst beschließt (denn *volenti non fit iniuria*). Also kann nur der übereinstimmende und
[314] vereinigte Wille Aller, sofern ein jeder über Alle und Alle über einen jeden ebendasselbe beschließen, mithin nur der allgemeinen vereinigte Volkswille gesetzgebend sein.

Die zur Gesetzgebung vereinigten Glieder einer solchen Gesellschaft *(societas civilis)*, d.i. eines Staats, heißen Staatsbürger *(cives)*, und die rechtlichen, von ihrem Wesen (als solchem) unabtrennlichen Attribute derselben, sind: gesetzliche Freiheit, keinem anderen Gesetz zu gehorchen, als zu welchem er seine Beistimmung gegeben hat; bürgerliche Gleichheit, keinen Oberen im Volk in Ansehung seiner zu erkennen, als nur einen solchen, den er ebenso rechtlich zu verbinden das mora-

6 erteilend.] erteilend sein. *Der Satz ist auch so nicht vollständig*

lische Vermögen hat, als dieser ihn verbinden kann; drittens das Attribut der bürgerlichen Selbständigkeit, seine Existenz und Erhaltung nicht der Willkür eines Anderen im Volke, sondern seinen eigenen Rechten und Kräften, als Glied des gemeinen Wesens, verdanken zu können, folglich die bürgerliche Persönlichkeit in Rechtsangelegenheiten durch keinen Anderen vorgestellt werden zu dürfen.

Nur die Fähigkeit der Stimmgebung macht die Qualifikation zum Staatsbürger aus; jene aber setzt die Selbständigkeit dessen im Volke voraus, der nicht bloß Teil des gemeinen Wesens, sondern auch Glied desselben, d. i. aus eigener Willkür in Gemeinschaft mit anderen handelnder Teil desselben sein will. Die letztere Qualität macht aber die Unterscheidung des aktiven vom passiven Staatsbürger notwendig; obgleich der Begriff des letzteren mit der Erklärung des Begriffs von einem Staatsbürger überhaupt im Widerspruch zu stehen scheint. – Folgende Beispiele können dazu dienen, diese Schwierigkeit zu heben: Der Geselle bei einem Kaufmann oder bei einem Handwerker; der Dienstbote (nicht der im Dienste des Staats steht); der Unmündige *(naturaliter vel civiliter)*; alles Frauenzimmer, und überhaupt jedermann, der nicht nach eigenem Betrieb, sondern nach der Verfügung Anderer (außer der des Staats), genötigt ist, seine Existenz (Nahrung und Schutz) zu erhalten, entbehrt der bürgerlichen Persönlichkeit, und seine Existenz ist gleichsam nur Inhärenz. – Der Holzhacker, den ich auf meinem Hof anstelle, der Schmied in Indien, der mit seinem Hammer, Ambos und Blasbalg in die Häuser geht, um da in Eisen zu arbeiten, in Vergleichung mit dem europäischen Tischler oder Schmied, der die Produkte aus dieser Arbeit [315]
als Ware öffentlich feilstellen kann; der Hauslehrer in Vergleichung mit dem Schulmann, der Zinsbauer in Vergleichung mit dem Pächter u. dgl., sind bloß Handlanger des gemeinen Wesens, weil sie von anderen Individuen befehligt oder beschützt werden müssen, mithin keine bürgerliche Selbständigkeit besitzen.

Diese Abhängigkeit von dem Willen Anderer und Ungleichheit ist gleichwohl keineswegs der Freiheit und Gleichheit derselben als Menschen, die zusammen ein Volk ausmachen, entgegen; vielmehr kann bloß den Bedingungen derselben gemäß dieses Volk ein Staat werden, und in eine bürgerliche Verfassung eintreten. In dieser Verfassung aber das Recht der Stimmgebung zu haben, d. i. Staatsbürger, nicht bloß Staatsgenosse zu sein, dazu qualifizieren sich nicht alle mit gleichem Recht. Denn daraus, daß sie fordern können, von allen Anderen nach Gesetzen der natürlichen Freiheit und Gleichheit als passive Teile des Staats behandelt zu werden, folgt nicht das Recht, auch als aktive Glieder den Staat selbst zu behandeln, zu organisieren oder zu Einführung gewisser Gesetze mitzuwirken; sondern nur daß, welcherlei Art die positiven Gesetze, wozu sie stimmen, auch sein möchten, sie doch den natürlichen der Freiheit und der dieser angemessenen Gleichheit Aller im Volk, sich nämlich aus diesem passiven Zustande zu dem aktiven emporarbeiten zu können, nicht zuwider sein müssen.

134
[316]
130

§ 48 <*§ 49*>

Der Regent des Staats *(rex, princeps)* ist diejenige (moralische oder physische) Person, welcher die ausübende Gewalt *(potestas executoria)* zukommt: der Agent des Staats, der die Magistrate einsetzt, dem Volke die Regeln vorschreibt, nach denen ein jeder in demselben dem Gesetze gemäß (durch Subsumtion eines Falles unter demselben) etwas erwerben, oder das Seine erhalten kann. Als moralische Person betrachtet, heißt er das Direktorium, die Regierung. Seine Befehle an das Volk und die Magistrate und ihre Obere (Minister), welchen die Staatsverwaltung *(gubernatio)* obliegt, sind Verordnungen, Dekrete (nicht Gesetze); denn sie gehen auf Entscheidung in einem besonderen Falle, und werden als abänderlich gegeben. Eine Regierung,
[317] die zugleich gesetzgebend wäre, würde despotisch zu nennen sein, im Gegensatz mit der patriotischen, unter welcher aber nicht eine väterliche *(regimen paternale)*, als die am meisten

despotische unter allen (Bürger als Kinder zu behandeln), sondern vaterländische *(regimen civitatis et patriae)* verstanden wird, wo der Staat selbst *(civitas)* seine Untertanen zwar gleichsam als Glieder einer Familie, doch zugleich als Staatsbürger, d. i. nach Gesetzen ihrer eigenen Selbständigkeit behandelt, jeder sich selbst besitzt und nicht vom absoluten Willen eines Anderen neben oder über ihm abhängt.

Der Beherrscher des Volks (der Gesetzgeber) kann also nicht zugleich der Regent sein; denn dieser steht unter dem Gesetz, und wird durch dasselbe, folglich von einem Anderen, dem Souverän, verpflichtet. Jener kann diesem auch seine Gewalt nehmen, ihn absetzen, oder seine Verwaltung reformieren, aber ihn nicht strafen (und das bedeutet allein der in England gebräuchliche Ausdruck: der König, d. i. die oberste ausübende Gewalt, kann nicht unrecht tun); denn das wäre wiederum ein Akt der ausübenden Gewalt, der zuoberst das Vermögen dem Gesetze gemäß zu zwingen zusteht, die aber doch selbst einem Zwange unterworfen wäre; welches sich widerspricht.

§ 49 <*§ 49*>

Endlich kann weder der Staatsherrscher noch der Regierer richten, sondern nur Richter, als Magistrate, einsetzen. Das Volk richtet sich selbst durch diejenigen seiner Mitbürger, welche durch freie Wahl, als Repräsentanten desselben, und zwar für jeden Akt besonders, dazu ernannt werden. Denn der Rechtsspruch (die Sentenz) ist ein einzelner Akt der öffentlichen Gerechtigkeit *(iustitiae distributivae)* durch einen Staatsverwalter (Richter oder Gerichtshof) auf den Untertan, d. i. einen, der zum Volk gehört, mithin mit keiner Gewalt bekleidet ist, ihm das Seine zuzuerkennen (zu erteilen). Da nun ein jeder im Volk diesem Verhältnisse nach (zur Obrigkeit) bloß passiv ist, so würde eine jede jener beiden Gewalten in dem, was sie über den Untertan, im streitigen Falle des Seinen eines jeden, beschließen, ihm unrecht

22 seiner] ihrer *Vgl. 134,6* seine

tun können; weil es nicht das Volk selbst täte, und, ob schuldig oder nichtschuldig, über seine Mitbürger ausspräche; auf welche Ausmittelung der Tat in der Klagsache nun der Gerichtshof des Gesetz anzuwenden, und, vermittelst der ausführenden Gewalt, einem jeden das Seine zuteil werden zu lassen, die richterliche Gewalt hat. Also kann nur das Volk, durch seine von ihm selbst abgeordneten Stellvertreter (die Jury), über jeden in demselben, obwohl nur mittelbar, richten. – Es wäre auch unter [318] der Würde des Staatsoberhaupts, den Richter zu spielen, d.i. sich in die Möglichkeit zu versetzen, Unrecht zu tun, und so in den Fall der Appellation *(a rege male informato ad regem melius informandum)* zu geraten.

Also sind es drei verschiedene Gewalten *(potestas legislatoria, executoria, iudiciaria)*, wodurch der Staat *(civitas)* seine Autonomie hat, d.i. sich selbst nach Freiheitsgesetzen bildet und erhält. – In ihrer Vereinigung besteht das Heil des Staats *(salus reipublicae suprema lex est)*; worunter man nicht das Wohl der Staatsbürger und ihre Glückseligkeit verstehen muß; denn die kann vielleicht (wie auch Rousseau behauptet) im Naturzustande, oder auch unter einer despotischen Regierung, viel behaglicher und erwünschter ausfallen; sondern den Zustand der größten Übereinstimmung der Verfassung mit Rechtsprinzipien versteht, als nach welchem zu streben uns die Vernunft durch einen kategorischen Imperativ verbindlich macht.

140
[315]
132

§ 50 <*§ 47*>

Alle jene drei Gewalten im Staate sind Würden, und als wesentliche aus der Idee eines Staats überhaupt zur Gründung desselben (Konstitution) notwendig hervorgehend, Staatswürden. Sie enthalten das Verhältnis eines allgemeinen Oberhaupts (der, nach Freiheitsgesetzen betrachtet, kein Anderer als das vereinigte Volk selbst sein kann) zu der vereinzelten Menge ebendesselben als Untertans, d.i. des Gebietenden *(imperans)* gegen den Gehorsamenden *(subditus)*. – Der Akt, wodurch sich das Volk selbst zu einem Staat konstituiert, eigentlich aber nur die Idee desselben, nach der die Rechtmäßigkeit desselben allein gedacht werden kann, ist der ursprüngliche Kontrakt, nach welchem alle *(omnes et singuli)* im Volk ihre äußere Freiheit aufgeben, um sie als Glieder eines gemeinen Wesens, d. i. des Volks als Staat betrachtet *(universi)*, sofort wieder aufzunehmen, und man kann nicht sagen: der Mensch im Staate habe einen Teil [316] seiner angeborenen äußeren Freiheit einem Zwecke aufgeopfert, sondern er hat die wilde, gesetzlose Freiheit gänzlich verlassen, um seine Freiheit überhaupt in einer gesetzlichen Abhängigkeit, d. i. in einem rechtlichen Zustande, unvermindert wieder zu finden; weil diese Abhängigkeit aus seinem eigenen gesetzgebenden Willen entspringt.

§ 51 *129* [338] *163*

Die drei Gewalten im Staat, die aus dem Begriff eines gemeinen Wesens überhaupt *(res publica latius dicta)* hervorgehen, sind nur soviel Verhältnisse des vereinigten, *a priori* aus der Vernunft abstammenden, Volkswillens und eine reine Idee von einem Staatsoberhaupt, welche objektive praktische Realität hat. Dieses Oberhaupt (der Souverän) aber ist sofern nur ein (das gesamte Volk vorstellendes) Gedankending, als es noch an einer physischen Person mangelt, welche die höchste Staatsgewalt vorstellt, und dieser Idee Wirksamkeit auf den Volkswillen verschafft. Das Verhältnis der ersteren zum letzteren ist nun auf dreierlei verschiedene Art denkbar: entweder daß Einer im Staate über alle, oder daß Einige, die einander gleich sind, vereinigt, über alle andere, oder daß Alle zusammen über einen jeden, mithin auch über sich selbst gebieten, d. i. die Staatsform ist entweder autokratisch, oder aristokratisch, oder demokratisch. (Der Ausdruck monarchisch, statt autokratisch ist nicht dem Begriffe, den man hier will, angemessen; denn Monarch ist der, welcher die höchste, Autokrator aber oder Selbst- [339] herrscher der, welcher alle Gewalt hat; dieser ist der Sou-

6 sagen: der Mensch] sagen: der Staat, der Mensch

verän, jener repräsentiert ihn bloß.) – Man wird leicht gewahr, daß die autokratische Staatsform die *einfachste* sei, nämlich von Einem (dem Könige) zum Volke, mithin wo nur *Einer* der Gesetzgeber ist. Die aristokratische ist schon aus zwei Verhältnissen *zusammengesetzt*: nämlich dem der Vornehmen (als Gesetzgeber) zueinander, um den Souverän zu machen, und dann dem dieses Souveräns zum Volk; die demokratische aber die *allerzusammengesetzteste*, nämlich den Willen Aller zuerst zu vereinigen, um daraus ein Volk, dann den der Staatsbürger, um ein gemeines Wesen zu bilden, und dann diesem gemeinen Wesen den Souverän, der dieser vereinigte Wille selbst ist, vorzusetzen.* Was die *Handhabung* des Rechts im Staat betrifft, so ist freilich die einfachste auch zugleich die beste; aber, was das *Recht* selbst anlangt, die gefährlichste fürs Volk, in Betracht des Despotismus, zu dem sie so sehr einladet. Das Simplifizieren ist zwar im Maschinenwerk der Vereinigung des Volks durch Zwangsgesetze die vernünftige Maxime: wenn nämlich alle im Volk passiv sind, und Einem, der über sie ist, gehorchen; aber das gibt keine Untertanen als *Staatsbürger*. Was die Vertröstung, womit sich das Volk befriedigen soll, betrifft: daß nämlich die Monarchie (eigentlich hier Autokratie) die beste Staatsverfassung sei, *wenn der Monarch gut ist* (d. i. nicht bloß den Willen, sondern auch die Einsicht dazu hat), gehört zu den tautologischen Weisheitssprüchen und sagt nichts mehr als: die beste Verfassung ist die, *durch welche* der Staatsverwalter zum besten Regenten gemacht wird, d. i. diejenige, welche die beste ist.

* Von der Verfälschung dieser Formen durch sich eindringende und unbefugte Machthaber (der *Oligarchie* und *Ochlokratie*), imgleichen den sogenannten *gemischten* Staatsverfassungen erwähne ich hier nichts, weil es zu weit führen würde.

7 dem] das

§ 52

Der Geschichtsurkunde dieses Mechanismus nachzuspüren, ist vergeblich, d. i. man kann zum Zeitpunkt des Anfangs der bürgerlichen Gesellschaft nicht herauslangen (denn die Wilden errichten kein Instrument ihrer Unterwerfung unter das Gesetz, und es ist auch schon aus der Natur roher Menschen abzunehmen, daß sie es mit der Gewalt angefangen haben werden). Diese Nachforschung aber in der Absicht anzustellen, um allen- [340]
falls die jetzt bestehende Verfassung mit Gewalt abzuändern, ist sträflich. Denn diese Umänderung müßte durchs Volk, welches sich dazu rottierte, also nicht durch die Gesetzgebung, geschehen; Meuterei aber, in einer schon bestehenden Verfassung, ist ein Umsturz aller bürgerlich-rechtlichen Verhältnisse, mithin alles Rechts, d. i. nicht Veränderung der bürgerlichen Verfassung, sondern Auflösung derselben, und dann der Übergang in die bessere nicht Metamorphose, sondern Palingenesie, welche einen neuen gesellschaftlichen Vertrag erfordert, auf den der vorige (nun aufgehobene) keinen Einfluß hat. – Es muß aber dem Souverän doch möglich sein, die bestehende Staatsverfassung zu ändern, wenn sie mit der Idee des ursprünglichen Vertrags nicht wohl vereinbar ist, und hierbei doch diejenige Form bestehen zu lassen, die dazu, daß das Volk einen Staat ausmache, wesentlich gehört. Diese Veränderung kann nun nicht darin bestehen, daß der Staat sich von einer dieser drei Formen zu einer der beiden anderen selbst konstituiert, z. B. daß die Aristokraten einig werden, sich einer Autokratie zu unterwerfen, oder in eine Demokratie verschmelzen zu wollen, und so umgekehrt; gleich als ob es auf der freien Wahl und dem Belieben des Souveräns beruhe, welcher Verfassung er das Volk unterwerfen wolle. Denn selbst dann, wenn er sich zu einer Demokratie umzuändern beschlösse, würde er doch dem Volk unrecht tun können, weil es selbst diese Verfassung verabscheuen könnte und eine der zwei übrigen für sich zuträglicher fände.

Die Staatsformen sind nur der Buchstabe *(littera)* der ursprünglichen Gesetzgebung im bürgerlichen Zustande, und sie mögen also bleiben, solange sie, als zum Maschinenwesen der

Staatsverfassung gehörend, durch alte und lange Gewohnheit (also nur subjektiv) für notwendig gehalten werden. Aber der Geist jenes ursprünglichen Vertrages *(anima pacti originarii)* enthält die Verbindlichkeit der konstituierenden Gewalt, die Regierungsart jener Idee angemessen zu machen, und so sie, wenn es nicht auf einmal geschehen kann, allmählich und kontinuierlich dahin zu verändern, daß sie mit der einzig rechtmäßigen Verfassung, nämlich der einer reinen Republik, ihrer Wirkung nach zusammenstimme, und jene alten empirischen (statutarischen) Formen, welche bloß die Untertänigkeit des Volks zu bewirken dienten, sich in die ursprüngliche (rationale) auflösen, welche allein die Freiheit zum Prinzip, ja zur Bedingung alles Zwanges macht, der zu einer rechtlichen Verfassung, im eigentlichen Sinne des Staats, erforderlich ist, und dahin auch dem
[341] Buchstaben nach endlich führen wird. – Dies ist die einzige bleibende Staatsverfassung, wo das Gesetz selbstherrschend ist, und an keiner besonderen Person hängt; der letzte Zweck alles öffentlichen Rechts, der Zustand, in welchem allein jedem das Seine peremtorisch zugeteilt werden kann; indessen, daß, solange jene Staatsformen dem Buchstaben nach ebensoviel verschiedene, mit der obersten Gewalt bekleidete, moralische Personen vorstellen sollen, nur ein provisorisches inneres Recht, und kein absolut-rechtlicher Zustand der bürgerlichen Gesellschaft zugestanden werden kann.

Alle wahre Republik aber ist und kann nichts anderes sein als ein repräsentatives System des Volks, um im Namen desselben, durch alle Staatsbürger vereinigt, vermittelst ihrer Abgeordneten (Deputierten) ihre Rechte zu besorgen. Sobald aber ein Staatsoberhaupt, der Person nach (es mag sein König, Adelstand oder die ganze Volkszahl, der demokratische Verein), sich auch repräsentieren läßt, so repräsentiert das vereinigte Volk nicht bloß den Souverän, sondern es ist dieser selbst; denn in ihm (dem Volk) befindet sich ursprünglich die oberste Gewalt, von der alle Rechte der Einzelnen, als bloßer Untertanen (allenfalls als Staatsbeamten) abgeleitet werden müssen, und die nunmehr errichtete Republik hat nun nicht mehr nötig, die Zügel der Regierung aus den Händen zu lassen, und sie denen wieder zu übergeben, die sie vorher geführt hatten, und die nun alle neuen Anordnungen durch absolute Willkür wieder vernichten könnten.

Es war also ein großer Fehltritt der Urteilskraft eines mächtigen Beherrschers zu unserer Zeit, sich aus der Verlegenheit wegen großer Staatsschulden dadurch helfen zu wollen, daß er es dem Volk übertrug, diese Last nach dessen eigenem Gutbefinden selbst zu übernehmen und zu verteilen; da es denn natürlicherweise nicht allein die gesetzgebende Gewalt in Ansehung der Besteuerung der Untertanen, sondern auch in Ansehung der Regierung in die Hände bekam; nämlich zu verhindern, daß diese nicht durch Verschwendung oder Krieg neue Schulden machte, mithin die Herrschergewalt des Monarchen gänzlich verschwand (nicht bloß suspendiert wurde), und aufs Volk überging, dessen gesetzgebendem Willen nun das Mein und Dein jedes Untertans unterworfen wurde. Man kann auch nicht sagen: daß dabei ein stillschweigendes, aber doch vertragsmäßiges Versprechen der Nationalversammlung, sich nicht eben zur Souveränität zu konstituieren, sondern nur dieser ihr Geschäft [342] zu administrieren, nach verrichtetem Geschäfte aber die Zügel des Regiments dem Monarchen wiederum in seine Hände zu überliefern, angenommen werden müsse; denn ein solcher Vertrag ist an sich selbst null und nichtig. Das Recht der obersten Gesetzgebung im gemeinen Wesen ist kein veräußerliches, sondern das allerpersönlichste Recht. Wer es hat, kann nur durch den Gesamtwillen des Volks über das Volk, aber nicht über den Gesamtwillen selbst, der der Urgrund aller öffentlichen Verträge ist, disponieren. Ein Vertrag, der das Volk verpflichtete, seine Gewalt wiederum zurückzugeben, würde demselben nicht als gesetzgebender Macht zustehen und doch das Volk verbinden, welches nach dem Satze: Niemand kann zweien Herren dienen, ein Widerspruch ist. *164*

[318] *134* Allgemeine Anmerkung von den rechtlichen Wirkungen aus der Natur des bürgerlichen Vereins

A

Der Ursprung der obersten Gewalt ist für das Volk, das unter derselben steht, in praktischer Absicht unerforschlich: d.i. der Untertan soll nicht über diesen Ursprung, als ein noch in Ansehung des ihr schuldigen Gehorsams zu bezweifelndes Recht *(ius controversum)*, werktätig vernünfteln. Denn, da das Volk, um rechtskräftig über die oberste Staatsgewalt *(summum imperium)* zu urteilen, schon als unter einem allgemein gesetzgebenden Willen vereint angesehen werden muß, so kann und darf es nicht anders urteilen, als das gegenwärtige Staatsoberhaupt *(summus imperans)* es will. – Ob ursprünglich ein wirklicher Vertrag der Unterwerfung unter denselben *(pactum subiectionis civilis)* als ein Faktum vorhergegangen, oder ob die Gewalt vorherging, und das Gesetz nur hintennach gekommen sei, oder auch in dieser Ordnung sich habe folgen sollen: das sind für das Volk, das nun schon unter dem bürgerlichen Gesetze steht, ganz zweckleere, und doch den Staat mit Gefahr bedrohende Vernünfteleien; denn, wollte der Untertan, der den letzteren Ursprung nun ergrübelt hätte, sich jener jetzt herrschenden Autorität widersetzen, [319] so würde er nach den Gesetzen derselben, d.i. mit allem Recht, bestraft, vertilgt oder als vogelfrei *(exlex)* ausgestoßen werden. – Ein Gesetz, das so heilig (unverletzlich) ist, daß es, praktisch, auch nur in Zweifel zu ziehen, mithin seinen Effekt einen Augenblick zu suspendieren, schon ein Verbrechen ist, wird so vorgestellt, als ob es nicht von Menschen, aber doch von irgend einem höchsten tadelfreien Gesetzgeber herkommen müsse, und das ist die Bedeutung des Satzes: »Alle Obrigkeit ist von Gott«, welcher nicht einen Geschichtsgrund der bürgerlichen Verfassung, sondern eine Idee, als praktisches Vernunftprinzip, aussagt: der jetzt bestehenden gesetzgebenden Gewalt gehorchen zu sollen; ihr Ursprung mag sein, welcher er wolle.

Hieraus folgt nun der Satz: der Herrscher im Staat hat gegen den Untertan lauter Rechte und keine (Zwangs-)Pflichten. – Ferner, wenn das Organ des Herrschers, der Regent, auch den Gesetzen zuwider verführe, z.B. mit Auflagen, Rekrutierungen u. dgl. wider das Gesetz der Gleichheit in Verteilung der Staatslasten, so darf der Untertan dieser Ungerechtigkeit zwar Beschwerden *(gravamina)*, aber keinen Widerstand entgegensetzen.

Ja es kann auch selbst in der Konstitution kein Artikel enthalten sein, der es einer Gewalt im Staat möglich machte, sich, im Fall der Übertretung der Konstitutionalgesetze durch den obersten Befehlshaber, ihm zu widersetzen, mithin ihn einzuschränken. Denn der, welcher die Staatsgewalt einschränken soll, muß doch mehr, oder wenigstens gleiche Macht haben, als derjenige, welcher eingeschränkt wird, und, als ein rechtmäßiger Gebieter, der den Untertanen beföhle, sich zu widersetzen, muß er sie auch schützen können, und in jedem vorkommenden Falle rechtskräftig urteilen, mithin öffentlich den Widerstand befehligen können. Alsdann ist aber nicht jener, sondern dieser der oberste Befehlshaber; welches sich widerspricht. Der Souverän verfährt alsdann durch seinen Minister zugleich als Regent, mithin despotisch, und das Blendwerk, das Volk durch die Deputierten desselben die einschränkende Gewalt vorstellen zu lassen (da es eigentlich nur die gesetzgebende hat), kann die Despotie nicht so verstecken, daß sie aus den Mitteln, deren sich der Minister bedient, nicht hervorblickte. Das Volk, das durch seine Deputierte (im Parlament) repräsentiert wird, hat an diesen Gewährsmännern seiner Freiheit und Rechte Leute, die für sich und ihre Familien und dieser ihre vom Minister abhängigen Versorgung in Armeen, Flotte und Zivilämtern lebhaft interessiert sind, und die (statt des [320] Widerstandes gegen die Anmaßung der Regierung, dessen öffentliche Ankündigung ohnedem eine dazu schon vorbereitete Einhelligkeit im Volk bedarf, die aber im Frieden nicht erlaubt sein kann) vielmehr immer bereit sind, sich selbst der Regierung in die Hände zu spielen. – Also ist die sogenannte gemäßigte Staatsverfassung, als Konstitution des inneren Rechts des Staats, ein Unding, und, anstatt zum Recht zu gehören, nur ein Klugheitsprin-

27 abhängigen] ? abhängige? 32 sich selbst] ? selbst?

zip, um, soviel als möglich, dem mächtigen Übertreter der Volksrechte seine willkürlichen Einflüsse auf die Regierung nicht zu erschweren, sondern unter dem Schein einer dem Volke verstatteten Opposition zu bemänteln.

Wider das gesetzgebende Oberhaupt des Staats gibt es also keinen rechtmäßigen Widerstand des Volks; denn nur durch Unterwerfung unter seinen allgemein-gesetzgebenden Willen ist ein rechtlicher Zustand möglich; also kein Recht des Aufstandes *(seditio)*, noch weniger des Aufruhrs *(rebellio)*, am allerwenigsten gegen ihn als einzelne Person (Monarch), unter dem Vorwande des Mißbrauchs seiner Gewalt *(tyrannis)*, Vergreifung an seiner Person, ja an seinem Leben *(monarchomachismus sub specie tyrannicidii)*. Der geringste Versuch hierzu ist Hochverrat *(proditio eminens)*, und der Verräter dieser Art kann als einer, der sein Vaterland umzubringen versucht *(parricida)*, nicht minder als mit dem Tode bestraft werden. – Der Grund der Pflicht des Volks einen, selbst den für unerträglich ausgegebenen, Mißbrauch der obersten Gewalt dennoch zu ertragen, liegt darin: daß sein Widerstand wider die höchste Gesetzgebung selbst niemals anders als gesetzwidrig, ja als die ganze gesetzliche Verfassung zernichtend gedacht werden muß. Denn, um zu demselben befugt zu sein, müßte ein öffentliches Gesetz vorhanden sein, welches diesen Widerstand des Volks erlaubte, d.i. die oberste Gesetzgebung enthielte eine Bestimmung in sich, nicht die oberste zu sein, und das Volk, als Untertan, in einem und demselben Urteile zum Souverän über den zu machen, dem es untertänig ist; welches sich widerspricht, und wovon der Widerspruch durch die Frage alsbald in die Augen fällt, wer denn in diesem Streit zwischen Volk und Souverän Richter sein sollte (denn es sind rechtlich betrachtet doch immer zwei verschiedene moralische Personen); wo sich dann zeigt, daß das erstere es in seiner eigenen Sache sein will.*

* Weil die Entthronung eines Monarchen doch auch als freiwillige Ablegung der Krone und Niederlegung seiner Gewalt, mit Zurück-
[321] gebung derselben an das Volk, gedacht werden kann, oder auch als eine, ohne Vergreifung an der höchsten Person vorgenommene, Verlassung derselben, wodurch sie in den Privatstand versetzt werden würde, so hat das

Eine Veränderung der (fehlerhaften) Staatsverfassung, die wohl [321] bisweilen nötig sein mag, kann also nur vom Souverän selbst durch **Reform**, aber nicht vom Volk, mithin durch **Revolution** [322] verrichtet werden, und, wenn sie geschieht, so kann jene nur die **ausübende Gewalt**, nicht die gesetzgebende treffen. – In einer Staatsverfassung, die so beschaffen ist, daß das Volk durch seine Repräsentanten (im Parlament) jener und dem Repräsentanten derselben (dem Minister) gesetzlich **widerstehen** kann – welche dann eine eingeschränkte Verfassung heißt –, ist gleichwohl kein aktiver Widerstand (der willkürlichen Verbindung des Volks, die Regierung zu einem gewissen tätigen Verfahren zu zwingen, mithin selbst einen Akt der ausübenden Gewalt zu begehen), sondern nur ein **negativer Widerstand**, d.i.

Verbrechen des Volks, welches sie erzwang, doch noch wenigstens den Vorwand des **Notrechts** *(casus necessitatis)* für sich, niemals aber das mindeste Recht, ihn, das Oberhaupt, wegen der vorigen Verwaltung zu strafen; weil alles, was er vorher in der Qualität eines Oberhaupts tat, als äußerlich rechtmäßig geschehen angesehen werden muß, und er selbst, als Quell der Gesetze betrachtet, nicht unrecht tun kann. Unter allen Greueln einer Staatsumwälzung durch Aufruhr ist selbst die **Ermordung** eines Monarchen noch nicht das Ärgste; denn noch kann man sich vorstellen, sie geschehe vom Volk aus Furcht, er könne, wenn er am Leben bleibt, sich wieder ermannen, und jenes die verdiente Strafe fühlen lassen, und solle also nicht eine Verfügung der Strafgerechtigkeit, sondern bloß der Selbsterhaltung sein. Die formale **Hinrichtung** ist es, was die mit Ideen des Menschenrechts erfüllte Seele mit einem Schaudern ergreift, das man wiederholentlich fühlt, sobald und so oft man sich diesen Auftritt denkt, wie das Schicksal Karls I. oder Ludwigs XVI. Wie erklärt man sich aber dieses Gefühl, was hier nicht ästhetisch (ein Mitgefühl, Wirkung der Einbildungskraft, die sich in die Stelle des Leidenden versetzt), sondern moralisch, der gänzlichen Umkehrung aller Rechtsbegriffe, ist? Es wird als Verbrechen, was ewig bleibt, und nie ausgetilgt werden kann *(crimen immortale, inexpiabile)*, angesehen, und scheint demjenigen ähnlich zu sein, was die Theologen diejenige Sünde nennen, welche weder in dieser noch in jener Welt vergeben werden kann. Die Erklärung dieses Phänomens im menschlichen Gemüte scheint aus folgenden Reflexionen über sich selbst, die selbst auf die staatsrechtlichen Prinzipien ein Licht werfen, hervorzugehen.

Eine jede Übertretung des Gesetzes kann und muß nicht anders als so

Weigerung des Volks (im Parlament) erlaubt und jener, in den Forderungen, die sie zur Staatsverwaltung nötig zu haben vorgibt, nicht immer zu willfahren; vielmehr wenn das letztere geschähe, so wäre es ein sicheres Zeichen, daß das Volk verderbt, seine Repräsentanten erkäuflich und das Oberhaupt in der Regierung durch seinen Minister despotisch, dieser selbst aber ein Verräter des Volks sei.

erklärt werden, daß sie aus einer Maxime des Verbrechers (sich eine solche Untat zur Regel zu machen) entspringe; denn, wenn man sie von einem sinnlichen Antrieb ableitete, so wäre sie nicht von ihm, als einem freien Wesen, begangen, und könnte ihm nicht zugerechnet werden; wie es aber dem Subjekt möglich ist, eine solche Maxime wider das klare Verbot der gesetzgebenden Vernunft zu fassen, läßt sich schlechterdings nicht erklären; denn nur die Begebenheiten nach dem Mechanismus der Natur sind erklärungsfähig. Nun kann der Verbrecher seine Untat entweder nach der Maxime einer angenommenen objektiven Regel (als allgemein geltend), oder nur als Ausnahme von der Regel (sich davon gelegentlich zu dispensieren) begehen; im letzteren Falle weicht er nur (obzwar vorsätzlich) vom Gesetz ab; er kann seine eigene Übertretung zugleich verabscheuen, und, ohne dem Gesetz förmlich den Gehorsam aufzukündigen, es nur umgehen wollen; im ersteren aber verwirft er die Autorität des Gesetzes selbst, dessen Gültigkeit er sich doch vor seiner Vernunft nicht ableugnen kann, und macht es sich zur Regel, wider dasselbe zu handeln; seine Maxime ist also nicht bloß ermangelungsweise *(negative)*, son- [322] dern sogar abbruchsweise *(contrarie)* oder, wie man sich ausdrückt, diametraliter, als Widerspruch (gleichsam feindselig) dem Gesetz entgegen. Soviel wir einsehen, ist ein dergleichen Verbrechen einer förmlichen (ganz nutzlosen) Bosheit zu begehen, Menschen unmöglich, und doch (obzwar bloße Idee des Äußerst-Bösen) in einem System der Moral nicht zu übergehen.

Der Grund des Schauderhaften, bei dem Gedanken von der förmlichen Hinrichtung eines Monarchen durch sein Volk, ist also der, daß der Mord nur als Ausnahme von der Regel, welche dieses sich zur Maxime machte, die Hinrichtung aber als eine völlige Umkehrung der Prinzipien des Verhältnisses zwischen Souverän und Volk (dieses, was sein Dasein nur der Gesetzgebung des ersteren zu verdanken hat, zum Herrscher über jenen zu machen) gedacht werden muß, und so die Gewalttätigkeit mit dreister Stirn und nach Grundsätzen über das heiligste

1 erlaubt und] und erlaubt

Übrigens, wenn eine Revolution einmal gelungen und eine [323]
neue Verfassung gegründet ist, so kann die Unrechtmäßigkeit des Beginnens und der Vollführung derselben die Untertanen von der Verbindlichkeit, der neuen Ordnung der Dinge sich, als gute Staatsbürger, zu fügen, nicht befreien, und sie können sich nicht weigern, derjenigen Obrigkeit ehrlich zu gehorchen, die jetzt die Gewalt hat. Der entthronte Monarch (der jene Umwälzung überlebt) kann wegen seiner vorigen Geschäftsführung nicht in Anspruch genommen, noch weniger aber gestraft werden, wenn er, in den Stand eines Staatsbürgers zurückgetreten, seine und des Staats Ruhe dem Wagstück vorzieht, sich von diesem zu entfernen, um als Prätendent das Abenteuer der Wiedererlangung desselben, es sei durch ingeheim angestiftete Gegenrevolution, oder durch Beistand anderer Mächte, zu bestehen. Wenn er aber das letztere vorzieht, so bleibt ihm, weil der Aufruhr, der ihn aus seinem Besitz vertrieb, ungerecht war, sein Recht an demselben unbenommen. Ob aber andere Mächte das Recht haben, sich diesem verunglückten Oberhaupt zum Besten, in ein Staatenbündnis zu vereinigen, bloß um jenes vom Volk begangene Verbrechen nicht ungeahndet, noch als Skandal für alle Staaten bestehen zu lassen, mithin eine in jedem anderen Staat *durch Revolution* zustande gekommene Verfassung in ihre alte mit Gewalt zurückzubringen berechtigt und berufen seien, das gehört zum Völkerrecht.

Recht erhoben wird; welches, wie ein Alles ohne Wiederkehr verschlingender Abgrund, als ein vom Staate an ihm verübter Selbstmord, ein keiner Entsündigung fähiges Verbrechen zu sein scheint. Man hat also Ursache anzunehmen, daß die Zustimmung zu solchen Hinrichtungen wirklich nicht aus einem vermeint-rechtlichen Prinzip, sondern aus Furcht vor Rache des vielleicht dereinst wiederauflebenden Staats am Volk herrührte, und jene Förmlichkeit nur vorgenommen worden, um jener Tat den Anstrich von Bestrafung, mithin eines *rechtlichen Verfahrens* (dergleichen der Mord nicht sein würde) zu geben, welche Bemäntelung aber verunglückt, weil eine solche Anmaßung des Volkes noch ärger ist, als selbst der Mord, da diese einen Grundsatz enthält, der selbst die Wiedererzeugung eines umgestürzten Staats unmöglich machen müßte.

12–13 desselben] ? derselben? *s. c.* Geschäftsführung

B

Kann der Beherrscher als Obereigentümer (des Bodens), oder muß er nur als Oberbefehlshaber in Ansehung des Volks durch Gesetze betrachtet werden? Da der Boden die oberste Bedingung ist, unter der allein es möglich ist, äußere Sachen als das Seine zu haben, deren möglicher Besitz und Gebrauch das erste erwerbliche Recht ausmacht, so wird von dem Souverän als Landesherrn, besser als Obereigentümer *(dominus territorii)* alles solche Recht abgeleitet werden müssen. Das Volk, als die Menge der Untertanen, gehört ihm auch zu (es ist sein Volk), aber nicht ihm als Eigentümer (nach dem dinglichen), sondern als Oberbefehlshaber (nach dem persönlichen Recht). – Dieses Obereigentum ist aber nur eine Idee des bürgerlichen Vereins, um die notwendige Vereinigung des Privateigentums aller im Volk unter einem öffentlichen allgemeinen Besitzer, zu Bestimmung des besonderen Eigentums, nicht nach Grundsätzen der Aggregation (die von den Teilen zum Ganzen empirisch fortschreitet), sondern dem
[324] notwendigen formalen Prinzip der Einteilung (Division des Bodens) nach Rechtsbegriffen vorstellig zu machen. Nach diesen kann der Obereigentümer kein Privateigentum an irgend einem Boden haben (denn sonst machte er sich zu einer Privatperson), sondern dieses gehört nur dem Volk (und zwar nicht kollektiv, sondern distributiv genommen) zu; wovon doch ein nomadisch-beherrschtes Volk auszunehmen ist, als in welchem gar kein Privateigentum des Bodens stattfindet. – Der Oberbefehlshaber kann also keine Domänen, d. i. Ländereien, zu seiner Privatbenutzung (zu Unterhaltung des Hofes) haben. Denn, weil es alsdann auf sein eigen Gutbefinden ankäme, wie weit sie ausgebreitet sein sollten, so würde der Staat Gefahr laufen, alles Eigentum des Bodens in den Händen der Regierung zu sehen, und alle Untertanen als grunduntertänig *(glebae adscripti)* und Besitzer von dem, was immer nur Eigentum eines Anderen ist, folglich aller Freiheit beraubt *(servi)* anzusehen. – Von einem Landesherrn kann man sagen: er besitzt nichts (zu eigen), außer sich selbst; denn, wenn er neben einem Anderen im Staat etwas zu eigen hätte, so würde mit diesem ein Streit möglich sein, zu des-

sen Schlichtung kein Richter wäre. Aber man kann auch sagen: er besitzt alles; weil er das Befehlshaberrecht über das Volk hat (jedem das Seine zuteil kommen zu lassen), dem alle äußeren Sachen *(divisim)* zugehören.

Hieraus folgt: daß es auch keine Korporation im Staat, keinen Stand und Orden, geben könne, der als Eigentümer den Boden zur alleinigen Benutzung den folgenden Generationen (ins Unendliche) nach gewissen Statuten überliefern könne. Der Staat kann sie zu aller Zeit aufheben, nur unter der Bedingung, die Überlebenden zu entschädigen. Der Ritterorden (als Korporation oder auch bloß Rang einzelner, vorzüglich beehrter, Personen); der Orden der Geistlichkeit, die Kirche genannt, können nie durch diese Vorrechte, womit sie begünstigt worden, ein auf Nachfolger übertragbares Eigentum am Boden, sondern nur die einstweilige Benutzung desselben erwerben. Die Komtureien auf einer, die Kirchengüter auf der anderen Seite, können, wenn die öffentliche Meinung wegen der Mittel, durch die Kriegsehre den Staat wider die Lauigkeit in Verteidigung desselben zu schützen, oder die Menschen in demselben durch Seelmessen, Gebete und eine Menge zu bestellender Seelsorger, um sie vor dem ewigen Feuer zu bewahren, anzutreiben, aufgehört hat, ohne Bedenken (doch unter der vorgenannten Bedingung) aufgehoben werden. Die, so hier in die Reform fallen, können nicht klagen, daß ihnen ihr Eigentum genommen werde; denn der Grund ihres bisherigen Besitzes lag nur in der Volksmeinung, [325] und mußte auch, solange diese fortwährte, gelten. Sobald diese aber erlosch, und zwar auch nur in dem Urteil derjenigen, welche auf Leitung desselben durch ihr Verdienst den größten Anspruch haben, so mußte, gleichsam als durch eine Appellation desselben an den Staat *(a rege male informato ad regem melius informandum)*, das vermeinte Eigentum aufhören.

Auf diesem ursprünglich erworbenen Grundeigentum beruht das Recht des Oberbefehlshabers, als Obereigentümers (des Landesherrn), die Privateigentümer des Bodens zu beschatzen, d. i. Abgaben durch die Landtaxe, Accise und Zölle, oder Dienstleistung (dergleichen die Stellung der Mannschaft zum Kriegsdienst ist) zu fordern: so doch, daß das Volk sich selber beschatzt, weil dieses die einzige Art ist, hierbei nach Rechtsgesetzen zu verfahren, wenn es durch das Korps der Deputierten desselben geschieht, auch als gezwungene (von dem bisher bestandenen Gesetz abweichende) Anleihe, nach dem Majestätsrechte, als in einem Falle, da der Staat in Gefahr seiner Auflösung kommt, erlaubt ist.

Hierauf beruht auch das Recht der Staatswirtschaft, des Finanzwesens und der Polizei, welche letztere die öffentliche Sicherheit, Gemächlichkeit und Anständigkeit besorgt; denn daß das Gefühl für diese *(sensus decori)*, als negativer Geschmack, durch Bettelei, Lärmen auf Straßen, Gestank, öffentliche Wollust *(venus volgivaga)*, als Verletzungen des moralischen Sinnes, nicht abgestumpft werde, erleichtert der Regierung gar sehr ihr Geschäfte, das Volk durch Gesetze zu lenken.

Zu Erhaltung des Staats gehört auch noch ein drittes: nämlich das Recht der Aufsicht *(ius inspectionis)*, daß ihm nämlich keine Verbindung, die aufs öffentliche Wohl der Gesellschaft *(publicum)* Einfluß haben kann (von Staats- oder Religions-Illuminaten), verheimlicht, sondern, wenn es von der Polizei verlangt wird, die Eröffnung ihrer Verfassung nicht geweigert werde. Das aber, der Untersuchung der Privatbehausung eines jeden, ist nur ein Notfall der Polizei, wozu sie durch eine höhere Autorität in jedem besonderen Falle berechtigt werden muß.

C

Dem Oberbefehlshaber steht indirekt, d.i. als Übernehmer der Pflicht des Volks, das Recht zu, dieses mit Abgaben zu seiner
[326] (des Volks) eigenen Erhaltung zu belasten, als da sind: das Armenwesen, die Findelhäuser und das Kirchenwesen, sonst milde oder fromme Stiftungen genannt.

Der allgemeine Volkswille hat sich nämlich zu einer Gesellschaft vereinigt, welche sich immerwährend erhalten soll, und zu dem Ende sich der inneren Staatsgewalt unterworfen, um die

21 Das aber] Die aber

Glieder dieser Gesellschaft, die es selbst nicht vermögen, zu erhalten. Von Staats wegen ist also die Regierung berechtigt, die Vermögenden zu nötigen, die Mittel der Erhaltung derjenigen, die es, selbst den notwendigsten Naturbedürfnissen nach, nicht sind, herbeizuschaffen; weil ihre Existenz zugleich ein Akt der Unterwerfung unter den Schutz und die zu ihrem Dasein nötige Vorsorge des gemeinen Wesens ist, wozu sie sich verbindlich gemacht haben, auf welche der Staat nun sein Recht gründet, zur Erhaltung ihrer Mitbürger das Ihrige beizutragen. Das kann nun geschehen: durch Belastung des Eigentums der Staatsbürger, oder ihres Handelsverkehrs, oder durch errichtete Fonds und deren Zinsen: nicht zu Staats- (denn der ist reich), sondern zu Volksbedürfnissen, aber nicht bloß durch freiwillige Beiträge (weil hier nur vom Rechte des Staats gegen das Volk die Rede ist), worunter einige gewinnsüchtige sind (als Lotterien, die mehr Arme, und dem öffentlichen Eigentume gefährliche machen, als sonst sein würden, und die also nicht erlaubt sein sollten), sondern zwangsmäßig, als Staatslasten. Hier fragt sich nun: ob die Versorgung der Armen durch laufende Beiträge, so daß jedes Zeitalter die Seinigen ernährt, oder durch nach und nach gesammelte Bestände und überhaupt fromme Stiftungen (dergleichen Witwenhäuser, Hospitäler u. dgl. sind), und zwar jenes nicht durch Bettelei, welche mit der Räuberei nahe verwandt ist, sondern durch gesetzliche Auflage ausgerichtet werden soll. – Die erstere Anordnung muß für die einzige dem Rechte des Staats angemessene, der sich niemand entziehen kann, der zu leben hat, gehalten werden; weil sie nicht (wie von frommen Stiftungen zu besorgen ist), wenn sie mit der Zahl der Armen anwachsen, das Armsein zum Erwerbmittel für faule Menschen machen, und so eine ungerechte Belästigung des Volks durch die Regierung sein würden.

Was die Erhaltung der aus Not oder Scham ausgesetzten, oder wohl gar darum ermordeten Kinder betrifft, so hat der Staat ein Recht, das Volk mit der Pflicht zu belasten, diesen, obzwar unwillkommenen, Zuwachs des Staatsvermögens nicht wissentlich

5 zugleich ein Akt] zugleich als Akt

umkommen zu lassen. Ob dieses aber durch Besteuerung der Ha-
[327] gestolzen beiderlei Geschlechts (worunter die vermögenden Ledigen verstanden werden), als solcher, die daran doch zum Teil schuld sind, vermittelst dazu errichteter Findelhäuser, oder auf andere Art mit Recht geschehen können (ein anderes Mittel, es zu verhüten, möchte es aber schwerlich geben), ist eine Aufgabe, deren Lösung, ohne entweder wider das Recht, oder die Moralität zu verstoßen, bisher noch nicht gelungen ist.

Da auch das Kirchenwesen – welches von der Religion, als innerer Gesinnung, die ganz außer dem Wirkungskreise der bürgerlichen Macht ist, sorgfältig unterschieden werden muß (als Anstalt zum öffentlichen Gottesdienst für das Volk, aus welchem dieses auch seinen Ursprung hat, es sei Meinung oder Überzeugung) – ein wahres Staatsbedürfnis wird, sich auch als Untertanen einer höchsten unsichtbaren Macht, der sie huldigen müssen, und die mit der bürgerlichen oft in einen sehr ungleichen Streit kommen kann, zu betrachten: so hat der Staat das Recht, nicht etwa der inneren Konstitutionalgesetzgebung, das Kirchenwesen nach seinem Sinne, wie es ihm vorteilhaft dünkt, einzurichten, den Glauben und gottesdienstliche Formen *(ritus)* dem Volke vorzuschreiben, oder zu befehlen (denn dieses muß gänzlich den Lehrern und Vorstehern, die es sich selbst gewählt hat, überlassen bleiben), sondern nur das negative Recht, den Einfluß der öffentlichen Lehrer auf das sichtbare, politische gemeine Wesen, der der öffentlichen Ruhe nachteilig sein möchte, abzuhalten, mithin bei dem inneren Streit, oder dem der verschiedenen Kirchen untereinander, die bürgerliche Eintracht nicht in Gefahr kommen zu lassen, welches also ein Recht der Polizei ist. Daß eine Kirche einen gewissen Glauben, und welchen sie haben, oder daß sie ihn unabänderlich erhalten müsse, und sich nicht selbst reformieren dürfe, sind Einmischungen der obrigkeitlichen Gewalt, die unter ihrer Würde sind; weil sie sich dabei als einem Schulgezänke auf den Fuß der Gleichheit mit ihren Untertanen einläßt (der Monarch sich zum Priester macht), die ihr geradezu sagen können, daß sie hiervon nichts verstehe; vor-

3 solcher] solche 13 dieses auch] dieser auch

nehmlich was das letztere, nämlich das Verbot innerer Reformen, betrifft; – denn, was das gesamte Volk nicht über sich selbst beschließen kann, das kann auch der Gesetzgeber nicht über das Volk beschließen. Nun kann aber kein Volk beschließen, in seinen den Glauben betreffenden Einsichten (der Aufklärung) niemals weiter fortzuschreiten, mithin auch sich in Ansehung des Kirchenwesens nie zu reformieren; weil dies der Menschheit in seiner eigenen Person, mithin dem höchsten Recht desselben entgegen sein würde. Also kann es auch keine obrigkeitliche Gewalt [328] über das Volk beschließen. – Was aber die Kosten der Erhaltung des Kirchenwesens betrifft, so können diese aus ebenderselben Ursache nicht dem Staate, sondern müssen dem Teil des Volks, der sich zu einem oder dem anderen Glauben bekennt, d.i. nur der Gemeinde zu Lasten kommen.

D

Das Recht des obersten Befehlshabers im Staate geht auch 1. auf Verteilung der *Ämter*, als mit einer Besoldung verbundener Geschäftsführung; 2. der *Würden*, die als Standeserhöhungen ohne Sold, d.i. Rangerteilung des Oberen (der zum Befehlen) in Ansehung der Niedrigeren (die, obzwar als freie und nur durchs öffentliche Gesetz verbindliche, doch jenen zu gehorsamen zum voraus bestimmt sind), bloß auf Ehre fundiert sind – und 3. außer diesem (respektiv-wohltätigen) Recht, auch aufs *Strafrecht*.

Was ein bürgerliches Amt anlangt, so kommt hier die Frage vor: hat der Souverän das Recht, einem, dem er ein Amt gegeben, es nach seinem Gutbefinden (ohne ein Verbrechen von seiten des letzteren) wieder zu nehmen? Ich sage, nein! Denn, was der vereinigte Wille des Volks über seine bürgerlichen Beamten nie beschließen wird, das kann auch das Staatsoberhaupt über ihn nicht beschließen. Nun will das Volk (das die Kosten tragen soll, welche die Ansetzung eines Beamten ihm machen wird) ohne allen Zweifel, daß dieser seinem ihm auferlegten Geschäfte völlig gewachsen sei; welches aber nicht anders, als durch eine hinlängliche Zeit hindurch fortgesetzte Vorbereitung und Erlernung desselben, über der er diejenige versäumt, die er zur Erlernung eines anderen ihn nährenden Geschäfts hätte verwenden können, geschehen kann; mithin würde, in der Regel, das Amt mit Leuten versehen werden, die keine dazu erforderliche Geschicklichkeit, und durch Übung erlangte reife Urteilskraft erworben hätten; welches der Absicht des Staats zuwider ist, als zu welcher auch erforderlich ist, daß jeder vom niedrigeren Amte zu höheren (die sonst lauter Untauglichen in die Hände fallen würden) steigen, mithin auch auf lebenswierige Versorgung müsse rechnen können.

Die *Würde* betreffend, nicht bloß die, welche ein Amt bei sich führen mag, sondern auch die, welche den Besitzer auch ohne besondere Bedienungen zum Gliede eines höheren Standes macht, ist der *Adel*, der, vom bürgerlichen Stande, in welchem [329] das Volk ist, unterschieden, den männlichen Nachkommen anerbt, durch diese auch wohl den weiblichen unadeliger Geburt, nur so, daß die adelig Geborene ihrem unadeligen Ehemann nicht umgekehrt diesen Rang mitteilt, sondern selbst in den bloß bürgerlichen (des Volks) zurückfällt. – Die Frage ist nun: ob der Souverän einen Adelstand, als einen *erblichen* Mittelstand zwischen ihm und den übrigen Staatsbürgern, zu gründen berechtigt sei. In dieser Frage kommt es nicht darauf an: ob es der Klugheit des Souveräns, wegen seines und des Volks Vorteils, sondern nur, ob es dem Rechte des Volks gemäß sei, einen Stand von Personen über sich zu haben, die zwar selbst Untertanen, aber doch in Ansehung des Volks *geborene* Befehlshaber (wenigstens privilegierte) sind. – Die Beantwortung derselben geht nun hier, ebenso wie vorher, aus dem Prinzip hervor: »Was das Volk (die ganze Masse der Untertanen) nicht über sich selbst und seine Genossen beschließen kann, das kann auch der Souverän nicht über das Volk beschließen.« Nun ist ein *angeerbter* Adel, ein Rang, der vor dem Verdienste vorher geht und dieses auch mit keinem Grunde hoffen läßt, ein Gedankending, ohne alle Realität. Denn, wenn der Vorfahr Verdienst hatte, so konnte er dieses doch nicht auf seine Nachkommen vererben, sondern diese mußten es sich immer selbst erwerben; da die Natur es nicht so fügt, daß das

Talent und der Wille, welche Verdienste um den Staat möglich machen, auch anarten. Weil nun von keinem Menschen angenommen werden kann, er werde seine Freiheit wegwerfen, so ist es unmöglich, daß der allgemeine Volkswille zu einem solchen grundlosen Prärogativ zusammenstimme, mithin kann der Souverän es auch nicht geltend machen. – Wenn indessen gleich eine solche Anomalie in das Maschinenwesen einer Regierung von alten Zeiten (des Lehnswesens, das fast gänzlich auf den Krieg angelegt war) eingeschlichen, von Untertanen, die mehr als Staatsbürger, nämlich geborene Beamte (wie etwa ein Erbprofessor), sein wollen, so kann der Staat diesen von ihm begangenen Fehler eines widerrechtlich erteilten erblichen Vorzugs nicht anders als durch Eingehen und Nichtbesetzung der Stellen allmählich wiederum gut machen, und so hat er provisorisch ein Recht, diese Würde dem Titel nach fortdauern zu lassen, bis selbst in der öffentlichen Meinung die Einteilung in Souverän, Adel und Volk, der einzigen natürlichen in Souverän und Volk Platz gemacht haben wird.

Ohne alle Würde kann nun wohl kein Mensch im Staate sein, denn er hat wenigstens die des Staatsbürgers; außer, wenn er sich durch sein eigenes Verbrechen darum gebracht hat, da er dann [330] zwar im Leben erhalten, aber zum bloßen Werkzeuge der Willkür eines Anderen (entweder des Staats oder eines anderen Staatsbürgers) gemacht wird. Wer nun das letztere ist (was er nur durch Urteil und Recht werden kann), ist ein Leibeigener *(servus in sensu stricto)* und gehört zum Eigentum *(dominium)* eines Anderen, der daher nicht bloß sein Herr *(herus)*, sondern auch sein Eigentümer *(dominus)* ist, der ihn als eine Sache veräußern und nach Belieben (nur nicht zu schandbaren Zwecken) brauchen, und über seine Kräfte, wenngleich nicht über sein Leben und Gliedmaßen verfügen (disponieren) kann. Durch einen Vertrag kann sich niemand zu einer solchen Abhängigkeit verbinden, dadurch er aufhört, eine Person zu sein; denn nur als Person kann er einen Vertrag machen. Nun scheint es zwar, ein Mensch könne sich zu gewissen, der Qualität nach erlaubten, dem Grade nach aber unbestimmten Diensten gegen einen Anderen (für Lohn, Kost oder Schutz) verpflichten durch einen Verdingungsvertrag *(locatio conductio)*, und er werde dadurch bloß Untertan *(subiec-*

tus), nicht Leibeigener *(servus)*; allein das ist nur ein falscher Schein. Denn wenn sein Herr befugt ist, die Kräfte seines Untertans nach Belieben zu benutzen, so kann er sie auch (wie es mit den Negern auf den Zuckerinseln der Fall ist) erschöpfen, bis zum Tode oder der Verzweiflung, und jener hat sich seinem Herrn wirklich als Eigentum weggegeben; welches unmöglich ist. – Er kann sich also nur zu, der Qualität und dem Grade nach bestimmten, Arbeiten verdingen: entweder als Tagelöhner oder ansässiger Untertan; im letzteren Fall, daß er, teils für den Gebrauch des Bodens seines Herrn, statt des Tagelohns, Dienste auf demselben Boden, teils für die eigene Benutzung desselben bestimmte Abgaben (einen Zins) nach einem Pachtvertrage leistet, ohne sich dabei zum Gutsuntertan *(glebae adscriptus)* zu machen, als wodurch er seine Persönlichkeit einbüßen würde, mithin eine Zeit- oder Erbpacht gründen kann. Er mag nun aber auch durch sein Verbrechen ein persönlicher Untertan geworden sein, so kann diese Untertänigkeit ihm doch nicht anerben; weil er sie sich nur durch seine eigene Schuld zugezogen hat, und ebensowenig kann der von einem Leibeigenen erzeugte, wegen der Erziehungskosten, die er gemacht hat, in Anspruch genommen werden, weil Erziehung eine absolute Naturpflicht der Eltern, und im Falle daß diese Leibeigene waren, der Herren ist, welche mit dem Besitz ihrer Untertanen auch die Pflichten derselben übernommen haben.

[331]

E. Vom Straf- und Begnadigungsrecht

I. Das Strafrecht ist das Recht des Befehlshabers gegen den Unterwürfigen, ihn wegen seines Verbrechens mit einem Schmerz zu belegen. Der Oberste im Staate kann also nicht bestraft werden, sondern man kann sich nur seiner Herrschaft entziehen. – Diejenige Übertretung des öffentlichen Gesetzes, die den, welcher sie begeht, unfähig macht, Staatsbürger zu sein, heißt Verbrechen schlechthin *(crimen)*, aber auch ein öffent-

32 aber] ? oder? *Der Satz bleibt unvollständig*

liches Verbrechen *(crimen publicum)*; daher das erstere (das Privatverbrechen) vor die Zivil-, das andere vor die Kriminalgerechtigkeit gezogen wird. – Veruntreuung, d.i. Unterschlagung der zum Verkehr anvertrauten Gelder oder Waren, Betrug im Kauf und Verkauf bei sehenden Augen des Anderen sind Privatverbrechen. Dagegen sind: Falschgeld oder falsche Wechsel zu machen, Diebstahl und Raub u. dergl. öffentliche Verbrechen, weil das gemeine Wesen und nicht bloß eine einzelne Person dadurch gefährdet wird. – Sie könnten in die der niederträchtigen Gemütsart *(indolis abiectae)* und die der gewalttätigen *(indolis violentae)* eingeteilt werden.

Richterliche Strafe *(poena forensis)*, die von der natürlichen *(poena naturalis)*, dadurch das Laster sich selbst bestraft und auf welche der Gesetzgeber gar nicht Rücksicht nimmt, verschieden, kann niemals bloß als Mittel, ein anderes Gute zu befördern, für den Verbrecher selbst, oder für die bürgerliche Gesellschaft, sondern muß jederzeit nur darum wider ihn verhängt werden, weil er verbrochen hat; denn der Mensch kann nie bloß als Mittel zu den Absichten eines Anderen gehandhabt und unter die Gegenstände des Sachenrechts gemengt werden, wowider ihn seine angeborene Persönlichkeit schützt, ob er gleich die bürgerliche einzubüßen gar wohl verurteilt werden kann. Er muß vorher strafbar befunden sein, ehe noch daran gedacht wird, aus dieser Strafe einigen Nutzen für ihn selbst oder seine Mitbürger zu ziehen. Das Strafgesetz ist ein kategorischer Imperativ, und wehe dem! welcher die Schlangenwindungen der Glückseligkeitslehre durchkriecht, um etwas aufzufinden, was durch den Vorteil, den es verspricht, ihn von der Strafe oder auch nur einem Grade derselben entbinde, nach dem pharisäischen Wahlspruch: »es ist besser, daß ein Mensch sterbe, als daß das ganze Volk ver- [332]
derbe«; denn, wenn die Gerechtigkeit untergeht, so hat es keinen Wert mehr, daß Menschen auf Erden leben. – Was soll man also von dem Vorschlage halten: einem Verbrecher auf den Tod das Leben zu erhalten, wenn er sich dazu verstände, an sich gefährliche Experimente machen zu lassen, und so glücklich wäre, gut durchzukommen; damit die Ärzte dadurch eine neue, dem gemeinen Wesen ersprießliche, Belehrung erhielten? Ein Gerichts-

hof würde das medizinische Kollegium, das diesen Vorschlag täte, mit Verachtung abweisen; denn die Gerechtigkeit hört auf, eine zu sein, wenn sie sich für irgend einen Preis weggibt.

Welche Art aber und welcher Grad der Bestrafung ist es, welche die öffentliche Gerechtigkeit sich zum Prinzip und Richtmaße macht? Kein anderes, als das Prinzip der Gleichheit (im Stande des Züngleins an der Wage der Gerechtigkeit), sich nicht mehr auf die eine, als auf die andere Seite hinzuneigen. Also: was für unverschuldetes Übel du einem Anderen im Volke zufügst, das tust du dir selbst an. Beschimpfst du ihn, so beschimpfst du dich selbst; bestiehlst du ihn, so bestiehlst du dich selbst; schlägst du ihn, so schlägst du dich selbst; tötest du ihn, so tötest du dich selbst. Nur das Wiedervergeltungsrecht *(ius talionis)* aber, wohl zu verstehen, vor den Schranken des Gerichts (nicht in deinem Privaturteil), kann die Qualität und Quantität der Strafe bestimmt angeben; alle anderen sind hin und her schwankend und können, anderer sich einmischenden Rücksichten wegen, keine Angemessenheit mit dem Spruch der reinen und strengen Gerechtigkeit enthalten. – Nun scheint es zwar, daß der Unterschied der Stände das Prinzip der Wiedervergeltung: Gleiches mit Gleichem, nicht verstatte; aber, wenn es gleich nicht nach dem Buchstaben möglich sein kann, so kann es doch der Wirkung nach, respektive auf die Empfindungsart der Vornehmeren, immer geltend bleiben. – So hat z. B. Geldstrafe wegen einer Verbalinjurie gar kein Verhältnis zur Beleidigung; denn, der des Geldes viel hat, kann diese sich wohl einmal zur Lust erlauben, aber die Kränkung der Ehrliebe des Einen kann doch dem Wehtun des Hochmuts des Anderen sehr gleich kommen: wenn dieser nicht allein öffentlich abzubitten, sondern jenem, ob er zwar niedriger ist, etwa zugleich die Hand zu küssen, durch Urteil und Recht genötigt würde. Ebenso, wenn der gewalttätige Vornehme für die Schläge, die er dem niederen, aber schuldlosen Staatsbürger zumißt, außer der Abbitte noch zu einem einsamen und beschwerlichen Arrest ver-
[333] urteilt würde, weil hiermit, außer der Ungemächlichkeit, noch die Eitelkeit des Täters schmerzhaft angegriffen und so durch Beschämung Gleiches mit Gleichem gehörig vergolten würde. – Was heißt das aber: »Bestiehlst du ihn, so bestiehlst du dich

selbst?« Wer da stiehlt, macht aller Anderer Eigentum unsicher; er beraubt sich also (nach dem Rechte der Wiedervergeltung) der Sicherheit alles möglichen Eigentums; er hat nichts und kann auch nichts erwerben, will aber doch leben; welches nun nicht anders möglich ist, als daß ihn Andere ernähren. Weil dieses aber der Staat nicht umsonst tun wird, so muß er diesem seine Kräfte zu ihm beliebigen Arbeiten (Karren- oder Zuchthausarbeit) überlassen, und kommt auf gewisse Zeit, oder, nach Befinden, auch auf immer, in den Sklavenstand. – Hat er aber gemordet, so muß er sterben. Es gibt hier kein Surrogat zur Befriedigung der Gerechtigkeit. Es ist keine Gleichartigkeit zwischen einem noch so kummervollen Leben und dem Tode, also auch keine Gleichheit des Verbrechens und der Wiedervergeltung, als durch den am Täter gerichtlich vollzogenen, doch von aller Mißhandlung, welche die Menschheit in der leidenden Person zum Scheusal machen könnte, befreiten Tod. – Selbst, wenn sich die bürgerliche Gesellschaft mit aller Glieder Einstimmung auflöste (z.B. das eine Insel bewohnende Volk beschlösse, auseinander zu gehen und sich in alle Welt zu zerstreuen), müßte der letzte im Gefängnis befindliche Mörder vorher hingerichtet werden, damit jedermann das widerfahre, was seine Taten wert sind, und die Blutschuld nicht auf dem Volke hafte, das auf diese Bestrafung nicht gedrungen hat; weil es als Teilnehmer an dieser öffentlichen Verletzung der Gerechtigkeit betrachtet werden kann.

Diese Gleichheit der Strafen, die allein durch die Erkenntnis des Richters auf den Tod, nach dem strengen Wiedervergeltungsrechte, möglich ist, offenbart sich daran, daß dadurch allein proportionierlich mit der inneren Bösartigkeit der Verbrecher das Todesurteil über alle (selbst wenn es nicht einen Mord, sondern ein anderes nur mit dem Tode zu tilgendes Staatsverbrechen beträfe) ausgesprochen wird. – Setzet, daß, wie in den letzten schottischen Rebellion, da verschiedene Teilnehmer an derselben (wie Balmerino und andere) durch ihre Empörung nichts als eine dem Hause Stuart schuldige Pflicht auszuüben glaubten, andere dagegen Privatabsichten hegten, von dem höchsten Gerichte das Urteil so gesprochen worden wäre: ein jeder solle die Freiheit der Wahl zwischen dem Tode und der Karrenstrafe

[334] haben; so sage ich: der ehrliche Mann wählt den Tod, der Schelm aber die Karre; so bringt es die Natur des menschlichen Gemütes mit sich. Denn der erstere kennt etwas, was er noch höher schätzt als selbst das Leben: nämlich die Ehre; der andere hält ein mit Schande bedecktes Leben doch immer noch für besser, als gar nicht zu sein (*animam praeferre pudori.* Juvenal). Der erstere ist nun ohne Widerrede weniger strafbar als der andere, und so werden sie durch den über alle gleich verhängten Tod ganz proportionierlich bestraft; jener gelinde nach seiner Empfindungsart, und dieser hart nach der seinigen; dahingegen, wenn durchgängig auf die Karrenstrafe erkannt würde, der erstere zu hart, der andere für seine Niederträchtigkeit gar zu gelinde bestraft wäre; und so ist auch hier im Ausspruche über eine im Komplott vereinigte Zahl von Verbrechern der beste Ausgleicher vor der öffentlichen Gerechtigkeit, der Tod. – Überdem hat man nie gehört, daß ein wegen Mordes zum Tode Verurteilter sich beschwert hätte, daß ihm damit zuviel und also unrecht geschehe; jeder würde ihm ins Gesicht lachen, wenn er sich dessen äußerte. – Man müßte sonst annehmen, daß, wenn dem Verbrecher gleich nach dem Gesetz nicht unrecht geschieht, doch die gesetzgebende Gewalt im Staat diese Art von Strafe zu verhängen nicht befugt, und, wenn sie es tut, mit sich selbst im Widerspruch sei.

Soviel also der Mörder sind, die den Mord verübt, oder auch befohlen, oder dazu mitgewirkt haben, so viele müssen auch den Tod leiden; so will es die Gerechtigkeit als Idee der richterlichen Gewalt nach allgemeinen, *a priori* begründeten Gesetzen. – Wenn aber doch die Zahl der Komplizen *(correi)* zu einer solchen Tat so groß ist, daß der Staat, um keine solchen Verbrecher zu haben, bald dahin kommen könnte, keine Untertanen mehr zu haben, und sich doch nicht auflösen, d.i. in den noch viel ärgeren, aller äußeren Gerechtigkeit entbehrenden Naturzustand übergehen (vornehmlich nicht durch das Spektakel einer Schlachtbank das Gefühl des Volks abstumpfen) will, so muß es auch der Souverän in seiner Macht haben, in diesem Notfall *(casus necessitatis)* selbst den Richter zu machen (vorzustellen) und ein Urteil zu sprechen, welches, statt der Lebensstrafe, eine andere den Verbrechern zuerkennt, bei der die Volksmenge noch erhalten wird; dergleichen die Deportation ist: dieses selbst aber nicht als nach einem öffentlichen Gesetz, sondern durch einen Machtspruch, d. i. einen Akt des Majestätsrechts, der, als Begnadigung, nur immer in einzelnen Fällen ausgeübt werden kann.

Hiergegen hat nun der Marchese Beccaria aus teilnehmender Empfindelei einer affektierten Humanität *(compassibilitas)*, [335] seine Behauptung der Unrechtmäßigkeit aller Todesstrafe aufgestellt: weil sie im ursprünglichen bürgerlichen Vertrage nicht enthalten sein könnte; denn, da hätte jeder im Volk einwilligen müssen, sein Leben zu verlieren, wenn er etwa einen Anderen (im Volk) ermordete; diese Einwilligung aber sei unmöglich, weil niemand über sein Leben disponieren könne. Alles Sophisterei und Rechtsverdrehung.

Strafe erleidet jemand nicht, weil er sie, sondern weil er eine strafbare Handlung gewollt hat; denn es ist keine Strafe, wenn einem geschieht, was er will, und es ist unmöglich, gestraft werden zu wollen. – Sagen: ich will gestraft werden, wenn ich jemand ermorde, heißt nichts mehr als: ich unterwerfe mich samt allen Übrigen den Gesetzen, welche natürlicherweise, wenn es Verbrecher im Volk gibt, auch Strafgesetze sein werden. Ich, als Mitgesetzgeber, der das Strafgesetz diktiert, kann unmöglich dieselbe Person sein, die, als Untertan, nach dem Gesetz bestraft wird; denn als ein solcher, nämlich als Verbrecher, kann ich unmöglich eine Stimme in der Gesetzgebung haben (der Gesetzgeber ist heilig). Wenn ich also ein Strafgesetz gegen mich, als einen Verbrecher, abfasse, so ist es in mir die reine rechtlich-gesetzgebende Vernunft *(homo noumenon)*, die mich als einen des Verbrechens fähigen, folglich als eine andere Person *(homo phaenomenon)*, samt allen übrigen in einem Bürgerverein dem Strafgesetze unterwirft. Mit anderen Worten: nicht das Volk (jeder einzelne in demselben), sondern das Gericht (die öffentliche Gerechtigkeit), mithin ein Anderer als der Verbrecher, diktiert die Todesstrafe, und im Sozialkontrakt ist gar nicht das Versprechen enthalten, sich strafen zu lassen, und so über sich selbst und sein Leben zu disponieren. Denn wenn der Befugnis zu strafen ein Versprechen des Missetäters zum Grunde liegen müßte, sich strafen lassen zu wollen, so müßte es diesem auch überlassen werden, sich straffällig zu finden, und der Verbrecher würde sein eigener Richter sein. – Der Hauptpunkt des Irrtums *(πρῶτον ψεῦδος)* dieses Sophismas besteht darin: daß es das eigene Urteil des Verbrechers (das man seiner Vernunft notwendig zutrauen muß), des Lebens verlustig werden zu müssen, für einen Beschluß des Willens ansieht, es sich selbst zu nehmen, und so sich die Rechtsvollziehung mit der Rechtsbeurteilung in einer und derselben Person vereinigt vorstellt.

Es gibt indessen zwei todeswürdige Verbrechen, in Ansehung deren, ob die Gesetzgebung auch die Befugnis habe, sie mit [336] der Todesstrafe zu belegen, noch zweifelhaft bleibt. Zu beiden verleitet das Ehrgefühl. Das eine ist das der Geschlechtsehre, das andere der Kriegsehre, und zwar der wahren Ehre, welche jeder dieser zwei Menschenklassen als Pflicht obliegt. Das eine Verbrechen ist der mütterliche Kindesmord *(infanticidium maternale)*; das andere der Kriegsgesellenmord *(commilitonicidium)*, das Duell. – Da die Gesetzgebung die Schmach einer unehelichen Geburt nicht wegnehmen, und ebensowenig den Fleck, welcher aus dem Verdacht der Feigheit auf einen untergeordneten Kriegsbefehlshaber fällt, welcher einer verächtlichen Begegnung nicht eine über die Todesfurcht erhobene eigene Gewalt entgegensetzt, wegwischen kann: so scheint es, daß Menschen in diesen Fällen sich im Naturzustande befinden und Tötung *(homicidium)*, die alsdann nicht einmal Mord *(homicidium dolosum)* heißen müßte, in beiden zwar allerdings strafbar sei, von der obersten Macht aber mit dem Tode nicht könne bestraft werden. Das unehelich auf die Welt gekommene Kind ist außer dem Gesetz (denn das heißt Ehe), mithin auch außer dem Schutze desselben, geboren. Es ist in das gemeine Wesen gleichsam eingeschlichen (wie verbotene Ware), so daß dieses seine Existenz (weil es billig auf diese Art nicht hätte existieren sollen), mithin auch seine Vernichtung ignorieren kann, und die Schande der Mutter, wenn ihre uneheliche Niederkunft bekannt wird, kann keine Verordnung heben. – Der zum Unterbefehlshaber eingesetzte Kriegsmann, dem ein Schimpf angetan wird, sieht sich

3 daß es das] daß das 19 Feigheit auf] Feigheit, der auf

ebensowohl durch die öffentliche Meinung der Mitgenossen seines Standes genötigt, sich Genugtuung, und, wie im Naturzustande, Bestrafung des Beleidigers nicht durchs Gesetz, vor einem Gerichtshofe, sondern durch das Duell, darin er sich selbst der Lebensgefahr aussetzt, zu verschaffen, um seinen Kriegsmut zu beweisen, als worauf die Ehre seines Standes wesentlich beruht, sollte es auch mit der Tötung seines Gegners verbunden sein, die in diesem Kampfe, der öffentlich und mit beiderseitiger Einwilligung, doch auch ungern, geschieht, eigentlich nicht Mord *(homicidium dolosum)* genannt werden kann. – Was ist nun in beiden (zur Kriminalgerechtigkeit gehörigen) Fällen rechtens? Hier kommt die Strafgerechtigkeit gar sehr ins Gedränge: entweder den Ehrbegriff (der hier kein Wahn ist) durchs Gesetz für nichtig zu erklären, und so mit dem Tode zu strafen, oder von dem Verbrechen die angemessene Todesstrafe wegzunehmen, und so entweder grausam oder nachsichtig zu sein. Die Auflösung dieses Knotens ist: daß der kategorische Imperativ der Strafgerechtigkeit (die gesetzwidrige Tötung eines anderen müsse [337] mit dem Tode bestraft werden) bleibt, die Gesetzgebung selber aber (mithin auch die bürgerliche Verfassung), solange sie noch barbarisch und unausgebildet, daran schuld ist, daß die Triebfedern der Ehre im Volk (subjektiv) nicht mit den Maßregeln zusammentreffen wollen, die (objektiv) ihrer Absicht gemäß sind, sodaß die öffentliche, vom Staat ausgehende, Gerechtigkeit in Ansehung der aus dem Volk eine Ungerechtigkeit wird.

II. Das Begnadigungsrecht *(ius aggratiandi)* für den Verbrecher, entweder der Milderung oder gänzlichen Erlassung der Strafe, ist wohl unter allen Rechten des Souveräns das schlüpfrigste, um den Glanz seiner Hoheit zu beweisen, und dadurch doch in hohem Grade unrecht zu tun. – In Ansehung der Verbrechen der Untertanen gegeneinander steht es schlechterdings ihm nicht zu, es auszuüben; denn hier ist Straflosigkeit *(impunitas criminis)* das größte Unrecht gegen die letzteren. Also nur bei einer

20 sie noch] noch als

Läsion, die ihm selbst widerfährt *(crimen laesae maiestatis)*, kann er davon Gebrauch machen. Aber auch da nicht einmal, wenn durch Ungestraftheit dem Volk selbst in Ansehung seiner Sicherheit Gefahr erwachsen könnte. – Dieses Recht ist das einzige, was den Namen des Majestätsrechts verdient.

F. Von dem rechtlichen Verhältnisse des Bürgers zum Vaterlande und zum Auslande ⟨§ 50⟩

Das Land *(territorium)*, dessen Einsassen schon durch die Konstitution, d. i. ohne einen besonderen rechtlichen Akt ausüben zu dürfen (mithin durch die Geburt), Mitbürger eines und desselben gemeinen Wesens sind, heißt das Vaterland; das, worin sie es ohne diese Bedingung nicht sind, das Ausland, und dieses, wenn es einen Teil der Landesherrschaft überhaupt ausmacht, heißt die Provinz (in der Bedeutung, wie die Römer dieses Wort brauchten), welche, weil sie doch keinen koalisierten Teil des Reichs *(imperii)* als Sitz von Mitbürgern, sondern nur eine Besitzung desselben durch seine Untertanen ausmacht, den Boden des herrschenden Staats als Mutterland *(regio domina)* verehren muß.

[338] 1. Der Untertan (auch als Bürger betrachtet) hat das Recht der Auswanderung; denn der Staat könnte ihn nicht als sein Eigentum zurückhalten. Doch kann er nur seine fahrende, nicht die liegende Habe mit herausnehmen; welches alsdann doch geschehen würde, wenn er seinen bisher besessenen Boden zu verkaufen, und das Geld dafür mit sich zu nehmen, befugt wäre.

2. Der Landesherr hat das Recht der Begünstigung der Einwanderung und Ansiedelung Fremder (Kolonisten), obgleich seine Landeskinder dazu scheel sehen möchte; wenn ihnen nur nicht das Privateigentum am Boden gekürzt wird.

3. Ebenderselbe hat auch, im Falle eines Verbrechens des Untertans, welches alle Gemeinschaft der Mitbürger mit ihm für den

17 durch seine Untertanen] als eines Unterhauses 29 am] derselben am

Staat verderblich macht, das Recht der Verbannung in eine Provinz im Auslande, wo er keiner Rechte eines Bürges teilhaftig wird, d.i. zur Deportation.

4. Auch das der Landesverweisung überhaupt *(ius exilii)*, ihn in die weite Welt, d.i. ins Ausland überhaupt (in der altdeutschen Sprache Elend genannt) zu schicken; welches, weil der Landesherr ihm nun allen Schutz entzieht, soviel bedeutet als ihn innerhalb seinen Grenzen vogelfrei zu machen. *135*

[343]
DES ÖFFENTLICHEN RECHTS

139
ZWEITER ABSCHNITT

Das Völkerrecht

§ 53

Die Menschen, welche ein Volk ausmachen, können, als Landeseingeborene, nach der Analogie der Erzeugung von einem gemeinschaftlichen Elternstamm *(congeniti)* vorgestellt werden, ob sie es gleich nicht sind: dennoch aber, in intellektueller und rechtlicher Bedeutung, als von einer gemeinschaftlichen Mutter (der Republik) geboren, gleichsam eine Familie *(gens, natio)* ausmachen, deren Glieder (Staatsbürger) alle ebenbürtig sind, und mit denen, die neben ihnen ihm Naturzustande leben möchten, als unedlen keine Vermischung eingehen, obgleich diese (die Wilden) ihrerseits sich wiederum wegen der gesetzlosen Freiheit, die sie gewählt haben, vornehmer dünken, die gleichfalls Völkerschaften, aber nicht Staaten, ausmachen. Das Recht der Staaten in Verhältnis zueinander [welches nicht ganz richtig im Deutschen das Völkerrecht genannt wird, sondern vielmehr das Staatenrecht *(ius publicum civitatum)* heißen sollte] ist nun dasjenige, was wir unter dem Namen des Völkerrechts zu betrachten haben: wo ein Staat, als eine moralische Person, gegen einen anderen im Zustande der natürlichen Freiheit, folglich auch dem des beständigen Krieges betrachtet, teils das Recht zum Kriege, teils das im Kriege, teils das, einander zu nötigen, aus diesem Kriegszustande herauszugehen, mithin eine den beharrlichen Frieden gründende Verfassung, d.i. das Recht nach dem Kriege zur Aufgabe macht, und führt nur das Unterscheidende von dem des Naturzustandes einzelner Menschen oder Familien (im Verhältnis gegeneinander) von dem der Völker bei sich, daß im Völkerrecht nicht bloß ein Verhältnis eines Staats gegen den anderen im ganzen, sondern auch einzelner Personen des einen
[344] gegen einzelne des anderen, imgleichen gegen den ganzen anderen Staat selbst in Betrachtung kommt; welcher Unterschied aber vom Recht einzelner im bloßen Naturzustande nur solcher Be-

stimmungen bedarf, die sich aus dem Begriffe des letzteren leicht folgern lassen.

§ 54

Die Elemente des Völkerrechts sind: 1. daß Staaten, im äußeren Verhältnis gegeneinander betrachtet, (wie gesetzlose Wilde) von Natur in einem nicht-rechtlichen Zustande sind; 2. daß dieser Zustand ein Zustand des Krieges (des Rechts des Stärkeren), wenngleich nicht wirklicher Krieg und immerwährende wirkliche Befehdung (Hostilität) ist, welche (indem sie es beide nicht besser haben wollen), obzwar dadurch keinem von dem Anderen unrecht geschieht, doch an sich selbst im höchsten Grade unrecht ist, und aus welchem die Staaten, welche einander benachbart sind, auszugehen verbunden sind; 3. daß ein Völkerbund, nach der Idee eines ursprünglichen gesellschaftlichen Vertrages, notwendig ist, sich zwar einander nicht in die einheimischen Mißhelligkeiten derselben zu mischen, aber doch gegen Angriffe der äußeren Feinde zu schützen; 4. daß die Verbindung doch keine souveräne Gewalt (wie in einer bürgerlichen Verfassung), sondern nur eine Genossenschaft (Föderalität) enthalten müsse; eine Verbündung, die zu aller Zeit aufgekündigt werden kann, mithin von Zeit zu Zeit erneuert werden muß, – ein Recht *in subsidium* eines anderen und ursprünglichen Rechts, den Verfall in den Zustand des wirklichen Krieges derselben untereinander von sich abzuwehren *(foedus Amphictyonum)*.

§ 55

Bei jenem ursprünglichen Rechte zum Kriege freier Staaten gegeneinander im Naturzustande (um etwa einen dem rechtlichen sich annähernden Zustand zu stiften) erhebt sich zuerst die Frage: welches Recht hat der Staat gegen seine eigenen Untertanen, sie zum Kriege gegen andere Staaten zu brauchen, ihre Güter, ja ihr Leben dabei aufzuwenden, oder aufs Spiel zu

17 äußeren Feinde zu] äußeren zu

setzen: so, daß es nicht von dieser ihrem eigenen Urteil abhängt, ob sie in den Krieg ziehen wollen oder nicht, sondern der Oberbefehl des Souveräns sie hineinschicken darf?

Dieses Recht scheint sich leicht dartun zu lassen; nämlich aus dem Rechte, mit dem Seinen (Eigentum) zu tun, was man will. [345] Was jemand aber der Substanz nach selbst gemacht hat, davon hat er ein unbestrittenes Eigentum. – Hier ist also die Deduktion, so wie sie ein bloßer Jurist abfassen würde.

Es gibt mancherlei Naturprodukte in einem Lande, die doch, was die Menge derselben von einer gewissen Art betrifft, zugleich als Gemächsel *(artefacta)* des Staats angesehen werden müssen, weil das Land sie in solcher Menge nicht liefern würde, wenn es nicht einen Staat und eine ordentliche machthabende Regierung gäbe, sondern die Bewohner im Stande der Natur wären. – Haushühner (die nützlichste Art des Geflügels), Schafe, Schweine, das Rindergeschlecht u. a. m. würden, entweder aus Mangel an Futter, oder der Raubtiere wegen, in dem Lande, wo ich lebe, entweder gar nicht, oder höchst sparsam anzutreffen sein, wenn es darin nicht eine Regierung gäbe, welche den Einwohnern ihren Erwerb und Besitz sicherte. – Ebendas gilt auch von der Menschenzahl, die, ebenso wie in den amerikanischen Wüsten, ja selbst dann, wenn man diesen den größten Fleiß (den jene nicht haben) beilegte, nur gering sein kann. Die Einwohner würden nur sehr dünn gesät sein, weil keiner derselben sich, mitsamt seinem Gesinde, auf einem Boden weit verbreiten könnte, der immer in Gefahr ist, von Menschen oder Wilden und Raubtieren verwüstet zu werden; mithin sich für eine so große Menge von Menschen, als jetzt auf einem Lande leben, kein hinlänglicher Unterhalt finden würde. – So, wie man nun von Gewächsen (z. B. den Kartoffeln) und von Haustieren, weil sie, was die Menge betrifft, ein Machwerk der Menschen sind, sagen kann, daß man sie gebrauchen, verbrauchen und verzehren (töten lassen) kann: so, scheint es, könne man auch von der obersten Gewalt im Staat, dem Souverän, sagen, er habe das Recht, seine Untertanen, die dem größten Teil nach sein eigenes Produkt sind,

26 Wilden] ? wilden? *Vgl. aber VIII 354,16f.*

in den Krieg, wie auf eine Jagd und zu einer Feldschlacht, wie auf eine Lustpartie zu führen.

Dieser Rechtsgrund aber (der vermutlich den Monarchen auch dunkel vorschweben mag) gilt zwar freilich in Ansehung der Tiere, die ein Eigentum des Menschen sein können, will sich aber doch schlechterdings nicht auf den Menschen, vornehmlich als Staatsbürger, anwenden lassen, der im Staat immer als mitgesetzgebendes Glied betrachtet werden muß (nicht bloß als Mittel, sondern auch zugleich als Zweck an sich selbst), und der also zum Kriegführen nicht allein überhaupt, sondern auch zu jeder besonderen Kriegserklärung, vermittelst seiner Repräsentanten, seine freie Beistimmung geben muß, unter welcher einschränkenden [346] Bedingung allein der Staat über seinen gefahrvollen Dienst disponieren kann.

Wir werden also wohl dieses Recht von der Pflicht des Souveräns gegen das Volk (nicht umgekehrt) abzuleiten haben; wobei dieses dafür angesehen werden muß, daß es seine Stimme dazu gegeben habe, in welcher Qualität es, obzwar passiv (mit sich machen läßt), doch auch selbsttätig ist, und den Souverän selbst vorstellt.

§ 56

Im natürlichen Zustande der Staaten ist das Recht zum Kriege (zu Hostilitäten) die erlaubte Art, wodurch ein Staat sein Recht gegen einen anderen Staat verfolgt, nämlich, wenn er von diesem sich lädiert glaubt, durch eigene Gewalt; weil es durch einen Prozeß (als durch den allein die Zwistigkeiten im rechtlichen Zustande ausgeglichen werden) in jenem Zustande nicht geschehen kann. – Außer der tätigen Verletzung (der ersten Aggression, welche von der ersten Hostilität unterschieden ist) ist es die Bedrohung. Hierzu gehört entweder eine zuerst vorgenommene Zurüstung, worauf sich das Recht des Zuvorkommens *(ius praeventionis)* gründet, oder auch bloß die fürchterlich (durch Ländererwerbung) anwachsende Macht *(potentia tremenda)* eines anderen Staats. Diese ist eine Läsion des Mindermächtigen, bloß durch den Zustand vor aller Tat des Übermächtigen, und im Naturzustande ist dieser Angriff allerdings rechtmäßig. Hierauf gründet sich also das Recht des Gleichgewichts aller einander tätig berührenden Staaten.

Was die tätige Verletzung betrifft, die ein Recht zum Kriege gibt, so gehört dazu die selbstgenommene Genugtuung für die Beleidigung des einen Volks durch das Volk des anderen Staats, die Wiedervergeltung *(retorsio)*, ohne eine Erstattung (durch friedliche Wege) bei dem anderen Staate zu suchen, womit, der Förmlichkeit nach, der Ausbruch des Krieges, ohne vorhergehende Aufkündigung des Friedens (Kriegsankündigung), eine Ähnlichkeit hat; weil, wenn man einmal ein Recht im Kriegszustande finden will, etwas Analogisches mit einem Vertrag angenommen werden muß, nämlich Annahme der Erklärung des anderen Teils, daß beide ihr Recht auf diese Art suchen wollen.

§ 57

Das Recht im Kriege ist gerade das im Völkerrecht, wobei die meiste Schwierigkeit ist, um sich auch nur einen Begriff davon zu machen, und ein Gesetz in diesem gesetzlosen Zustande zu denken *(inter arma silent leges)*, ohne sich selbst zu widersprechen; es müßte denn dasjenige sein: den Krieg nach solchen Grundsätzen zu führen, nach welchen es immer noch möglich bleibt, aus jenem Naturzustande der Staaten (im äußeren Verhältnis gegeneinander) herauszugehen, und in einen rechtlichen zu treten.

Kein Krieg unabhängiger Staaten gegeneinander kann ein Strafkrieg *(bellum punitivum)* sein. Denn Strafe findet nur im Verhältnisse eines Oberen *(imperantis)* gegen den Unterworfenen *(subditum)* statt, welches Verhältnis nicht das der Staaten gegeneinander ist. – Aber auch weder ein Ausrottungs- *(bellum internecinum)* noch Unterjochungskrieg *(bellum subiugatorium)*, der eine moralische Vertilgung eines Staats (dessen Volk nun mit dem des Überwinders entweder in eine Masse ver-

18 ist, um sich] ? ist, sich?

schmelzt oder in Knechtschaft verfällt) sein würde. Nicht als ob dieses Notmittel des Staats, zum Friedenszustande zu gelangen, an sich dem Rechte eines Staats widerspräche, sondern weil die Idee des Völkerrechts bloß den Begriff eines Antagonismus nach Prinzipien der äußeren Freiheit bei sich führt, um sich bei dem Seinen zu erhalten, aber nicht eine Art zu erwerben, als welche, durch Vergrößerung der Macht des einen Staats, für den anderen bedrohend sein kann.

Verteidigungsmittel aller Art sind dem bekriegten Staat erlaubt, nur nicht solche, deren Gebrauch die Untertanen desselben, Staatsbürger zu sein, unfähig machen würde; denn alsdann machte er sich selbst zugleich unfähig, im Staatsverhältnisse nach dem Völkerrecht für eine Person zu gelten (die gleicher Rechte mit anderen teilhaftig wäre). Darunter gehört: seine eigenen Untertanen zu Spionen, diese, ja auch Auswärtige zu Meuchelmördern, Giftmischern (in welche Klasse auch wohl die sogenannten Scharfschützen, welche Einzelnen im Hinterhalte auflauern, gehören möchten), oder auch nur zur Verbreitung falscher Nachrichten, zu gebrauchen; mit einem Worte, sich solcher heimtückischen Mittel zu bedienen, die das Vertrauen, welches zur künftigen Gründung eines dauerhaften Friedens erforderlich ist, vernichten würden.

Im Kriege ist es erlaubt, dem überwältigten Feinde Lieferungen und Kontribution aufzulegen, aber nicht das Volk zu plün- [348]
dern, d.i. einzelnen Personen das Ihrige abzuzwingen (denn das wäre Raub; weil nicht das überwundene Volk, sondern der Staat, unter dessen Herrschaft es war, durch dasselbe Krieg führte); sondern durch Ausschreibungen gegen ausgestellte Scheine, um bei nachfolgendem Frieden die dem Lande oder der Provinz aufgelegte Last proportionierlich zu verteilen.

§ 58

Das Recht nach dem Kriege, d.i. im Zeitpunkte des Friedensvertrags und in Hinsicht auf die Folgen desselben, besteht darin: der Sieger macht die Bedingungen, über die mit dem Besiegten übereinzukommen und zum Friedensschluß zu gelangen, Traktaten gepflogen werden, und zwar nicht gemäß irgend einem vorzuschützenden Recht, was ihm wegen der vorgeblichen Läsion seines Gegners zustehe, sondern, indem er diese Frage auf sich beruhen läßt, sich stützend auf seine Gewalt. Daher kann der Überwinder nicht auf Erstattung der Kriegskosten antragen; weil er den Krieg seines Gegners alsdann für ungerecht ausgeben müßte, sondern, ob er sich gleich dieses Argument denken mag, so darf er es doch nicht anführen, weil er ihn sonst für einen Bestrafungskrieg erklären, und so wiederum eine Beleidigung ausüben würde. Hierzu gehört auch die (auf keinen Loskauf zu stellende) Auswechselung der Gefangenen, ohne auf Gleichheit der Zahl zu sehen.

Der überwundene Staat oder dessen Untertanen verlieren durch die Eroberung des Landes nicht ihre staatsbürgerliche Freiheit, so, daß jener zur Kolonie, diese zu Leibeigenen abgewürdigt würden; denn sonst wäre es ein Strafkrieg gewesen, der an sich selbst widersprechend ist. – Eine Kolonie oder Provinz ist ein Volk, das zwar seine eigene Verfassung, Gesetzgebung, Boden hat, auf welchem die zu einem anderen Staat gehörigen nur Fremdlinge sind, der dennoch über jenes die oberste ausübende Gewalt hat. Der letztere heißt der Mutterstaat. Der Tochterstaat wird von jenem beherrscht, aber doch von sich selbst (durch sein eigenes Parlament, allenfalls unter dem Vorsitz eines Vizekönigs) regiert *(civitas hybrida)*. Dergleichen war Athen in Beziehung auf verschiedene Inseln, und ist jetzt Großbritannien in Ansehung Irlands.

Noch weniger kann Leibeigenschaft und ihre Rechtmäßigkeit von der Überwältigung eines Volks durch Krieg abgeleitet
[349] werden, weil man hierzu einen Strafkrieg annehmen müßte. Am allerwenigsten eine erbliche Leibeigenschaft, die überhaupt absurd ist, weil die Schuld aus jemandes Verbrechen nicht anerben kann.

Daß mit dem Friedensschlusse auch die Amnestie verbunden sei, liegt schon im Begriffe desselben.

§ 59

Das Recht des Friedens ist 1. das, im Frieden zu sein, wenn in der Nachbarschaft Krieg ist, oder das der Neutralität; 2. sich die Fortdauer des geschlossenen Friedens zusichern zu lassen, d. i. das der Garantie; 3. zu wechselseitiger Verbindung (Bundesgenossenschaft) mehrerer Staaten, sich gegen alle äußeren oder inneren etwaigen Angriffe gemeinschaftlich zu verteidigen; nicht ein Bund zum Angreifen und innerer Vergrößerung.

§ 60

Das Recht eines Staats gegen einen ungerechten Feind hat keine Grenzen (wohl zwar der Qualität, aber nicht der Quantität, d. i. dem Grade nach): d. i. der beeinträchtigte Staat darf sich zwar nicht aller Mittel, aber doch der an sich zulässigen in dem Maße bedienen, um das Seine zu behaupten, als er dazu Kräfte hat. – Was ist aber nun nach Begriffen des Völkerrechts, in welchem, wie überhaupt im Naturzustande, ein jeder Staat in seiner eigenen Sache Richter ist, ein ungerechter Feind? Es ist derjenige, dessen öffentlich (es sei wörtlich oder tätlich) geäußerter Wille eine Maxime verrät, nach welcher, wenn sie zur allgemeinen Regel gemacht würde, kein Friedenszustand unter Völkern möglich, sondern der Naturzustand verewigt werden müßte. Dergleichen ist die Verletzung öffentlicher Verträge, von welcher man voraussetzen kann, daß sie die Sache aller Völker betrifft, deren Freiheit dadurch bedroht wird, und die dadurch aufgefordert werden, sich gegen einen solchen Unfug zu vereinigen, und ihm die Macht dazu zu nehmen; – aber doch auch nicht, um sich in sein Land zu teilen, einen Staat gleichsam auf der Erde verschwinden zu machen, denn das wäre Ungerechtigkeit gegen das Volk, welches sein ursprüngliches Recht, sich in ein gemeines Wesen zu verbinden, nicht verlieren kann; sondern es eine neue Verfassung annehmen zu lassen, die, ihrer Natur nach, der Neigung zum Kriege ungünstig ist.

Übrigens ist der Ausdruck eines ungerechten Feindes im Na-

[350] turzustande *pleonastisch*; denn der Naturzustand ist selbst ein Zustand der Ungerechtigkeit. Ein gerechter Feind würde der sein, welchem meinerseits zu widerstehen ich unrecht tun würde; dieser würde aber alsdann auch nicht mein Feind sein.

§ 61

Da der Naturzustand der Völker, ebensowohl als einzelner Menschen, ein Zustand ist, aus dem man herausgehen soll, um in einen gesetzlichen zu treten: so ist vor diesem Ereignis alles Recht der Völker und alles durch den Krieg erwerbliche oder erhaltbare äußere Mein und Dein der Staaten bloß *provisorisch*, und kann nur in einem allgemeinen *Staatenverein* (analogisch mit dem, wodurch ein Volk Staat wird) *peremtorisch* geltend und ein wahrer *Friedenszustand* werden. Weil aber, bei gar zu großer Ausdehnung eines solchen Völkerstaats über weite Landstriche, die Regierung desselben, mithin auch die Beschützung eines jeden Gliedes endlich unmöglich werden muß, eine Menge solcher Korporationen aber wiederum einen Kriegszustand herbeiführt: so ist der *ewige Friede* (das letzte Ziel des ganzen Völkerrechts) freilich eine unausführbare Idee. Die politischen Grundsätze aber, die darauf abzwecken, nämlich solche Verbindungen der Staaten einzugehen, als zur kontinuierlichen *Annäherung* zu demselben dienen, sind es nicht, sondern, so wie diese eine auf der Pflicht, mithin auch auf dem Rechte der Menschen und Staaten gegründete Aufgabe ist, allerdings ausführbar.

Man kann einen solchen *Verein* einiger *Staaten*, um den Frieden zu erhalten, den *permanenten Staatenkongreß* nennen, zu welchem sich zu gesellen jedem benachbarten unbenommen bleibt; dergleichen (wenigstens was die Förmlichkeiten des Völkerrechts, in Absicht auf Erhaltung des Friedens, betrifft) in der ersten Hälfte dieses Jahrhunderts in der Versammlung der Generalstaaten im Haag noch stattfand; wo die Minister der meisten europäischen Höfe, und selbst der kleinsten Republiken, ihre Beschwerden über die Befehdungen, die einem von dem anderen widerfahren waren, anbrachten, und so sich ganz Europa als einen einzigen föderierten Staat dachten, den sie in jener ihren öffentlichen Streitigkeiten gleichsam als Schiedsrichter annahmen, statt dessen späterhin das Völkerrecht bloß in Büchern übrig geblieben, aus Kabinetten aber verschwunden, oder, nach schon verübter Gewalt, in Form der Deduktionen, der Dunkelheit der Archive anvertraut worden ist.

Unter einem Kongreß wird hier aber nur eine willkürliche, [351] zu aller Zeit auflösliche Zusammentretung verschiedener Staaten, nicht eine solche Verbindung, welche (sowie die der amerikanischen Staaten) auf einer Staatsverfassung gegründet, und daher unauflöslich ist, verstanden; – durch welchen allein die Idee eines zu errichtenden öffentlichen Rechts der Völker, ihre Streitigkeiten auf zivile Art, gleichsam durch einen Prozeß, nicht auf barbarische (nach Art der Wilden), nämlich durch Krieg zu entscheiden, realisiert werden kann.

9 auflösliche] ablösliche *Vgl.* unauflöslich

[352] # DES ÖFFENTLICHEN RECHTS DRITTER ABSCHNITT
Das Weltbürgerrecht

§ 62

Diese Vernunftidee einer friedlichen, wenngleich noch nicht freundschaftlichen, durchgängigen Gemeinschaft aller Völker auf Erden, die untereinander in wirksame Verhältnisse kommen können, ist nicht etwa philanthropisch (ethisch), sondern ein rechtliches Prinzip. Die Natur hat sie alle zusammen (vermöge der Kugelgestalt ihres Aufenthalts, als *globus terraqueus)* in bestimmte Grenzen eingeschlossen, und, da der Besitz des Bodens, worauf der Erdbewohner leben kann, immer nur als Besitz von einem Teil eines bestimmten Ganzen, folglich als ein solcher, auf den jeder derselben ursprünglich ein Recht hat, gedacht werden kann: so stehen alle Völker ursprünglich in einer Gemeinschaft des Bodens, nicht aber der rechtlichen Gemeinschaft des Besitzes *(communio)* und hiermit des Gebrauchs, oder des Eigentums an demselben, sondern der physischen möglichen Wechselwirkung *(commercium)*, d. i. in einem durchgängigen Verhältnisse eines zu allen Anderen, sich zum Verkehr untereinander anzubieten, und haben ein Recht, den Versuch mit demselben zu machen, ohne daß der Auswärtige ihm darum als einem Feind zu begegnen berechtigt wäre. – Dieses Recht, sofern es auf die mögliche Vereinigung aller Völker, in Absicht auf gewisse allgemeine Gesetze ihres möglichen Verkehrs, geht, kann das weltbürgerliche *(ius cosmopoliticum)* genannt werden.

Meere können Völker aus aller Gemeinschaft miteinander zu setzen scheinen, und dennoch sind sie, vermittelst der Schiffahrt, gerade die glücklichsten Naturanlagen zu ihrem Verkehr, welcher, je mehr es einander nahe Küsten gibt (wie die des mittel-
[353] ländischen), nur desto lebhafter sein kann, deren Besuchung gleichwohl, noch mehr aber die Niederlassung auf denselben, um

18 demselben] denselben 29–30 welcher] welches

sie mit dem Mutterlande zu verknüpfen, zugleich die Veranlassung dazu gibt, daß Übel und Gewalttätigkeit an einem Orte unseres Globus an allen gefühlt wird. Dieser mögliche Mißbrauch kann aber das Recht des Erdbürgers nicht aufheben, die Gemeinschaft mit allen zu versuchen, und zu diesem Zweck alle Gegenden der Erde zu besuchen, wenn es gleich nicht ein Recht der Ansiedlung auf dem Boden eines anderen Volks *(ius incolatus)* ist, als zu welchem ein besonderer Vertrag erfordert wird.

Es fragt sich aber: ob ein Volk in neuentdeckten Ländern eine Anwohnung *(accolatus)* und Besitznehmung in der Nachbarschaft eines Volks, das in einem solchen Landstriche schon Platz genommen hat, auch ohne seine Einwilligung unternehmen dürfe?

Wenn Anbauung in solcher Entlegenheit vom Sitz des ersteren geschieht, daß keines derselben im Gebrauch seines Bodens dem Anderen Eintrag tut, so ist das Recht dazu nicht zu bezweifeln; wenn es aber Hirten- oder Jagdvölker sind (wie die Hottentotten, Tungusen und die meisten amerikanischen Nationen), deren Unterhalt von großen, öden Landstrecken abhängt, so würde dies nicht mit Gewalt, sondern nur durch Vertrag, und selbst dieser nicht mit Benutzung der Unwissenheit jener Einwohner, in Ansehung der Abtretung solcher Ländereien, geschehen können; obzwar die Rechtfertigungsgründe scheinbar genug sind, daß eine solche Gewalttätigkeit zum Weltbesten gereiche: teils durch Kultur roher Völker (wie der Vorwand, durch den selbst Büsching die blutige Einführung der christlichen Religion in Deutschland entschuldigen will), teils zur Reinigung seines eigenen Landes von verderbten Menschen und gehoffter Besserung derselben, oder ihrer Nachkommenschaft in einem anderen Weltteile (wie in Neuholland); denn alle diese vermeintlich guten Absichten können doch den Flecken der Ungerechtigkeit in den dazu gebrauchten Mitteln nicht abwaschen. – Wendet man hiergegen ein: daß bei solcher Bedenklichkeit, mit der Gewalt den Anfang zu Gründung eines gesetzlichen Zustandes zu machen, vielleicht die ganze Erde noch in gesetzlosem Zustande sein würde: so kann das ebensowenig jene Rechtsbedingung aufheben, als der Vorwand der Staatsrevolutionisten, daß es auch, wenn Verfassungen verunartet sind, dem Volk zustehe, sie mit Gewalt umzuformen, und überhaupt einmal für allemal ungerecht zu sein, um nachher die Gerechtigkeit desto sicherer zu gründen und aufblühen zu machen.

[354]

Beschluß

Wenn jemand nicht beweisen kann, daß ein Ding ist, so mag er versuchen zu beweisen, daß es nicht ist. Will es ihm mit keinem von beiden gelingen (ein Fall, der oft eintritt), so kann er noch fragen: ob es ihn interessiere, das Eine oder das Andere (durch eine Hypothese) anzunehmen, und dies zwar entweder in theoretischer, oder in praktischer Rücksicht, d. i. entweder um sich bloß ein gewisses Phänomen (wie z. B. für den Astronom, das des Rückgangs und Stillstands der Planeten) zu erklären, oder, um einen gewissen Zweck zu erreichen, der nun wiederum entweder pragmatisch (bloßer Kunstzweck) oder moralisch, d. i. ein solcher Zweck sein kann, den sich zu setzen die Maxime selbst Pflicht ist. – Es versteht sich von selbst: daß nicht das Annehmen *(suppositio)* der Ausführbarkeit jenes Zwecks, welches ein bloß theoretisches und dazu noch problematisches Urteil ist, hier zur Pflicht gemacht werde; denn dazu (etwas zu glauben) gibt's keine Verbindlichkeit, sondern das Handeln nach der Idee jenes Zwecks, wenn auch nicht die mindeste theoretische Wahrscheinlichkeit da ist, daß er ausgeführt werden könne, dennoch aber seine Unmöglichkeit gleichfalls nicht demonstriert werden kann, das ist es, wozu uns eine Pflicht obliegt.

Nun spricht die moralisch-praktische Vernunft in uns ihr unwiderstehliches *Veto* aus: Es soll kein Krieg sein; weder der, welcher zwischen mir und dir im Naturzustande, noch zwischen uns als Staaten, die, obzwar innerlich im gesetzlichen, doch äußerlich (in Verhältnis gegeneinander) im gesetzlosen Zustande sind; – denn das ist nicht die Art, wie jedermann sein Recht suchen soll. Also ist nicht mehr die Frage: ob der ewige Friede ein Ding oder Unding sei, und ob wir uns nicht in unserem theoretischen Urteile betrügen, wenn wir das erstere annehmen, sondern wir müssen so handeln, als ob das Ding sei, was vielleicht nicht ist, auf Begründung desselben, und diejenige Konstitution, die uns dazu die tauglichste scheint (vielleicht den Republikanismus aller Staaten samt und sonders), hinwirken, um ihn herbeizuführen, und dem heillosen Kriegführen, worauf, als den Hauptzweck, bisher alle Staaten ohne Ausnahme ihre inneren Anstalten gerichtet haben, ein Ende zu machen. Und, wenn das letztere, was die Vollendung dieser Absicht betrifft, auch immer ein from- [355] mer Wunsch bliebe, so betrügen wir uns doch gewiß nicht mit der Annahme der Maxime, dahin unablässig zu wirken; denn diese ist Pflicht; das moralische Gesetz aber in uns selbst für betrüglich anzunehmen, würde den Abscheu erregenden Wunsch hervorbringen, lieber aller Vernunft zu entbehren, und sich, seinen Grundsätzen nach, mit den übrigen Tierklassen in einen gleichen Mechanismus der Natur geworfen anzusehen.

Man kann sagen, daß diese allgemeine und fortdauernde Friedensstiftung nicht bloß einen Teil, sondern den ganzen Endzweck der Rechtslehre innerhalb der Grenzen der bloßen Vernunft ausmache; denn der Friedenszustand ist allein der unter Gesetzen gesicherte Zustand des Mein und Dein in einer Menge einander benachbarter Menschen, mithin die in einer Verfassung zusammen sind, deren Regel aber nicht von der Erfahrung derjenigen, die sich bisher am besten dabei befunden haben, als einer Norm für Andere, sondern die durch die Vernunft *a priori* von dem Ideal einer rechtlichen Verbindung der Menschen unter öffentlichen Gesetzen überhaupt hergenommen werden muß, weil alle Beispiele (als die nur erläutern, aber nichts beweisen können) trüglich sind, und so allerdings einer Metaphysik bedürfen, deren Notwendigkeit diejenigen, die dieser spotten, doch unvorsichtigerweise selbst zugestehen, wenn sie z. B., wie sie es oft tun, sagen: »Die beste Verfassung ist die, wo nicht die Menschen, sondern die Gesetze machthabend sind.« Denn was kann mehr metaphysisch sublimiert sein, als eben diese Idee, welche gleichwohl, nach jener ihrer eigenen Behauptung, die be-

19 der] den

währteste objektive Realität hat, die sich auch in vorkommenden Fällen leicht darstellen läßt, und welche allein, wenn sie nicht revolutionsmäßig, durch einen Sprung, d. i. durch gewaltsame Umstürzung einer bisher bestandenen fehlerhaften (denn da würde sich zwischeninne ein Augenblick der Vernichtung alles rechtlichen Zustandes ereignen), sondern durch allmähliche Reform nach festen Grundsätzen versucht und durchgeführt wird, in kontinuierlicher Annäherung zum höchsten politischen Gut, zum ewigen Frieden, hinleiten kann.

Leipzig
gedruckt bei Christian Friedrich Solbrig.

Erläuternde Anmerkungen
zu den
metaphysischen Anfangsgründen
der
Rechtslehre
von
Immanuel Kant.

Erläuternde Anmerkungen

zu den

metaphysischen Anfangsgründen

der

Rechtslehre

von

Immanuel Kant.

Königsberg,
bey Friedrich Nicolovius.
1798.

ANHANG [356]
erläuternder Bemerkungen zu den metaphysischen Anfangsgründen der Rechtslehre

Die Veranlassung zu denselben nehme ich größtenteils von der Rezension dieses Buches in den Götting. Anz. 28stes Stück, den 18. Februar 1797; welche, mit Einsicht und Schärfe der Prüfung, dabei aber doch auch mit Teilnahme und »der Hoffnung, daß jene Anfangsgründe Gewinn für die Wissenschaft bleiben werden«, abgefaßt, ich hier zum Leitfaden der Beurteilung, überdem auch einiger Erweiterung dieses Systems, gebrauchen will.

Gleich beim Anfange der Einleitung in die Rechtslehre stößt sich mein scharfprüfender Rezensent an einer Definition. – Was heißt Begehrungsvermögen? Es ist, sagt der Text, das Vermögen, durch seine Vorstellungen Ursache der Gegenstände dieser Vorstellungen zu sein. – Dieser Erklärung wird entgegengesetzt: »daß sie nichts wird, sobald man von äußeren Bedingungen der Folge des Begehrens abstrahiert. – Das Begehrungsvermögen ist aber auch dem Idealisten etwas; obgleich diesem die Außenwelt nichts ist.« Antwort: Gibt es aber nicht auch eine heftige, und doch zugleich mit Bewußtsein vergebliche, Sehnsucht (z. B. wollte Gott, jener Mann lebte noch!), die zwar tatleer, aber doch nicht folgeleer ist, und, zwar nicht an Außendingen, aber doch im Inneren des Subjekts selbst mächtig wirkt (krank macht)? Eine Begierde als Bestreben *(nisus)* vermittelst seiner Vorstellungen Ursache zu sein, ist, wenn das Subjekt gleich die Unzulänglichkeit der letzteren zur beabsichtigten Wirkung einsieht, doch immer Kausalität, wenigstens im Innern desselben. – Was hier den Mißverstand ausmacht, ist: daß, da das Be- [357]
wußtsein seines Vermögens überhaupt (in dem genannten Falle) zugleich das Bewußtsein seines Unvermögens in Anse-

14 Es] Sie   17 sie nichts] B sie zu nichts B

hung der Außenwelt ist, die Definition auf den Idealisten nicht anwendbar ist; indessen daß doch, da hier bloß von dem Verhältnisse einer Ursache (der Vorstellung) zur Wirkung (dem Gefühl) überhaupt die Rede ist, die Kausalität der Vorstellung (jene mag äußerlich oder innerlich sein) in Ansehung ihres Gegenstandes im Begriff des Begehrungsvermögens unvermeidlich gedacht werden muß.

1. Logische Vorbereitung zu einem neuerdings gewagten Rechtsbegriffe

Wenn rechtskundige Philosophen sich bis zu den metaphysischen Anfangsgründen der Rechtslehre erheben, oder versteigen, wollen (ohne welche alle ihre Rechtswissenschaft bloß statutarisch sein würde), so können sie über die Sicherung der Vollständigkeit ihrer Einteilung der Rechtsbegriffe nicht gleichgültig wegsehen; weil jene Wissenschaft sonst kein Vernunftsystem, sondern bloß aufgerafftes Aggregat sein würde. – Die Topik der Prinzipien muß, der Form des Systems halber, vollständig sein, d.i. es muß der Platz zu einem Begriff *(locus communis)* angezeigt werden, der nach der synthetischen Form der Einteilung für diesen Begriff offen ist; man mag nachher auch dartun, daß einer oder der andere Begriff, der in diesen Platz gesetzt würde, an sich widersprechend sei und aus diesem Platze wegfalle.

Die Rechtslehrer haben bisher nun zwei Gemeinplätze besetzt: den des dinglichen und den des persönlichen Rechts. Es ist natürlich, zu fragen: ob auch, da noch zwei Plätze aus der bloßen Form der Verbindung beider zu einem Begriffe, als Glieder der Einteilung *a priori*, offen stehen, nämlich der eines auf persönliche Art dinglichen, imgleichen der eines auf dingliche Art persönlichen Rechts, ob ein solcher neuhinzukommender Begriff auch statthaft sei, und vor der Hand, obzwar nur problematisch, in der vollständigen Tafel der Einteilung angetroffen werden müsse. Das letztere leidet keinen Zweifel. Denn die bloß

29 ob ein] ob nämlich ein

logische Einteilung (die vom Inhalt der Erkenntnis – dem Objekt – abstrahiert) ist immer Dichotomie, z. B. ein jedes Recht ist entweder ein dingliches oder ein nicht-dingliches Recht. Diejenige aber, von der hier die Rede ist, nämlich die metaphysische [358] Einteilung, kann auch Tetrachotomie sein; weil, außer den zwei einfachen Gliedern der Einteilung, noch zwei Verhältnisse, nämlich die der das Recht einschränkenden Bedingungen hinzukommen, unter denen das eine Recht mit dem anderen in Verbindung tritt, deren Möglichkeit einer besonderen Untersuchung bedarf. – Der Begriff eines auf persönliche Art dinglichen Rechts fällt ohne weitere Umstände weg; denn es läßt sich kein Recht einer Sache gegen eine Person denken. Nun fragt sich: ob die Umkehrung dieses Verhältnisses auch ebenso undenkbar sei; oder ob dieser Begriff, nämlich der eines auf dingliche Art persönlichen Rechts, nicht allein ohne inneren Widerspruch, sondern selbst auch ein notwendiger (*a priori* in der Vernunft gegebener) zum Begriffe des äußeren Mein und Dein gehörender Begriff sei, Personen auf ähnliche Art als Sachen, zwar nicht in allen Stücken zu behandeln, aber sie doch zu besitzen, und in vielen Verhältnissen mit ihnen als Sachen zu verfahren.

2. Rechtfertigung des Begriffs von einem auf dingliche Art persönlichen Recht

Die Definition des auf dingliche Art persönlichen Rechts ist nun kurz und gut diese: »Es ist das Recht des Menschen, eine Person außer sich als das Seine* zu haben.« Ich sage mit Fleiß: eine Person; denn einen anderen Menschen, der durch Ver-

* Ich sage hier auch nicht: »eine Person als die meinige« (mit dem Adjektiv), sondern: »als das Meine« (*τὸ meum*, mit dem Substantiv) zu haben. Denn ich kann sagen: »dieser ist mein Vater«, das bezeichnet nur mein physisches Verhältnis (der Verknüpfung) zu ihm überhaupt; z. B.: »ich habe einen Vater«. Aber ich kann nicht sagen: »ich habe ihn als das Meine«. Sage ich aber: »mein Weib«, so bedeutet dieses ein besonderes, nämlich rechtliches, Verhältnis des Besitzers zu einem Gegenstande

brechen seine Persönlichkeit eingebüßt hat (zum Leibeigenen geworden ist), könnte man wohl als das Seine haben; von diesem Sachenrecht ist aber hier nicht die Rede.

Ob nun jener Begriff »als neues Phänomen am juristischen Himmel« eine *stella mirabilis* (eine bis zum Stern erster Größe
[359] wachsende, vorher nie gesehene, allmählich aber wieder verschwindende, vielleicht einmal wiederkehrende Erscheinung), oder bloß eine Sternschnuppe sei? das soll jetzt untersucht werden.

3. Beispiele

Etwas Äußeres als das Seine haben, heißt es rechtlich besitzen; Besitz aber ist die Bedingung der Möglichkeit des Gebrauchs. Wenn diese Bedingung bloß als die physische gedacht wird, so heißt der Besitz Inhabung. – Rechtmäßige Inhabung reicht nun zwar allein nicht zu, um deshalb den Gegenstand für das Meine auszugeben, oder es dazu zu machen; wenn ich aber, es sei aus welchem Grunde es wolle, befugt bin, auf die Inhabung eines Gegenstandes zu dringen, der meiner Gewalt entwischt oder entrissen ist, so ist dieser Rechtsbegriff ein Zeichen (wie Wirkung von ihrer Ursache), daß ich mich für befugt halte, ihn als das Meine, mich aber auch als im intelligibelen Besitz desselben befindlich gegen ihn zu verhalten und diesen Gegenstand so zu gebrauchen.

Das Seine bedeutet zwar hier nicht das des Eigentums an der Person eines anderen (denn Eigentümer kann ein Mensch nicht einmal von sich selbst, viel weniger von einer anderen Person sein), sondern nur das Seine des Nießbrauchs *(ius utendi, fruendi)*, unmittelbar von dieser Person, gleich als von einer Sache, doch ohne Abbruch an ihrer Persönlichkeit, als Mittel zu meinem Zweck, Gebrauch zu machen.

(wenn es auch eine Person wäre), als Sache. Besitz (physischer) aber ist die Bedingung der Möglichkeit der Handhabung *(manipulatio)* eines Dinges als einer Sache; wenn dieses gleich, in einer anderen Beziehung, zugleich als Person behandelt werden muß.

Dieser Zweck aber, als Bedingung der Rechtmäßigkeit des Gebrauchs, muß moralisch notwendig sein. Der Mann kann weder das Weib begehren, um es gleich als Sache zu genießen, d.i. unmittelbares Vergnügen an der bloß tierischen Gemeinschaft mit demselben zu empfinden, noch das Weib sich ihm dazu hingeben, ohne daß beide Teile ihre Persönlichkeit aufgeben (fleischliche oder viehische Beiwohnung), d.i. ohne unter der Bedingung der Ehe, welche, als wechselseitige Dahingebung seiner Person selbst in den Besitz der anderen, vorher geschlossen werden muß: um durch körperlichen Gebrauch, den ein Teil vom anderen macht, sich nicht zu entmenschen.

Ohne diese Bedingung ist der fleischliche Genuß dem Grundsatz (wenngleich nicht immer der Wirkung) nach kannibalisch. Ob mit Maul und Zähnen, oder der weibliche Teil durch Schwängerung, und daraus vielleicht erfolgende, für ihn tödliche, Niederkunft, der männliche aber durch, von öfteren Ansprüchen [360] des Weibes an das Geschlechtsvermögen des Mannes herrührende, Erschöpfungen aufgezehrt wird, ist bloß in der Manier zu genießen unterschieden, und ein Teil ist in Ansehung des anderen, bei diesem wechselseitigen Gebrauche der Geschlechtsorgane, wirklich eine verbrauchbare Sache *(res fungibilis)*, zu welcher also sich vermittelst eines Vertrags zu machen, es ein gesetzwidriger Vertrag *(pactum turpe)*, sein würde.

Ebenso kann der Mann mit dem Weibe kein Kind, als ihr beiderseitiges Machwerk *(res artificialis)*, zeugen, ohne daß beide Teile sich gegen dieses und gegeneinander die Verbindlichkeit zuziehen, es zu erhalten: welches doch auch die Erwerbung eines Menschen gleich als einer Sache, aber nur der Form nach (einem bloß auf dingliche Art persönlichen Rechte angemessen) ist. Die Eltern* haben ein Recht gegen jeden Besitzer des Kindes, das aus ihrer Gewalt gebracht worden *(ius in re)*, und zugleich ein Recht, es zu allen Leistungen und aller Befolgung ihrer Befehle

* In deutscher Schreibart werden unter dem Wort Ältern *Seniores*, unter den Eltern aber *Parentes* verstanden; welches im Sprachlaut nicht zu unterscheiden, dem Sinne nach aber sehr unterschieden ist.

14 Zähnen, oder der] Zähnen, der

zu nötigen, die einer möglichen gesetzlichen Freiheit nicht zuwider sind *(ius ad rem)*: folglich auch ein persönliches Recht gegen dasselbe.

Endlich, wenn bei eintretender Volljährigkeit die Pflicht der Eltern zur Erhaltung ihrer Kinder aufhört, so haben jene noch das Recht, diese als ihren Befehlen unterworfene Hausgenossen zu Erhaltung des Hauswesens zu brauchen, bis zur Entlassung derselben; welches eine Pflicht der Eltern gegen diese ist, die aus der natürlichen Beschränkung des Rechts der ersteren folgt. Bis dahin sind sie zwar Hausgenossen und gehören zur Familie, aber von nun an gehören sie zur Dienerschaft *(famulatus)* in derselben, die folglich nicht anders als durch Vertrag zu dem Seinen des Hausherrn (als seine Domestiken) hinzukommen können. – Ebenso kann auch eine Dienerschaft außer der Familie zu dem Seinen des Hausherrn nach einem auf dingliche Art persönlichen Rechte gemacht und als Gesinde *(famulatus domesticus)* durch Vertrag erworben werden. Ein solcher Vertrag ist nicht der einer bloßen Verdingung *(locatio conductio operae)*, sondern der Hingebung seiner Person in den Besitz des Hausherrn, Vermietung *(locatio conductio personae)*, welche darin von jener Verdingung unterschieden ist, daß das Gesinde sich zu allem Erlaubten versteht, was das Wohl des Hauswesens be- [361] trifft, und ihm, nicht als bestellte und spezifisch bestimmte Arbeit, aufgetragen wird; anstatt daß der zur bestimmten Arbeit Gedungene (Handwerker oder Tagelöhner) sich nicht zu dem Seinen des Anderen hingibt und so auch kein Hausgenossen ist. – Des letzteren, weil er nicht im rechtlichen Besitz des Anderen ist, der ihn zu gewissen Leistungen verpflichtet, kann der Hausherr, wenn jener auch sein häuslicher Einwohner *(inquilinus)* wäre, sich nicht *(via facti)* als einer Sache bemächtigen, sondern muß nach dem persönlichen Recht auf die Leistung des Versprochenen dringen, welche ihm durch Rechtsmittel *(via iuris)* zu Gebote steht. – Soviel zur Erläuterung und Verteidigung eines befremdlichen, neu hinzukommenden, Rechtstitels in der natürlichen Gesetzlehre, der doch, stillschweigend, immer im Gebrauch gewesen ist.

32 steht] stehen

4. Über die Verwechslung des dinglichen mit dem persönlichen Rechte

Ferner ist mir als Heterodoxie im natürlichen Privatrechte auch der Satz: Kauf bricht Miete (R. L. § 30, S. 129) zur Rüge aufgestellt worden.

Daß jemand die Miete seines Hauses, vor Ablauf der bedungenen Zeit der Einwohnung, dem Mieter aufkündigen, und also gegen diesen, wie es scheint, sein Versprechen brechen könne, wenn er es nur zur gewöhnlichen Zeit des Verziehens, in der dazu gewohnten bürgerlich-gesetzlichen Frist, tut, scheint freilich beim ersten Anblick allen Rechten aus einem Vertrage zu widerstreiten. – Wenn aber bewiesen werden kann, daß der Mieter, da er seinen Mietskontrakt machte, wußte oder wissen mußte, daß das ihm getane Versprechen des Vermieters, als Eigentümers, natürlicherweise (ohne daß es im Kontrakt ausdrücklich gesagt werde durfte, also stillschweigend) an die Bedingung geknüpft war: wofern dieser sein Haus binnen dieser Zeit nicht verkaufen sollte (oder es bei einem, etwa über ihn eintretenden Konkurs seinen Gläubigern überlassen müßte): so hat dieser sein schon an sich der Vernunft nach bedingtes Versprechen nicht gebrochen, und der Mieter ist, durch die ihm vor der Mietszeit geschehene Aufkündigung, an seinem Rechte nicht verkürzt worden.

Denn das Recht des letzteren aus dem Mietskontrakte ist ein [362]
persönliches Recht, auf das, was eine gewisse Person der anderen zu leisten hat *(ius ad rem)*; nicht gegen jeden Besitzer der Sache *(ius in re)*, ein dingliches.

Nun konnte der Mieter sich wohl in seinem Mietskontrakte sichern und sich ein dingliches Recht am Hause verschaffen; er durfte nämlich diesen nur auf das Haus des Vermieters, als am Grunde haftend, einschreiben (ingrossieren) lassen: alsdann konnte er durch die Aufkündigung des Eigentümers, selbst nicht durch dessen Tod (den natürlichen oder auch den bürgerlichen, den Bankrott), vor Ablauf der abgemachten

4 § 30] *sic! In dieser Ausgabe S. 92* 34 abgemachten] gemachten

Zeit aus der Miete gesetzt werden. Wenn er es nicht tat, weil er etwa frei sein wollte, anderweitig eine Miete auf bessere Bedingungen zu schließen, oder der Eigentümer sein Haus nicht mit einem solchen *onus* belegt wissen wollte, so ist daraus zu schließen: daß ein jeder von beiden in Ansehung der Zeit der Aufkündigung (die bürgerlich bestimmte Frist zu derselben ausgenommen) einen stillschweigend-bedingten Kontrakt gemacht zu haben sich bewußt war, ihn ihrer Konvenienz nach wieder aufzulösen. Die Bestätigung der Befugnis, durch den Kauf Miete zu brechen, zeigt sich auch an gewissen rechtlichen Folgerungen aus einem solchen nackten Mietskontrakte: Denn den Erben des Mieters, wenn dieser verstorben ist, wird doch nicht die Verbindlichkeit zugemutet, die Miete fortzusetzen; weil diese nur die Verbindlichkeit gegen eine gewisse Person ist, die mit dieser ihrem Tode aufhört (wobei doch die gesetzliche Zeit der Aufkündigung immer mit in Anschlag gebracht werden muß). Ebensowenig kann auch das Recht des Mieters, als eines solchen, auch auf seine Erben, ohne einen besonderen Vertrag übergehen; so wie er auch beim Leben beider Teile, ohne ausdrückliche Übereinkunft, keinen Aftermieter zu setzen befugt ist.

5. Zusatz zur Erörterung der Begriffe des Strafrechts

Die bloße Idee einer Staatsverfassung unter Menschen führt schon den Begriff einer Strafgerechtigkeit bei sich, welche der obersten Gewalt zusteht. Es fragt sich nur, ob die Strafarten dem Gesetzgeber gleichgültig sind, wenn sie nur als Mittel dazu taugen, das Verbrechen (als Verletzung der Staatssicherheit im Besitz des Seinen eines jeden) zu entfernen, oder ob auch noch auf Ach-
[363] tung für die Menschheit, in der Person des Missetäters (d.i. für die Gattung), Rücksicht genommen werden müsse, und zwar aus bloßen Rechtsgründen, indem ich das *ius talionis*, der Form nach, noch immer für die einzige *a priori* bestimmende (nicht aus der Erfahrung, welche Heilmittel zu dieser Absicht die kräftigsten wären, hergenommene) Idee als Prinzip des Strafrechts

halte.* – Wie wird es aber mit den Strafen für Verbrechen gehalten werden, die keine Erwiderung zulassen; weil diese entweder an sich unmöglich oder selbst ein strafbares Verbrechen an der Menschheit überhaupt sein würden, wie z. B. das der Notzüchtigung, imgleichen das der Päderastie, oder Bestialität? Die beiden ersteren durch Kastration (entweder wie eines weißen oder schwarzen Verschnittenen im Serail), das letztere durch Ausstoßung aus der bürgerlichen Gesellschaft auf immer, weil er sich selbst der menschlichen unwürdig gemacht hat. – *Per quod quis peccat, per idem punitur et idem.* – Die gedachten Verbrechen heißen darum unnatürlich, weil sie an der Menschheit selbst ausgeübt werden. – Willkürlich Strafen für sie zu verhängen, ist dem Begriff einer Straf-Gerechtigkeit buchstäblich zuwider. Nur dann kann der Verbrecher nicht klagen, daß ihm unrecht geschehe, wenn er seine Übeltat sich selbst über den Hals zieht, und ihm, wenngleich nicht dem Buchstaben, doch dem Geiste des Strafgesetzes gemäß, das widerfährt, was er an anderen verbrochen hat.

* In jeder Bestrafung liegt etwas das Ehrgefühl des Angeklagten (mit Recht) Kränkendes; weil sie einen bloßen einseitigen Zwang enthält, und so an ihm die Würde eines Staatsbürgers, als eines solchen, in einem besonderen Fall wenigstens suspendiert ist; da er einer äußeren Pflicht unterworfen wird, der er seinerseits keinen Widerstand entgegensetzen darf. Der Vornehme und Reiche, dem auf den Beutel geklopft wird, fühlt mehr seine Erniedrigung, sich unter den Willen des geringeren Mannes beugen zu müssen, als den Geldverlust. Die Strafgerechtigkeit *(iustitia punitiva)*, da nämlich das Argument der Strafbarkeit moralisch ist *(quia peccatum est)*, muß hier von der Strafklugheit, da es bloß pragmatisch ist *(ne peccetur)* und sich auf Erfahrung von dem gründet, was am stärksten wirkt, Verbrechen abzuhalten, unterschieden werden, und hat in der Topik der Rechtsbegriffe einen ganz anderen Ort *(locus iusti)*; nicht des *conducibilis*, oder des Zuträglichen in gewisser Absicht, noch auch den des bloßen *honesti*, dessen Ort in der Ethik aufgesucht werden muß.

1 Strafen für Verbrechen gehalten] Strafen gehalten

6. Vom Recht der Ersitzung

»Das Recht der Ersitzung *(Usucapio)* soll nach S. 131 ff. durchs Naturrecht begründet werden. Denn nähme man nicht [364] an, daß durch den ehrlichen Besitz eine ideale Erwerbung, wie sie hier genannt wird, begründet werde, so wäre gar keine Erwerbung peremtorisch gesichert. (Aber Hr. K. nimmt ja selbst im Naturstande eine nur provisorische Erwerbung an, und dringt deswegen auf die juristische Notwendigkeit der bürgerlichen Verfassung. (...) Ich behaupte mich als ehrlicher Besitzer nur gegen den, der nicht beweisen kann, daß er eher als ich ehrlicher Besitzer derselben Sache war und mit seinem Willen zu sein nicht aufgehört hat.)« – Davon ist nun hier nicht die Rede, sondern ob ich mich auch als Eigentümer behaupten kann, wenn sich gleich ein Prätendent als früherer wahrer Eigentümer der Sache melden sollte, die Erkundung aber seiner Existenz als Besitzers und seines Besitzstandes als Eigentümers schlechterdings unmöglich war; welches letztere alsdann zutrifft, wenn dieser gar kein öffentlich gültiges Zeichen seines ununterbrochenen Besitzes (es sei aus eigener Schuld oder auch ohne sie), z. B. durch Einschreibung in Matrikeln, oder unwidersprochene Stimmgebung als Eigentümer in bürgerlichen Versammlungen, von sich gegeben hat.

Denn die Frage ist hier: wer soll seine rechtmäßige Erwerbung beweisen? Dem Besitzer kann diese Verbindlichkeit *(onus probandi)* nicht aufgebürdet werden; denn er ist, so weit wie seine konstatierte Geschichte reicht, im Besitz derselben. Der frühere angebliche Eigentümer der Sache ist durch eine Zwischenzeit, innerhalb deren er keine bürgerlich gültigen Zeichen seines Eigentums gab, von der Reihe der aufeinander folgenden Besitzer nach Rechtsprinzipien ganz abgeschnitten. Diese Unterlassung irgend eines öffentlichen Besitzakts macht ihn zu einem unbetitelten Prätendenten. (Dagegen heißt es hier, wie bei der Theologie, *conservatio est continua creatio*.) Wenn sich auch ein bisher nicht

2 S. 131 ff.] *In dieser Ausgabe S. 102* 7 eine nur] B nur eine B 11 zu sein nicht] B nie zu sein B

manifestierter, obzwar hintennach mit aufgefundenen Dokumenten versehener Prätendent vorfände, so würde doch wiederum auch bei diesem der Zweifel vorwalten, ob nicht ein noch älterer Prätendent dereinst auftreten, und seine Ansprüche auf den früheren Besitz gründen könnte. – Auf die Länge der Zeit des Besitzes kommt es hierbei gar nicht an, um die Sache endlich zu ersitzen *(acquirere per usucapionem)*. Denn es ist ungereimt, anzunehmen, daß ein Unrecht, dadurch, daß es lange gewährt hat, nachgerade ein Recht werde. Der (noch so lange) Gebrauch setzt das Recht in der Sache voraus: weit gefehlt, daß [365] dieses sich auf jenen gründen sollte. Also ist die Ersitzung *(usucapio)* als Erwerbung durch den langen Gebrauch einer Sache ein sich selbst widersprechender Begriff. Die Verjährung der Ansprüche als Erhaltungsart *(conservatio possessionis meae per praescriptionem)* ist es nicht weniger; indessen doch ein von dem vorigen unterschiedener Begriff, was das Argument der Zueignung betrifft. Es ist nämlich ein negativer Grund, d. i. der gänzliche Nichtgebrauch seines Rechts, selbst nicht einmal der, welcher nötig ist, um sich als Besitzer zu manifestieren, für eine Verzichttuung auf dieselbe *(derelictio)*, welche ein rechtlicher Akt, d. i. Gebrauch seines Rechts gegen einen Anderen ist, um durch Ausschließung desselben vom Anspruche *(per praescriptionem)* das Objekt desselben zu erwerben, welches einen Widerspruch enthält.

Ich erwerbe also ohne Beweisführung und ohne allen rechtlichen Akt – ich brauche nicht zu beweisen –, sondern durchs Gesetz *(lege)*; und was dann? Die öffentliche Befreiung von Ansprüchen, d. i. die gesetzliche Sicherheit meines Besitzes, dadurch, daß ich nicht den Beweis führen darf, und mich auf einen ununterbrochenen Besitz gründe. Daß aber alle Erwerbung im Naturzustande bloß provisorisch ist, das hat keinen Einfluß auf die Frage von der Sicherheit des Besitzes des Erworbenen, welche vor jener vorhergehen muß.

7. Von der Beerbung

Was das Recht der Beerbung anlangt, so hat den Herrn Rezensenten dieses Mal sein Scharfblick, den Nerven des Beweises meiner Behauptung zu treffen, verlassen. – Ich sage ja nicht S. 135: »daß ein jeder Mensch notwendigerweise jede ihm angebotene Sache, durch deren Annehmung er nur gewinnen, nichts verlieren kann, annehme« (denn solche Sachen gibt es gar nicht), sondern, daß ein jeder das Recht des Angebots in demselben Augenblick unvermeidlich und stillschweigend, dabei aber doch gültig, immer wirklich annehme: wenn es nämlich die Natur der Sache so mit sich bringt, daß der Widerruf schlechterdings unmöglich ist, nämlich im Augenblicke seines Todes; denn da kann der Promittent nicht widerrufen, und der Promissar ist, ohne irgend einen rechtlichen Akt begehen zu dürfen, in demselben Augenblick Akzeptant, nicht der versprochenen Erbschaft, sondern [366] des Rechts, sie anzunehmen oder auszuschlagen. In diesem Augenblicke sieht er sich bei Eröffnung des Testaments, daß er, schon vor der Akzeptation der Erbschaft, vermögender geworden ist, als er war; denn er hat ausschließlich die Befugnis zu akzeptieren erworben, welche schon ein Vermögensumstand ist. – Daß hierbei ein bürgerlicher Zustand vorausgesetzt wird, um etwas zu dem Seinen eines Anderen zu machen, wenn man nicht mehr da ist, dieser Übergang des Besitztums aus der Totenhand ändert in Ansehung der Möglichkeit der Erwerbung nach allgemeinen Prinzipien des Naturrechts nichts, wenngleich der Anwendung derselben auf den vorkommenden Fall eine bürgerliche Verfassung zum Grunde gelegt werden muß. – Eine Sache nämlich, die ohne Bedingung anzunehmen oder auszuschlagen in meine freie Wahl gestellt wird, heißt *res iacens*. Wenn der Eigentümer einer Sache mir etwas, z. B. ein Möbel des Hauses, aus dem ich auszuziehen eben im Begriff bin, umsonst anbietet (verspricht, es soll mein sein), so habe ich, solange er nicht widerruft (welches, wenn er darüber stirbt, unmöglich ist), ausschließlich ein Recht zur Akzeptation des Angebotenen *(ius in re*

4 S. 135] *In dieser Ausgabe S. 105*

iacente), d.i. ich allein kann es annehmen oder ausschlagen, wie es mir beliebt; und dieses Recht, ausschließlich zu wählen, erlange ich nicht vermittelst eines besonderen rechtlichen Akts meiner Deklaration: ich wolle, dieses Recht solle mir zustehen, sondern ohne denselben *(lege)*. – Ich kann also zwar mich dahin erklären, ich wolle, die Sache solle mir nicht angehören (weil diese Annahme mir Verdrießlichkeiten mit Anderen zuziehen dürfte), aber ich kann nicht wollen, ausschließlich die Wahl zu haben, ob sie mir angehören solle oder nicht; denn dieses Recht (des Annehmens oder Ausschlagens) habe ich, ohne alle Deklaration meiner Annahme, unmittelbar durchs Angebot: denn wenn ich sogar die Wahl zu haben ausschlagen könnte, so würde ich wählen, nicht zu wählen; welches ein Widerspruch ist. Dieses Recht zu wählen geht nun im Augenblicke des Todes des Erblassers auf mich über, durch dessen Vermächtnis *(institutio heredis)* ich zwar noch nichts von der Habe und Gut des Erblassers, aber doch den bloß-rechtlichen (intelligibelen) Besitz dieser Habe oder eines Teils derselben erwerbe, deren Annahme ich mich nun zum Vorteil Anderer begeben kann, mithin dieser Besitz keinen Augenblick unterbrochen ist, sondern die Sukzession als eine stetige Reihenfolge, vom Sterbenden zum eingesetzten Erben, durch seine Akzeptation, übergeht und so der Satz: *testamenta sunt iuris naturae*, wider alle Zweifel befestigt wird.

8. Von den Rechten des Staats in Ansehung ewiger Stiftungen für seine Untertanen [367]

Stiftung *(sanctio testamentaria beneficii perpetui)* ist die freiwillige, durch den Staat bestätigte, für gewisse aufeinander folgende Glieder desselben, bis zu ihrem gänzlichen Aussterben, errichtete wohltätige Anstalt. – Sie heißt ewig, wenn die Verordnung zu Erhaltung derselben mit der Konstitution des Staats selbst vereinigt ist (denn der Staat muß für ewig angesehen werden); ihre Wohltätigkeit aber ist entweder für das Volk überhaupt, oder für einen nach gewissen besonderen Grundsätzen vereinigten Teil desselben, einen Stand, oder für eine Familie und die ewige Fortdauer ihrer Deszendenten abgezweckt. Ein Beispiel vom ersteren sind die Hospitäler, vom zweiten die Kirchen, vom dritten die Orden (geistliche und weltliche), vom vierten die Majorate.

Von diesen Korporationen und ihrem Rechte zu sukzedieren, sagt man nun, sie können nicht aufgehoben werden; weil es durch Vermächtnis zum Eigentum des eingesetzten Erben geworden sei, und eine solche Verfassung *(corpus mysticum)* aufzuheben soviel heiße, als jemandem das Seine nehmen.

A. Die wohltätige Anstalt für Arme, Invalide und Kranke, welche auf dem Staatsvermögen fundiert worden (in Stiften und Hospitälern), ist allerdings unablöslich. Wenn aber nicht der Buchstabe, sondern der Sinn des Willens des Testators den Vorzug haben soll, so können sich wohl Zeitumstände ereignen, welche die Aufhebung einer solchen Stiftung wenigstens ihrer Form nach anrätig machen. – So hat man gefunden, daß der Arme und Kranke (den vom Narrenhospital ausgenommen) besser und wohlfeiler versorgt werde, wenn ihm die Beihilfe in einer gewissen (dem Bedürfnisse der Zeit proportionierten) Geldsumme, wofür er sich, wo er will, bei seinen Verwandten oder sonst Bekannten, einmieten kann, gereicht wird, als wenn – wie im Hospital von Greenwich – prächtige und dennoch die Freiheit sehr beschränkende, mit einem kostbaren Personale versehene, Anstalten dazu getroffen werden. – Da kann man nun nicht sagen, der Staat nehme dem zum Genuß dieser Stiftung berechtigten Volke das Seine, sondern er befördert es vielmehr, indem er weisere Mittel zur Erhaltung desselben wählt.

[368] B. Die Geistlichkeit, welche sich fleischlich nicht fortpflanzt (die katholische), besitzt, mit Begünstigung des Staats, Ländereien und daran haftende Untertanen, die einem geistlichen Staate (Kirche genannt) angehören, welchem die Weltlichen durch Vermächtnis zum Heil ihrer Seelen sich als ihr Eigentum hingegeben haben, und so hat der Klerus als ein besonderer Stand ein Besitztum, das sich von einem Zeitalter zum anderen gesetzmäßig vererben läßt und durch päpstliche Bullen hinreichend do-

kumentiert ist. – Kann man nun wohl annehmen, daß dieses Verhältnis derselben zu den Laien durch die Machtvollkommenheit des weltlichen Staats geradezu den ersteren könne genommen werden, und würde das nicht soviel sein, als jemandem mit Gewalt das Seine nehmen; wie es doch von Ungläubigen der französischen Republik versucht wird?

Die Frage ist hier: ob die Kirche dem Staat oder der Staat der Kirche als das Seine angehören könne; denn zwei oberste Gewalten können einander ohne Widerspruch nicht untergeordnet sein. – Daß nur die erstere Verfassung *(politico-hierarchica)* Bestand an sich haben könne, ist an sich klar; denn alle bürgerliche Verfassung ist von dieser Welt, weil sie eine irdische Gewalt (der Menschen) ist, die sich samt ihren Folgen in der Erfahrung dokumentieren läßt. Die Gläubigen, deren Reich im Himmel und in jener Welt ist, müssen, insofern man ihnen eine sich auf dieses beziehende Verfassung *(hierarchico-politica)* zugesteht, sich den Leiden dieser Zeit unter der Obergewalt der Weltmenschen unterwerfen. – Also findet nur die erstere Verfassung statt.

Religion (in der Erscheinung), als Glaube an die Satzungen der Kirche und die Macht der Priester, als Aristokraten einer solchen Verfassung, oder auch, wenn diese monarchisch (päpstlich) ist, kann von keiner staatsbürgerlichen Gewalt dem Volke weder aufgedrungen, noch genommen werden, noch auch (wie es wohl in Großbritannien mit der irländischen Nation gehalten wird) der Staatsbürger wegen einer von des Hofes seiner unterschiedenen Religion, von den Staatsdiensten und den Vorteilen, die ihm dadurch erwachsen, ausgeschlossen werden.

Wenn nun gewisse andächtige und gläubige Seelen, um – durch Gebete, Ablässe und Büßungen, durch welche die dazu bestellten Diener derselben (die Geistlichen) das Los in der anderen Welt ihnen vorteilhaft zu machen verheißen – der Gnade teilhaftig zu werden, welche die Kirche den Gläubigen auch nach dieser ihrem Tode zu erzeigen verspricht, eine Stiftung auf ewige Zeiten errichten, durch welche gewisse Ländereien derselben nach ihrem Tode [369]

29 um – durch] *Siehe »Anmerkungen des Herausgebers«*

ein Eigentum der Kirche werden sollen, und der Staat an diesem oder jenem Teil, oder gar ganz, sich der Kirche lehnspflichtig macht: so ist eine solche vermeintlich auf ewige Zeiten gemachte Stiftung keineswegs auf ewig begründet, sondern der Staat kann diese Last, die ihm von der Kirche aufgelegt worden, abwerfen, wenn er will. – Denn die Kirche selbst ist ein bloß auf Glauben errichtetes Institut, und, wenn die Täuschung aus dieser Meinung durch Volksaufklärung verschwunden ist, so fällt auch die darauf gegründete furchtbare Gewalt des Klerus weg, und der Staat bemächtigt sich mit vollem Rechte des angemaßten Eigentums der Kirche: nämlich des durch Vermächtnisse an sie verschenkten Bodens; wiewohl die Lehnsträger des bis dahin bestandenen Instituts für ihre Lebenszeit schadenfrei gehalten zu werden, aus ihrem Rechte fordern können.

Selbst Stiftungen zu ewigen Zeiten für Arme, oder Schulanstalten, sobald sie einen gewissen, von dem Stifter nach seiner Idee bestimmten entworfenen Zuschnitt haben, können nicht auf ewige Zeiten fundiert und der Boden damit belästigt werden; sondern der Staat muß die Freiheit haben, sie nach dem Bedürfnisse der Zeit einzurichten. – Daß es schwerer hält, diese Idee allerwärts auszuführen (z. B. die Pauperburschen die Unzulänglichkeit des wohltätig errichteten Schulfonds durch bettelhaftes Singen ergänzen zu lassen), darf niemanden wundern; denn der, welcher gutmütiger, aber doch zugleich etwas ehrbegieriger Weise eine Stiftung macht, will, daß sie nicht ein Anderer nach seinen Begriffen umändere, sondern Er darin unsterblich sei. Das ändert aber nicht die Beschaffenheit der Sache selbst, und das Recht des Staats, ja die Pflicht desselben zum Umändern einer jeden Stiftung, wenn sie der Erhaltung und dem Fortschreiten desselben zum Besseren entgegen ist, kann daher niemals als auf ewig begründet betrachtet werden.

C. Der Adel eines Landes, das selbst nicht unter einer aristokratischen, sondern monarchischen Verfassung steht, mag immer

6 ist ein] ist als ein 23 lassen] müssen

ein für ein gewisses Zeitalter erlaubtes, und den Umständen nach notwendiges Institut sein; aber daß dieser Stand auf ewig könne begründet werden, und ein Staatsoberhaupt nicht solle die Befugnis haben, diesen Standesvorzug gänzlich aufzuheben, oder, [370] wenn er es tut, man sagen könne, er nehme seinem (adligen) Untertan das *Seine*, was ihm erblich zukommt, kann keineswegs behauptet werden. Er ist eine temporäre, vom Staat autorisierte, Zunftgenossenschaft, die sich nach den Zeitumständen bequemen muß, und dem allgemeinen Menschenrechte, das so lange suspendiert war, nicht Abbruch tun darf. – Denn der Rang des Edelmanns im Staate ist von der Konstitution selber nicht allein abhängig, sondern ist nur ein Akzidenz derselben, was nur durch Inhärenz in demselben existieren kann (ein Edelmann kann ja als ein solcher, nur im Staate, nicht im Stande der Natur gedacht werden). Wenn also der Staat seine Konstitution abändert, so kann der, welcher hiermit jenen Titel und Vorrang einbüßt, nicht sagen, es sei ihm das Seine genommen; weil er es nur unter der Bedingung der Fortdauer dieser Staatsform das Seine nennen konnte, der Staat aber diese abzuändern (z. B. in den Republikanismus umzuformen) das Recht hat. – Die Orden, und der Vorzug, gewisse Zeichen desselben zu tragen, geben also kein *ewiges* Recht dieses Besitzes.

D. Was endlich die *Majoratsstiftung* betrifft, da ein Gutsbesitzer durch Erbeseinsetzung verordnet: daß in der Reihe der aufeinanderfolgenden Erben immer der Nächste von der Familie der Gutsherr sein solle (nach der Analogie mit einer monarchisch-erblichen Verfassung eines Staats, wo der *Landesherr* es ist), so kann eine solche Stiftung nicht allein mit Beistimmung aller Agnaten jederzeit aufgehoben werden, und darf nicht auf ewige Zeiten – gleich als ob das Erbrecht am Boden haftete – immerwährend fortdauern, noch gesagt werden, es sei eine Verletzung der Stiftung und des Willens des Urahnherrn derselben, des Stifters, sie eingehen zu lassen: sondern der Staat hat auch hier ein Recht, ja sogar die Pflicht, bei den allmählich eintretenden Ursachen seiner eigenen Reform ein solches föderatives System seiner Untertanen, gleich als Unterkönige (nach der Analogie von Dynasten und Satrapen), wenn es erloschen ist, nicht weiter aufkommen zu lassen.

Beschluß

[371]

Zuletzt hat der Herr Rezensent von den unter der Rubrik »öffentliches Recht« aufgeführten Ideen, »von denen (wie er sagt) der Raum nicht erlaube, sich darüber zu äußern«, noch folgendes angemerkt: »Unseres Wissens hat noch kein Philosoph den paradoxesten aller paradoxen Sätze anerkannt, den Satz: daß die bloße Idee der Oberherrschaft mich nötigen soll, jedem, der sich zu meinem Herrn aufwirft, als meinem Herrn zu gehorchen, ohne zu fragen, wer ihm das Recht gegeben, mir zu befehlen. Daß man Oberherrschaft und Oberhaupt anerkennen und man Diesen oder Jenen, dessen Dasein nicht einmal *a priori* gegeben ist, *a priori* für seinen Herrn halten soll, das soll einerlei sein?« – Nun, hierbei die Paradoxie eingeräumt, hoffe ich, es solle, näher betrachtet, doch wenigstens der Heterodoxie nicht überwiesen werden können; vielmehr solle es dem einsichtsvollen und mit Bescheidenheit tadelnden, gründlichen Rezensenten (der jenes genommenen Anstoßes ungeachtet, »diese metaph. A. G. der Rechtslehre im ganzen als Gewinn für die Wissenschaft ansieht«) nicht gereuen, sie, wenigstens als einen der zweiten Prüfung nicht unwürdigen Versuch, gegen Anderer trotzige und seichte Absprechungen in Schutz genommen zu haben.

Daß dem, welcher sich im Besitz der zuoberst gebietenden und gesetzgebenden Gewalt über ein Volk befindet, müsse gehorcht werden und zwar so juridisch-unbedingt, daß auch nur nach dem Titel dieser seiner Erwerbung öffentlich zu forschen, also ihn zu bezweifeln, um sich, bei etwaiger Ermangelung desselben, ihm zu widersetzen, schon strafbar, daß es ein kategorischer Imperativ sei: Gehorchet der Obrigkeit (in allem, was nicht dem inneren Moralischen widerstreitet), die Gewalt über euch hat, ist der anstößige Satz, der in Abrede gezogen wird. –

8 paradoxen Sätze] B paradoxen Kantischen Sätze B

Nicht allein aber dieses Prinzip, welches ein Faktum (die Bemächtigung), als Bedingung, dem Rechte zum Grunde legt, sondern daß selbst die bloße Idee der Oberherrschaft über ein Volk mich, der ich zu ihm gehöre, nötige, ohne vorhergehende Forschung dem angemaßten Rechte zu gehorchen (R. L. § 44), das scheint die Vernunft des Rez. zu empören.

Ein jedes Faktum (Tatsache) ist Gegenstand in der Erscheinung (der Sinne); dagegen das, was nur durch reine Vernunft vorgestellt werden kann, was zu den Ideen gezählt werden muß, denen adäquat kein Gegenstand in der Erfahrung gegeben werden kann, dergleichen eine vollkommene rechtliche Verfassung unter Menschen ist, das ist das Ding an sich selbst.

Wenn dann nun ein Volk, durch Gesetze unter einer Obrigkeit vereinigt, da ist, so ist es der Idee der Einheit desselben überhaupt, unter einem machthabenden obersten Willen, gemäß, als Gegenstand der Erfahrung gegeben; aber freilich nur in der Erscheinung; [372] d. i. eine rechtliche Verfassung im allgemeinen Sinne des Worts ist da; und, obgleich sie mit großen Mängeln und groben Fehlern behaftet sein, und nach und nach wichtiger Verbesserungen bedürfen mag, so ist es doch schlechterdings unerlaubt und sträflich, ihr zu widerstehen; weil, wenn das Volk dieser, obgleich noch fehlerhaften, Verfassung und der obersten Autorität Gewalt entgegensetzen zu dürfen, sich berechtigt hielte, es sich dünken würde, ein Recht zu haben: Gewalt an die Stelle der alle Rechte zuoberst vorschreibenden Gesetzgebung zu setzen; welches einen sich selbst zerstörenden obersten Willen abgeben würde.

Die Idee einer Staatsverfassung überhaupt, welche zugleich absolutes Gebot der nach Rechtsbegriffen urteilenden praktischen Vernunft für ein jedes Volk ist, ist heilig und unwiderstehlich; und, wenngleich die Organisation des Staats durch sich selbst fehlerhaft wäre, so kann doch keine subalterne Gewalt in demselben dem gesetzgebenden Oberhaupte desselben tätlichen

5 R. L. § 44] *Gemeint ist die* »Allgemeine Anmerkung; A«, *die sich in der Druckschrift im Anschluß an § 49 – nicht 44 – befand* 14 ist es der] ist der

Widerstand entgegensetzen, sondern die ihm anhängenden Gebrechen müssen durch Reformen, die er an sich selbst verrichtet, allmählich gehoben werden; weil sonst bei einer entgegengesetzten Maxime des Untertans (nach eigenmächtiger Willkür zu verfahren) eine gute Verfassung selbst nur durch blinden Zufall zustande kommen kann. – Das Gebot: »Gehorchet der Obrigkeit, die Gewalt über euch hat«, grübelt nicht nach, wie sie zu dieser Gewalt gekommen sei (um sie allenfalls zu untergraben); denn die, welche schon da ist, unter welcher ihr lebt, ist schon im Besitz der Gesetzgebung, über die ihr zwar öffentlich vernünfteln, euch aber selbst nicht zu widerstrebenden Gesetzgebern aufwerfen könnt.

Unbedingte Unterwerfung des Volkswillens (der an sich unvereinigt, mithin gesetzlos ist) unter einen souveränen (alle durch Ein Gesetz vereinigenden) Willen, ist Tat, die nur durch Bemächtigung der obersten Gewalt anheben kann, und so zuerst ein öffentliches Recht begründet. – Gegen diese Machtvollkommenheit noch einen Widerstand zu erlauben (der jene oberste Gewalt einschränkte), heißt sich selbst widersprechen; denn alsdann wäre jene (welcher widerstanden werden darf) nicht die gesetzliche oberste Gewalt, die zuerst bestimmt, was öffentlich recht sein soll oder nicht, – und dieses Prinzip liegt schon *a priori* in der Idee einer Staatsverfassung überhaupt, d. i. in einem Begriffe der praktischen Vernunft; dem zwar adäquat kein Beispiel in der Erfahrung untergelegt werden kann, dem aber auch, als Norm, keine widersprechen muß.

BEILAGE

Aus der 1. Auflage (1797) in den neuen Text nicht übernommene Textstücke (vermutlich »Vorarbeiten«)

1. § 3 (VI 247,9–15)

Im Besitze eines Gegenstandes muß derjenige sein, der eine Sache [247] als das Seine zu haben behaupten will; denn wäre er nicht in demsel- 58 ben: so könnte er nicht durch den Gebrauch, den der andere ohne seine Einwilligung davon macht, lädiert werden; weil, wenn diesen Gegenstand etwas außer ihm, was mit ihm gar nicht rechtlich verbunden ist, affiziert, ihn selbst (das Subjekt) nicht affizieren und ihm unrecht tun könnte. 54

2. § 10, Abs. 5 (VI 259,12–28) und § 6, Abs. 4–8 (VI 250,18–251,36)

Die ursprüngliche Erwerbung eines äußeren Gegenstandes der [259] Willkür, heißt Bemächtigung *(occupatio)* und kann nicht anders, 75 als an körperlichen Dingen (Substanzen) stattfinden. Wo nun eine solche stattfindet, bedarf sie zur Bedingung des empirischen Besitzes die Priorität der Zeit vor jedem Anderen, der sich einer Sache bemächtigen will *(qui prior tempore, potior iure)*. Sie ist als ursprünglich auch nur die Folge von einseitiger Willkür; denn wäre dazu eine doppelseitige erforderlich, so würde sie von dem Vertrage zweier (oder mehrerer) Personen, folglich von dem Seinen Anderer abgeleitet sein. – Wie ein solcher Akt der Willkür als jener ist, das Seine für jemanden begründen könne, ist nicht leicht einzusehen. – Indessen ist die erste Erwerbung doch darum so fort nicht die ursprüngliche. Denn die Erwerbung eines öffentlichen rechtlichen Zustandes durch Vereinigung des Willens Aller zu einer allgemeinen Gesetzgebung wäre eine solche, vor der keine vorhergehen darf, und doch wäre sie von dem besonderen Willen eines jeden abgeleitet und allseitig: da eine ursprüngliche Erwerbung nur aus dem einseitigen 68 Willen hervorgehen kann.

Auf solche Weise ist z. B. die Besitzung eines absonderlichen Bo- [250] dens ein Akt der Privatwillkür, ohne doch eigenmächtig zu sein. 57

Der Besitzer fundiert sich auf dem angeborenen Gemeinbesitze des Erdbodens und dem diesem *a priori* entsprechenden allgemeinen Willen eines erlaubten Privatbesitzes auf demselben (weil ledige Sachen sonst an sich und nach einem Gesetze zu herrenlosen Dingen gemacht werden würden) und erwirbt durch die erste Besitzung ursprünglich einen bestimmten Boden, indem er jedem Anderen mit Recht *(iure)* widersteht, der ihn im Privatgebrauche desselben hindern würde, obzwar als im natürlichen Zustande nicht von rechtswegen *(de iure)*, weil in demselben noch kein öffentliches Gesetz existiert.

Wenn auch gleich ein Boden als frei, d.i. zu jedermanns Gebrauch offen angesehen, oder dafür erklärt würde, so kann man doch nicht sagen, daß er es von Natur und ursprünglich, vor allem rechtlichen Akt, frei sei; denn auch das wäre ein Verhältnis zu Sachen, nämlich dem Boden, der jedermann seinen Besitz verweigerte; sondern, weil diese Freiheit des Bodens ein Verbot für jedermann sein würde, sich desselben zu bedienen; wozu ein gemeinsamer Besitz desselben erfordert wird, der ohne Vertrag nicht stattfinden kann. Ein Boden aber, der nur durch diesen frei sein kann, muß wirklich im Besitze aller derer (zusammen verbundenen) sein, die sich wechselseitig den Gebrauch desselben untersagen, oder ihn suspendieren.

[251] Diese ursprüngliche Gemeinschaft des Bodens, und hiermit auch der Sachen auf demselben *(communio fundi originaria)*, ist eine Idee, welche objektive (rechtlich-praktische) Realtiät hat, und ist ganz und gar von der uranfänglichen *(communio primaeva)* unterschieden, welche eine Erdichtung ist; weil diese eine gestiftete Gemeinschaft hätte sein und aus einem Vertrage hervorgehen müssen, durch den alle auf den Privatbesitz Verzicht getan, und ein jeder, durch die Vereinigung seiner Besitzung mit der jedes Anderen, jenen in einen Gesamtbesitz verwandelt habe, und davon müßte uns die Geschichte einen Beweis geben. Ein solches Verfahren aber als ursprüngliche Besitznehmung anzusehen, und daß darauf jedes Menschen besonderer Besitz habe gegründet werden können und sollen, ist ein Widerspruch.

Von dem Besitz *(possessio)* ist noch der Sitz *(sedes)* und von der Besitznehmung des Bodens, in der Absicht ihn dereinst zu erwerben, ist noch die Niederlassung, Ansiedelung *(incolatus)* unterschieden, welche ein fortdauernder Privatbesitz eines Platzes ist, der von der Gegenwart des Subjekts auf demselben abhängt. Von einer Niederlassung als einem zweiten rechtlichen

Akt, der auf die Besitznehmung folgen oder auch ganz unterbleiben kann, ist hier nicht die Rede; weil sie kein ursprünglicher, sondern von der Beistimmung anderer abgeleiteter Besitz sein würde.

Der bloße physische Besitz (die Inhabung) des Bodens, ist schon ein Recht in einer Sache, obzwar freilich noch nicht hinreichend, ihn als das Meine anzusehen. Beziehungsweise auf Andere ist er, als (soviel man weiß) erster Besitz, mit dem Gesetze der äußeren Freiheit einstimmig, und zugleich in dem ursprünglichen Gesamtbesitz enthalten, der *a priori* den Grund der Möglichkeit eines Privatbesitzes enthält; mithin den ersten Inhaber eines Bodens in seinem Gebrauch desselben zu stören, eine Läsion. Die erste Besitznehmung hat also einen Rechtsgrund *(titulus possessionis)* für sich, welcher der ursprünglich gemeinsame Besitz ist, und der Satz: Wohl dem, der im Besitz ist *(beati possidentes)*! weil niemand verbunden ist, seinen Besitz zu beurkunden, ist ein Grundsatz des natürlichen Rechts, der die erste Besitznehmung als einen rechtlichen Grund zur Erwerbung aufstellt, auf den sich jeder erste Besitzer fußen kann. *58*

3. § 15 einschl. Anmerkung (VI 264,1–266,37)

§ 15 [264]

Nur in einer bürgerlichen Verfassung kann etwas peremtorisch, dagegen im Naturzustande zwar auch, aber nur provisorisch, erworben werden *73*

Die bürgerliche Verfassung, obzwar ihre Wirklichkeit subjektiv zufällig ist, ist gleichwohl objektiv, d.i. als Pflicht, notwendig. Mithin gibt es in Hinsicht auf dieselbe und ihre Stiftung ein wirkliches Rechtsgesetz der Natur, dem alle äußere Erwerbung unterworfen ist.

Der empirische Titel der Erwerbung war die auf ursprüngliche Gemeinschaft des Bodens gegründete physische Besitznehmung *(apprehensio physica)*, welchem, weil dem Besitz nach Vernunftbegriffen des Rechts nur ein Besitz in der Erscheinung untergelegt werden kann, der einer intellektuellen Besitznehmung (mit Weglassung aller empirischen Bedingungen in Raum und Zeit) korrespondieren muß, und die den Satz gründet: »Was ich nach Gesetzen der äußeren Freiheit in meine Gewalt bringe, und will, es solle mein sein, das wird mein.«

Der Vernunfttitel der Erwerbung aber kann nur in der Idee eines *a priori* vereinigten (notwendig zu vereinigenden) Willens aller liegen, welche hier als unumgängliche Bedingung *(conditio sine qua non)* stillschweigend vorausgesetzt wird; denn durch einseitigen Willen kann Anderen eine Verbindlichkeit, die sie für sich sonst nicht haben würden, nicht auferlegt werden. – Der Zustand aber eines zur Gesetzgebung allgemein wirklich vereinigten Willens ist der bürgerliche Zustand. Also nur in Konformität mit der Idee eines bürgerlichen Zustandes, d.i. in Hinsicht auf ihn und seine Bewirkung, aber vor der Wirklichkeit desselben (denn sonst wäre die Erwerbung abgeleitet), mithin nur provisorisch kann etwas Äußeres ursprünglich erworben werden. – Die peremtorische Erwerbung findet nur im bürgerlichen Zustande statt.

Gleichwohl ist jene provisorische dennoch eine wahre Erwerbung; denn, nach dem Postulat der rechtlich-praktischen Vernunft, ist die Möglichkeit derselben, in welchem Zustande die Menschen nebeneinander sein mögen (also auch im Naturzustande), ein Prinzip des Privatrechts, nach welchem jeder zu demjenigen Zwange berechtigt ist, durch welchen es allein möglich wird, aus jenem Naturzustande heraus zu gehen, und in den bürgerlichen, der allein alle Erwerbung peremtorisch machen kann, zu treten.

[265] Es ist die Frage: Wie weit erstreckt sich die Befugnis der Besitznehmung eines Bodens? So weit, als das Vermögen, ihn in seiner Gewalt zu haben, d.i. als der, so ihn sich zueignen will, ihn verteidigen kann; gleich als ob der Boden spräche: wenn ihr mich nicht beschützen könnt, so könnt ihr mir auch nicht gebieten. Danach müßte also auch der Streit über das freie oder verschlossene Meer entschieden werden; z.B. innerhalb der Weite, wohin die Kanonen reichen, darf niemand an der Küste eines Landes, das schon einem gewissen Staat zugehört, fischen, Bernstein aus dem Grunde der See holen u. dgl. – Ferner: Ist die Bearbeitung des Bodens (Bebauung, Beackerung, Entwässerung u. dgl.) zur Erwerbung desselben notwendig? Nein! denn da diese Formen (der Spezifizierung) nur Accidenzen sind, so machen sie kein Objekt eines unmittelbaren Besitzes aus und können zu dem des Subjekts nur gehören, sofern die Substanz vorher als das Seine desselben anerkannt ist. Die Bearbeitung ist, wenn es auf die Frage von der ersten Erwerbung ankommt, nichts weiter als ein äußeres Zeichen der Besitzneh-

mung, welches man durch viele andere, die weniger Mühe kosten, ersetzen kann. – Ferner: Darf man wohl jemanden in dem Akt seiner Besitznehmung hindern, so daß keiner von beiden des Rechts der Priorität teilhaftig werde und so der Boden immer als keinem angehörig frei bleibe? Gänzlich kann diese Hinderung nicht stattfinden, weil der Andere, um dieses tun zu können, sich doch auch selbst auf irgend einem benachbarten Boden befinden muß, wo er also selbst behindert werden kann zu sein, mithin eine absolute Verhinderung ein Widerspruch wäre; aber respektiv auf einen gewissen (zwischenliegenden) Boden, diesen, als neutral, zur Scheidung zweier Benachbarten unbenutzt liegen zu lassen, würde doch mit dem Rechte der Bemächtigung zusammen bestehen; aber alsdann gehört wirklich dieser Boden beiden gemeinschaftlich, und ist nicht herrenlos *(res nullius)* ebendarum weil er von beiden dazu gebraucht wird, um sie voneinander zu scheiden. – Ferner: Kann man auf einem Boden, davon kein Teil das Seine von jemandem ist, doch eine Sache als die seine haben? Ja, wie in der Mongolei jeder sein Gepäck, was er hat, liegen lassen, oder sein Pferd, was ihm entlaufen ist, als das Seine in seinen Besitz bringen kann, weil der ganze Boden dem Volk, der Gebrauch desselben also jedem einzelnen zusteht; daß aber jemand eine bewegliche [266] Sache auf dem Boden eines anderen als das Seine haben kann, ist zwar möglich, aber nur durch Vertrag. – Endlich ist die Frage: Können zwei benachbarte Völker (oder Familien) einander widerstehen, eine gewisse Art des Gebrauchs eines Bodens anzunehmen, z. B. die Jagdvölker dem Hirtenvolk oder den Ackerleuten oder diese den Pflanzern u. dergl.? Allerdings; denn die Art, wie sie sich auf dem Erdboden überhaupt ansässig machen wollen, ist, wenn sie sich innerhalb ihrer Grenzen halten, eine Sache des bloßen Beliebens *(res merae facultatis)*.

Zuletzt kann noch gefragt werden: Ob, wenn uns weder die Natur noch der Zufall, sondern bloß unser eigener Wille in Nachbarschaft mit einem Volke bringt, welches keine Aussicht zu einer bürgerlichen Verbindung mit ihm verspricht, wir nicht, in der Absicht diese zu stiften und diese Menschen (Wilde) in einen rechtlichen Zustand zu versetzen (wie etwa die amerikanischen Wilden, die Hottentotten, die Neuholländer) befugt sein solten, allenfalls mit Gewalt oder (welches nicht viel besser ist) durch betrügerischen Kauf, Kolonien zu errichten und so Eigentümer ihres Bodens zu werden, und, ohne Rücksicht auf ihren ersten Besitz, Gebrauch von unserer Überlegenheit zu machen; zumal es die Natur selbst (als die das Leere verabscheut) so zu fordern scheint, und große Landstriche in anderen Weltteilen an gesitteten Einwohnern sonst menschenleer geblieben wären, die jetzt herrlich bevölkert sind, oder gar auf immer bleiben müßten, und so der Zweck der Schöpfung vereitelt werden würde? Allein man sieht durch diesen Schleier der Ungerechtigkeit (Jesuitism), alle Mittel zu guten Zwecken zu billigen, leicht durch; diese Art der Erwerbung des Bodens ist also verwerflich.

Die Unbestimmtheit in Ansehung der Quantität sowohl als der Qualität des äußeren erwerblichen Objekts, macht diese Aufgabe (der einzigen ursprünglichen Erwerbung) unter allen zur schwersten sie aufzulösen. Irgend eine ursprüngliche Erwerbung des Äußeren aber muß es indessen doch geben; denn abgeleitet kann nicht alle sein. Daher kann man diese Aufgabe auch nicht als unauflöslich und als an sich unmöglich aufgeben. Aber, wenn sie auch durch den ursprünglichen Vertrag aufgelöst wird, so wird, wenn dieser sich nicht aufs ganze menschliche Geschlecht erstreckt, die Erwerbung doch immer nur proviso-
77 risch bleiben.

ANMERKUNGEN DES HERAUSGEBERS

Im Folgenden wird ohne weitere Hinweise Gebrauch sowohl von den Erläuterungen P. Natorps (VI 520f.) als auch vom »Personenindex zweiter Stufe zu Kants Gesammelten Schriften I–XXIII«, von K. Holger und E. Gerresheim, Bonn 1964, gemacht.

S. 2f.: Das zweite und dritte Titelblatt sind in der zweiten Auflage (vgl. oben Anm. 1 zum Literaturverzeichnis) mit der zusätzlichen Angabe: »Zweyte mit einem Anhange erläuternder Bemerkungen und Zusätze vermehrte Auflage« versehen und tragen die Jahresangabe »1798«; »Zusätze« kann sich nur auf die Zusätze im Anhang (vgl. dort Nr. 7) beziehen, da der Haupttext – mit Ausnahme der Änderung im § 5 (siehe dort) – nicht erweitert worden ist.

S. 5, Z. 12: als] Hier wie an anderen Stellen (vgl. Lesarten) scheint das »als« bei Änderung der Satzkonstruktion versehentlich stehengeblieben zu sein; vgl. 60,9, 149,5, 161,20, 196,6.

S. 6, Z. 8: Garve] J. Chr. Garve (1742–1798): Vermischte Aufsätze, 1796; darin der Aufsatz: Von der Popularität des Vortrags.

S. 7, Z. 22: Lavoisier] A. L. Lavoisier (1743–1794), formulierte in den 70er Jahren des 18. Jahrhunderts den Satz von der Erhaltung der Masse in chemischen Umwandlungen, stellte eine Tafel von 33 chemischen Elementen auf, führte die moderne chemische Nomenklatur ein und beseitigte durch eine neue Erklärung der Verbrennung die Stahlsche Phlogiston-Theorie; vgl. VII 326, IX 185, XXIII 284.

S. 7, Z. 24: Brown] John Brown (1735–1788), Mediziner und Alkoholiker, entwickelte ein System der Krankheiten, welches vornehmlich sthenische und asthenische (d.i. solche, die aus Überreizung bzw. Unfähigkeit auf Reize zu reagieren hervorgehen) unterschied; folgerichtig werden anregende (Alkohol) und dämpfende (Opium) Remedien eingesetzt.

S. 8, Z. 7: Tübingscher Rezensent] J. Fr. Flatt (1759–1821, vgl. V 505) rezensierte in den Tübingschen gelehrten Anzeigen von 1795 (S. 813ff.) eine mathematische Dissertation von J. C. Yelin, zieht bei dieser Gelegenheit dagegen zu Felde, daß »heut zu Tag alles in der Kantischen Sprache ausgedrückt werden muß« und will anhand des oben im Text folgenden Hausen-Zitats belegen, daß »bloß die Sprache, keineswegs aber der Begriff neu sei«. C. A. Hausen (1693–1745) war Professor der Mathematik in Leipzig (vgl. VII 213, XXIII 249, 389; das obige Hausen-Zitat ist in der Rezension nicht mit der Seitenangabe, sondern nur als »Stelle aus der Vorrede von Hausens Elem. Geometriae« ausgewiesen).

S. 9, Z. 22: Wolff ihn erklärt] Chr. Wolff (1679–1754), vgl. Philosophia prima sive Ontologia (1728) § 588f. und Vernünftige Gedanken von Gott, der Welt etc. (1720) §§ 45f.

S. 9, Z. 10: Hr. Nicolai] Fr. Nicolai (1733–1811), Schriftsteller und Verleger (vgl. VIII 431ff.); hier ist die Geschichte eines dicken Mannes (1794) gemeint.

S. 9, Z. 20: Shaftesbury] Lord Shaftesbury (A. Ashley Cooper, 1671–1713): Characteristics of Men, Manners, Opinions, Times (1711, dt. von Hölthy und Benzler 1776), darin: Sensus communis, an Essay of the Freedom of Wit and Humour (1709).

S. 11, Z. 11: anderen Ort] Vgl. Metaphysische Anfangsgründe der Naturwissenschaft, Vorrede (IV 468).

S. 11, Z. 17f.: Newton] I. Newton (1643–1727) beruft sich für die »Axiomata sive Leges Motus« – deren drittes das der Gleichheit von Wirkung und Gegenwirkung ist – im Scholion zur Einleitung der Philosophiae Naturalis Principia Mathematica (1687) auf die Erfahrung.

S. 15, Z. 4: Begehrungsvermögen] Vgl. die Erläuterungen im Anhang von 1798 (S. 181), in der Vorrede zur Kritik der praktischen Vernunft (V 8), den beiden Einleitungen in die Kritik der Urteilskraft (V 185, XX 205) sowie in Hagen 21 (S. XLII dieser Ausgabe).

S. 17, Z. 24: Wille] Diese Unterscheidung von Wille und Willkür ist der Kritik der praktischen Vernunft noch unbekannt.

S. 20, Z. 9: folgende Begriffe] Der folgende Teil der Philosophia practica universalis lehnt sich im Aufbau stark an Baumgartens Initia philosophiae practicae primae (XIX 5ff.) von 1760 an, nach welchen Kant seine Vorlesungen zur Moralphilosophie hielt; daher auch die Parallelität des Vigilantius-Kollegheftes (XXVII 479ff.) zu diesem Abschnitt der Metaphysik der Sitten.

S. 26, Z. 1: Identität] »der Identität« fehlt im Druck der ersten Auflage und ist vom Druckfehlerverzeichnis an die – falsche – Stelle hinter »Zustände« verwiesen, wo es die zweite Auflage einfügt (Konjektur von Natorp).

S. 26, Z. 15: *culpa*] Vgl. VI 38.

S. 26, Z. 20: verbindende Gesetze] Zu diesem Absatz vgl. VII 22,11ff.

S. 28, Z. 2: Einteilung] Viel ausführlicher – allerdings dispositorisch recht konfus (vielleicht eine bloße Kompilation verschiedener Teilstücke) – unterrichtet die Einleitung der Tugendlehre über die Verhältnisse von Rechtslehre, Tugendlehre und Ethik untereinander.

S. 31, Z. 26: Cicero] Cicero (106–43 v. u. Z.), hier wird auf den Titel der Schrift De Officiis angespielt.

S. 34, Z. 3f.: In den bisherigen Drucken steht die Einteilung nach Elementar- und Methodenlehre zuoberst. Da aber die Absicht einer solchen Einteilung bei Kant weder in den Vorarbeiten nachzuweisen ist noch in der Metaphysik der Sitten realisiert oder erwogen wird (vgl. VI 411, wo definitiv die Überflüssigkeit einer Methodenlehre für die die Rechtslehre betont wird), ist das Zustandekommen einer solchen Tafel auf die Vertauschung der ersten beiden Zeilen zurückzuführen.

S. 38, Z. 6: empirische Rechtslehre] Vgl. VIII 434,20f.

S. 39, Z. 8: Unrecht] Hier wäre zu ergänzen: »d.i. lädiert mich« o.ä., damit das Verb »lädieren« in der Definition des »rechtlich Meinen« in § 1 als definiens dienen kann (vgl. oben S. XXX).

S. 39, Z. 19: Rechtsgesetz:] Ähnliche Formulierungen schon im Gemeinspruch (VIII 289).

S. 42, Z. 21: Zweideutiges Recht:] Vgl. XXVII 599f.

S. 43, Z. 9: Maskopei] Vom holländischen: »Maatschappij« (Handelsgesellschaft).

S. 44, Z. 10: Notrecht] Vgl. XXVII 599 und VIII 300.

S. 45, Z. 23: Ulpian] Ulpian (~170–228), siehe: Corpus Iuris Civilis; Dig. s. Pand. Iustiniani, liber primus, I: de iustitia et iure, 10: *Ulpianus liber primo regularium: Iustitia est constans et perpetua voluntas ius suum cuique tribuendi. Iuris praecepta sunt haec: honeste vivere, alterum non laedere, suum cuique tribuere«* (CIC hrsg. v. Th. Mommsen, Berlin [16]1954), vgl. XIX 243, 292, 559, XXI 462, XXIII 386.

S. 45, Z. 29: Ehrbarkeit] Im Vigilantius-Kollegheft ist das *»honeste vive«* Prinzip der Ethik und nicht des Rechts (XXVII 527).

S. 46, Z. 2: *lex iusti*] Die den drei Rechtspflichten zugeordneten *»leges«* finden sich auch in den §§ 17 und 41.

S. 48, Z. 17: Tafel] Diese Tafel geht in der ersten Auflage der Schrift als Inhaltsverzeichnis voran und enthält daher die Seitenzahlen der einzelnen Hauptstücke, Abschnitte etc.

S. 49, Z. 8: gesellschaftliche] Vgl. unten § 41 Abs. 2.

S. 51: Dieser Zwischentitel geht auf eine nachträgliche Anweisung Kants zurück (XIII 406,30) und macht die nachfolgende Überschrift in weitem Maße redundant. Die Zeile »Der allgemeinen Rechtslehre

Erster Theil. Das Privatrecht vom äußeren Mein und Dein überhaupt.« über dem »Ersten Hauptstück« der folgenden Seite wurden in dieser Ausgabe getilgt, dafür die Wörter »vom äußeren Mein und Dein überhaupt« an den Zwischentitel angefügt.

S. 53, Z. 1: Zahlreiche kommentierende Anmerkungen zu den §§ 1–17 (wie sie für die restliche Rechtslehre noch ausstehen, den Rahmen dieser Ausgabe jedoch sprengen müßten), finden sich bei R. Brandt: Eigentumstheorien von Grotius bis Kant, Stuttgart 1974, S. 202–222 und S. 261–267.

S. 53, Z. 12: lädieren] Mit § 5 sind »Läsion« und »Unrecht« synonym zu verwenden, womit »mich lädieren« als »meiner Freiheit Abbruch tun« gelesen werden und als bereits wohldefiniert vorausgesetzt werden kann (vgl. § C).

S. 53, Z. 13: widerspricht] Vgl. die Antinomie in § 7 Anm.

S. 54, Z. 6: Kategorien] Eine andere Ableitung der Dreiteilung findet sich im Anhang von 1798 (S. 182f.).

S. 55, Z. 21: Namenerklärung] Vgl. S. 87, Z. 15 sowie »Nominaldefinition« und »Realdefinition« in § 11.

S. 55, Z 29f.: und... hervorgeht] Die Namenerklärung wiederholt die Definition des § 1 aus einer anderen Perspektive, fügt dieser aber nichts hinzu, was aus der Exposition hervorgegangen sein könnte, erst die Sacherklärung ersetzt die »Lädierbarkeit« durch den »intelligiblen Besitz«, womit sie auf die Exposition zurückgreift. Die fragliche Passage wurde demzufolge wahrscheinlich nachträglich an das falsche »zureicht« angeschlossen.

S. 56, Z. 22: Gegenstand] »Der Ausdruck ohne Sinn« kommt erst zustande, wenn man das nachfolgende »besitzen« auch an das »Recht auf diesen oden jenen Gegenstand« anschließt.

S. 58, Z. 3: Materie der Willkür] Die »Abstraktion« von der Materie der Willkür führt gleichermaßen beim Geld vom empirischen zum intellektuellen Begriff, s. u. S. 90.

S. 58, Z. 19: Erlaubnisgesetz] Vgl. VIII 347, 373a, XIII 156, 189, XXVII 513.

S. 59, Z 17: eines bloß rechtlichen Besitzes] Der Besitz ist die Bedingung (*genitivus subjectivus*).

S. 60, Z. 34f.: allgemeingeltende Gesetzgebung] Vorgriff auf den § 8.

S. 62, Z. 8: Antinomie] Vgl. § 1.

S. 62, Z. 35: analytische Art] Außer der Entwicklung des Grundes des »Postulats des öffentlichen Rechts« (§ 42) ist keine einschlägige Argumentation zu finden.

S. 65, Z. 10: sondern weil] Dieser Satz ist korrupt; eine mögliche Leseart wäre: »... besteht nicht darin, daß (weil ...) ..., sondern (weil ...) darin, daß ...« Dies ergibt einen Sinn, wenn man entweder das »mithin« durch »darin, daß« ersetzt oder unterstellt, daß eine Zeile der Art: »auch einen solchen, den er nicht physisch besitzt, darin, daß« am Seitenübergang »mithin/jede« (S. 75/76 der 1. Auflage) ausgefallen ist.

S. 67, Z. 25: äußeren] Nicht: »ursprünglichen«, vgl. XXIII 315,24f.

S. 70, Z. 10: körperliche Sache] Wozu auch die Tiere gehören, s. u. § 55 Abs. 3; zum Tierschutz vgl. die Tugendlehre VI 443.

S. 73, Z. 14: Titel] »Titel« und »Erwerbungsart« wurden in den §§ 13 und 14 vorgestellt (in der dem römischen Recht entlehnten Terminologie des 18. Jahrhunderts: *titulus et modus adquirendi*).

S. 75, Z. 5: Bearbeitung] Da Kant – wie das gelehrte deutschsprachige Europa des 18. Jahrhunderts überhaupt – Locke als Rechts- bzw. Staatsphilosophen nicht zur Kenntnis genommen hat (er galt bestenfalls als Theoretiker der englischen Verfassung), ist bei der hier genannten Bearbeitung allenfalls an Rousseau (CS I. 9) zu denken; da von der »so alten« Meinung die Rede ist, dürfte aber eher Grotius, De jure belli ac pacis II, 8, 19 einschlägig sein.

S. 77, Z. 2: Nur ... werden.] Dies ist die Überschrift des vormaligen § 15 (siehe oben S. 203ff.). Dieser Paragraph (§ 16) trug vormals die Überschrift: »Exposition des Begriffs einer ursprünglichen Erwerbung des Bodens«.

S. 79, Z. 32: Förmlichkeiten] Im römischen Recht: *stipulatio*.

S. 80, Z. 32: Mendelssohn] M. Mendelssohn (1729–1786): Jerusalem oder über religiöse Macht und Judentum, Berlin 1783; vgl. VIII 307f.

S. 82, Z. 2: Stetigkeit] Die Überlegungen zur Stetigkeit sind gegenüber G. Achenwall (1719–1772): Ius Naturae (^{5}1763, diese Ausgabe wurde von Kant benutzt, vgl. XIX 333ff.) neu, ansonsten ist die Materie des persönlichen Rechts (auch in der dogmatischen Einteilung, § 21 a) durchweg von Achenwall (§ 163ff) übernommen.

S. 82, Z. 31: Tradition] = *traditio*, Übergabe.

S. 87, Z. 16: nach Achenwall] Ius Naturae § 207, die eigentliche Definition findet sich allerdings in § 205.

S. 90, Z. 18: Smith] A. Smith (1723–1790): The Wealth of Nations (1776), dt. von J. Fr. Schiller und Chr. Wichmann 1776–78 und Chr. Garve 1794–96), Book I ch. 4; vgl. VII 209.

S. 91, Z. 7: Büchernachdruck] Vgl. die Schrift über den Büchernachdruck VIII 33–42.

S. 91, Z. 23: *furtum usus*] Anmaßung des Gebrauchs einer Sache, der nur dem Eigentümer zusteht.

S. 92, Z. 15: Ingrossation] Eintragung ins Grundbuch.

S. 92, Z. 19: Kauf bricht Miete] Nicht gemäß Achenwall § 217.

S. 94, Z. 31: in seiner Person] Das vormalige »an seiner ...« ist singulär in der Rechtslehre, vgl. dagegen: S. 32, Z. 21, S. 93, Z. 12, S. 151, Z. 7.

S. 96, Z. 6: Ehe an der linken Hand] Eheähnliche Gemeinschaft neben einer bestehenden Ehe; Kant mag auf Friedrich Wilhelm II. und die Gräfin Lichtenholz anspielen.

S. 97, Z. 20: Recht auf] Das einzige »Recht auf« etwas in der Rechtslehre.

S. 98, Z. 8: Gemächsel] Positiv wird das Argument gewendet in § 55 Abs. 2.

S. 105, Z. 34: *sunt iuris naturae*] Weder nach Achenwall (§ 240), noch gemäß Kollegheft Vigilantius (XXVIII 597).

S. 112, Z. 28: Urteil] Vormals: »... wird das Urteil im Naturzustande ...«; vermutlich sollte die Passage »darüber ... müsse« an dieses »Urteil« angeschlossen werden, der vorangestellte Abschlußhinweis »das Urteil« wurde (vom Abschreiber?) mißverstanden und der gesamte Passus einige Zeilen zu früh eingefügt.

S. 117, Z. 19: Marsden] E. Marsden (1754–1836), Erforscher der Malaysischen Völker, vgl. V 243, VIII 175.

S. 123, Z. 12: *iustitia tutatrix*] Den drei hier aufgeführten »Gerechtigkeiten« korrespondieren die drei Hauptstücke des Privatrechts sowie die drei Gewalten im Staat; vgl. § 36 Abs. 1, § 45 Abs. 2.

S. 123, Z. 27: gesellschaftliche] Vgl. oben S. 49, Z. 12.

S. 128, Z. 7: *ius civitatis gentium*] Konjektur in Anlehnung an VIII 357,10: »Völkerstaat (civitas gentium)«.

S. 131, Z. 8ff.: Stimmgebung] Vgl. zum Komplex »Selbständigkeit« VIII 294ff.

S. 131, Z. 20: unmündig] Vgl. VII 208ff., s.o. S. 96, Z. 11.

S. 135, Z. 2: ursprünglicher Kontrakt] Vgl. VIII 297f.

S. 137, Z. 20: nicht wohl vereinbar] Kant gibt in der Rechtslehre drei Beispiele der Anwendung dieses Kriteriums: S. 151, Z. 1f., Z. 28f., S. 152, Z. 28, zwei weitere im Gemeinspruch (VIII 297).

S. 141, Z. 25: Parlament] Vgl. VII 181,33f.

S. 142, Z. 6ff.: Widerstand] Dieser Absatz richtet sich – wie VIII 301ff. – unter anderem gegen Achenwall §§ 203–206.

S. 145, Z. 23: gehört zum Völkerrecht] Wird dort von Kant aber nicht behandelt.

S. 155, Z. 1: erstere] Dieses »erstere« gibt es nicht, der Satz ist unvollständig.

S. 157, Z. 33: Balmerino] A. Balmerino (1688–1746) nahm 1745 am mißglückten Versuch eines Aufstandes Karl Eduard Stuarts (einem Enkel Jakobs II.) teil und wurde darauf wegen Hochverrats zum Tode verurteilt.

S. 158, Z. 6: Juvenal] Juvenal (~ 58–138): Satiren 8,83; von Kant mehrfach zitiert: V 158, VI 49.

S. 159, Z. 5: Beccaria] C. B. Beccaria (1738–1794): Dei delitti e delle pene, 1764, dt. u. a.: Von den Verbrechen und Strafen, Ulm 1767. Dieses Werk gilt als der erste Versuch, die Abschaffung der Todesstrafe im Zusammenhang mit der moralischen Rechtfertigung von Strafe überhaupt zu begründen; vgl. XIX 551, 586, XXVII 1319.

S. 162, Z. 17: Untertanen] Druckfehler bei diesem Wort sind häufiger: S. 132, Z. 32: »Unterhaus« (im Druckfehlerverzeichnis der ersten Auflage verbessert), S. 159, Z. 15: »Unterhans« – Gemäß Grimmschem Wörterbuch bezeichnet ›Unterhaus‹ – schriftsprachlich – entweder das englische Parlament oder aber einen Gebäudeteil; keine dieser beiden Bedeutungen kommt hier in Frage.

S. 164, Z. 3: Völkerrecht] Vgl. hierzu die Schriften Zum ewigen Frieden und Über den Gemeinspruch (VII 354–357, 307–313).

S. 168, Z. 20: *inter arma silent leges*] Cicero, pro Milone 4,10.

S. 174, Z. 3: Weltbürgerrecht] Vgl. VII 357–360.

S. 175, Z. 25: Büsching] A. F. Büsching (1724–1793); Naturforscher und freidenkender Theologe; »Was Büsching für die Geographie von Europa gewesen ist, dies und noch mehr ist Kant für die Naturkunde des menschlichen Geistes« (J. A. Bergk 1796); vgl. VII 93.

S. 177, Z. 19: Rechtslehre innerhalb der Grenzen der bloßen Vernunft] Vgl. zu dieser singulären Formel: V 5,25 und V 6a sowie die Vorrede zur Religionsschrift VI 3–14.

S. 181 ff.: Anhang] Bezüglich der Position des Anhangs innerhalb der zweiten Auflage s. o. S. XXXVII Anm. 44.

S. 181, Z. 6: Rezension] Der Rezensent ist Bouterwek, s. o. S. XXII Anm. 17.

S. 181, Z. 12 ff.: Für die ersten Abschnitte (bis S. 186 einschließlich) liegen zahlreiche Versuche Kants vor: XX 445–467.

S. 185, Z. 21 f.: *fungibilis*] *»fungibilis, RES; dicuntur apud iurisconsultos, quarum una fungi potest vice alterius, ut eae sunt quae constant numero, pondere et mensura«* (Du Cange); vgl. CIC dig. 35,2, 63, pr; hier eher: *»consumptibilis«*?

S. 193, Z. 24 ff.: Mit Ausnahme dieses Abschnittes 8 geht der gesamte Anhang auf die Bouterwek-Rezension zurück. Th. Ziegler weist in den Kant-Studien 14 (1909, S. 491–494) darauf hin, daß Kant in genanntem Abschnitt auf Streitigkeiten im Senat der Königsberger Universität – in die er selbst einbezogen war – reagiert. Sie entbrannten anläßlich des Ankaufs eines Hauses, in dem »Studiosi unter Aufsicht eines akademischen Dozenten unentgeldlich beisammen wohnen sollen«, aus Mitteln einer Stiftung.

S. 195, Z. 29: um – durch ...] Die Wörter »durch Gebete ... verheißen«, die in der ersten Auflage (offensichtlich irrtümlicherweise) an eine spätere Stelle geraten sind (nach »lehnspflichtig macht«), wurden gemäß dem Vorschlag Natorps vorgezogen.

S. 196, Z. 21: Pauperburschen] = arme Studenten.

S. 206, Z. 11 ff., vgl. dazu § 61.

PERSONENREGISTER

SACHREGISTER

REGISTER RECHTLICH EINSCHLÄGIGER LATEINISCHER FACHTERMINI

Immanuel Kant in der Philosophischen Bibliothek

Anthropologie in pragmatischer Hinsicht
Neu hrsg. von Reinhard Brandt.
PhB 490. 2003. XXI, 328 S.
978-3-7873-1654-0. Kart.

Der Streit der Fakultäten
Hrsg. von Horst D. Brandt und Piero Giordanetti.
PhB 522. 2005. XLVII, 216 S.
978-3-7873-1450-8. Kart.

Der Streit mit Johann August Eberhard
Mit einer Einleitung von Manfred Zahn und Anmerkungen von Marion Lauschke hrsg. von Marion Lauschke und Manfred Zahn.
PhB 481. 2004. XL, 194 S.
978-3-7873-1647-2. Kart.

Die Religion innerhalb der Grenzen der bloßen Vernunft
Mit einer Einleitung und Anmerkungen hrsg. von Bettina Stangneth.
PhB 545. 2004. LXXV, 368 S.
978-3-7873-1676-2. Kart.

Geographische und andere naturwissenschaftliche Schriften
Unter Verwendung des Textes von Otto Buek hrsg. und eingeleitet von Jürgen Zehbe.
PhB 298. 1985. XLIV, 202 S.
978-3-7873-0384-7. Kart.

Grundlegung zur Metaphysik der Sitten
Mit einer Einleitung, Sachanmerkungen, Personen- und Sachregister sowie einer aktualisierten Bibliographie neu hrsg. von Bernd Kraft und Dieter Schönecker.
PhB 519. 1999. XXXIX, 126 S.
978-3-7873-1443-0. Kart.

Kritik der praktischen Vernunft
Mit einer Einleitung, Sachanmerkungen und einer Bibliographie von Heiner F. Klemme hrsg. von Horst D. Brandt und Heiner Klemme.
PhB 506. 2003. LXV, 277 S.
978-3-7873-1650-2. Kart.

Kritik der reinen Vernunft
Nach der 1. und 2. Originalausgabe hrsg. von Jens Timmermann. Mit einer Bibliographie von Heiner Klemme.
PhB 505. 1998. XXVI, 995 S.
978-3-7873-1319-8. Kart.
978-3-7873-1320-4. Leinen

Kritik der Urteilskraft
Beilage: Erste Einleitung in die ›Kritik der Urteilskraft‹
Mit einer Einleitung und Bibliographie hrsg. von Heiner F. Klemme. Mit Sachanmerkungen von Piero Giordanetti.
PhB 507. 2006. XCVIII, 634 S.
978-3-7873-1775-2. Kart.

PHILOSOPHISCHE BIBLIOTHEK
FELIX MEINER VERLAG
MEINER.DE

Immanuel Kant in der Philosophischen Bibliothek

Metaphysische Anfangsgründe der Naturwissenschaft
Mit einer Einleitung hrsg. von Konstantin Pollok.
PhB 508. 1997. XCII, 159 S.
978-3-7873-1326-6. Kart.

Metaphysische Anfangsgründe der Rechtslehre
Metaphysik der Sitten. Erster Teil
Neu hrsg. von Bernd Ludwig.
PhB 360. 3., verbesserte Auflage 2009. LIV, 224 S.
978-3-7873-1915-2. Kart.

Metaphysische Anfangsgründe der Tugendlehre
Metaphysik der Sitten. Zweiter Teil
Mit einer Einführung ‚Kants System der Pflichten in der Metaphysik der Sitten' von Mary Gregor. Neu hrsg. und eingeleitet von Bernd Ludwig.
PhB 430. 2. Auflage 2008. LXX, 169 S.
978-3-7873-1861-2. Kart.

Prolegomena zu einer jeden künftigen Metaphysik, die als Wissenschaft wird auftreten können
Eingeleitet und mit Anmerkungen hrsg. von Konstantin Pollok.
PhB 540. 2001. LXXIII, 223 S.
978-3-7873-1577-2. Kart.

Träume eines Geistersehers – Der Unterschied der Gegenden im Raume
Unter Verwendung des Textes von Karl Vorländer mit einer Einleitung hrsg. von Klaus Reich.
PhB 286. 1975. XVIII, 96 S.
978-3-7873-0311-3. Kart.

Was ist Aufklärung?
Ausgewählte kleine Schriften
Mit einem Text zur Einführung von Ernst Cassirer. Hrsg. von Horst D. Brandt.
PhB 512. 1999. XV, 87 S.
978-3-7873-1357-0. Kart.

Über den Gemeinspruch: Das mag in der Theorie richtig sein, taugt aber nicht für die Praxis – Zum ewigen Frieden
Mit einer Einleitung hrsg. von Heiner Klemme.
PhB 443. 1992. LXXXIV, 149 S.
978-3-7873-1030-2. Kart.

Ausserdem erhältlich

Reinhard Brandt
Die Bestimmung des Menschen bei Kant
Blaue Reihe, 2007. 628 S.
978-3-7873-1844-5. Kart.